DER BLV FOTO PFLANZEN FÜHRER

440 heimische Pflanzenarten nach Blütenfarben

mit Schnellbestimm-System

Text: Dr. Dankwart Seidel
Fotos: Wilhelm Eisenreich

BLV

Die Deutsche Bibliothek – CIP-Einheitsaufnahme

Der **BLV Foto-Pflanzenführer:** 440 heimische Pflanzenarten; nach Blütenfarben ; Schnellbestimmsystem / Text: Dankwart Seidel. Fotos: Wilhelm Eisenreich. – 4., durchges. Aufl., (Sonderausg.). – München; Wien; Zürich: BLV, 1997
3. Aufl. u. d. T.: Blütenpflanzen
ISBN 3-405-15148-1
NE: Seidel, Dankwart; Eisenreich, Wilhelm; Foto-Pflanzenführer

Bildnachweis

Daudt: 219 ul
Pforr: 19 ol, 25 or, 127 ur, 141 ur, 221 or, 221 ul, 221 ur, 223 ol, 225 or, 227 ol, 229 ur, 231 ol, 263 u, 265 ur
Quedens: 171 ol, 223 u
Reinhard: 203 ul, 257 ur
Schauer: 143 o, 271 ul
Schrempp: 49 ur, 63 ur, 71 ul, 73 or, 101 ul, 113 ol, 121 ul, 145 ol, 163 ul, 163 ur, 175 or, 179 u, 189 or, 191 ur, 193 u, 203 ol, 207 or, 213 ul, 217 o, 217 ur, 221 ol, 225 ol, 237 or, 245 ur, 253 o, 255 ul
Seidel: 75 or, 99 ur, 103 o, 117 ur, 135 ur, 147 or, 179 or, 243 ul, 243 ur, 251 or, 251 ul, 259 ol
Wolfstetter: 63 or, 85 u, 199 or, 223 or, 245 ol, 245 ul, 269 ur, 271 ur

Alle anderen Fotos: Eisenreich

Umschlaggestaltung: Studio Schübel, München

Umschlagfotos: Eisenreich

Grafiken: Marlene Gemke

Vierte, durchgesehene Auflage (Sonderausgabe) des BLV Bestimmungsbuches »Blütenpflanzen«

Satz und Druck: Appl, Wemding
Buchbinder: Auer, Donauwörth

Printed in Germany · ISBN 3-405-15148-1

Inhalt

Zu Beginn jeder Artbeschreibung sind Blütezeit und Wuchshöhe angegeben.
✳ IV–VI; 30–60 cm bedeutet also:
Blütezeit April bis Juni; Wuchshöhe 30–60 cm.
Wenn nichts anderes angegeben ist, beziehen sich die Texte auf die Fotos in folgender Reihenfolge:
links oben, rechts oben, links unten, rechts unten.

Einführung

Die zentrale Aufgabe eines Pflanzenbestimmungsbuches besteht darin, dem botanisch Interessierten das Auffinden des Namens einer ihm unbekannten Pflanze zu erleichtern bzw. überhaupt zu ermöglichen. Außerdem liefert es Informationen über den Bau der Pflanze, meist auch über Standort und Verbreitung. Im Laufe der Zeit ist eine ganze Skala solcher Bestimmungshilfen entwickelt worden, zunächst für Wissenschaft und Lehre, in jüngerer Zeit in zunehmendem Maße als Hobby- und Freizeitgestaltungsmöglichkeit.
Generell muß ein Bestimmungsbuch mindestens zwei Hauptanforderungen genügen: 1. die Bestimmung aller Art muß möglichst rasch, unproblematisch und unzweideutig erfolgen; 2. der Informationsgehalt muß möglichst hoch sein. Weitergehende Anforderungen sind je nach Adressatenkreis unterschiedlich. Für die wissenschaftliche Auseinandersetzung um die exakte systematische und taxonomische Zuordnung einer Pflanze ist eine ausführliche Diagnose unverzichtbar. Da vielfach textliche Beschreibungen zur Differenzierung nicht ausreichen würden oder zu umständlich wären, bedient man sich oft exakter Detailzeichnungen, die die Unterschiede zwischen nahverwandten Sippen zum Ausdruck bringen. Eine ausführliche Diagnose in Verbindung mit detaillierten Strichzeichnungen ist sicher der genaueste Weg, eine Pflanze zu bestimmen.
Bei der weitaus größeren Anzahl der botanisch Interessierten handelt es sich jedoch weder um Wissenschaftler noch um Lehrende, sondern um interessierte Laien, die durch eigene Studien ihre Kenntnisse im Bereich der Botanik – speziell auch der Systematik – erweitern wollen. Die Vorkenntnisse sind vergleichsweise gering, insbesondere, was botanische Fachausdrücke anbelangt. Exakte, dichotome Bestimmungsschlüssel (Entscheidung zwischen 2 Alternativen) führen nicht selten beim Benutzer zu Frustration, da in der Fülle von Begriffen und Details das eigentliche Ziel, den Namen einer Pflanze zu ermitteln, verfehlt oder nur mühevoll erreicht wird. Dem tragen viele Bestimmungsbücher insofern Rechnung, als durch Erhöhung der Zahl an Illustrationen und unter Betonung der optischen Gestaltung zumindest die Groborientierung für den Laien verbessert wird. Dabei wird in zunehmendem Maße – wenn auch nicht immer zum Vorteil – die zeichnerische Darstellung durch fotografische Abbildungen ersetzt. Auf einer möglichst einfachen Stufe beginnend wird auf diese Weise dem »Anfänger« eine Auswahl von Arten angeboten – oft nach bestimmten Kriterien wie Jahreszeit oder Standort ausgewählt. Durch Blättern nach Art eines »Bilderbuches« kann dann die Pflanze im Buch ausfindig gemacht werden.
Sehr bald erweist sich diese Art von »Bestimmen« als unbefriedigend und zu oberflächlich, ein gezielteres und systematischeres Vorgehen, meist verbunden mit einem größeren Artenangebot wird gewünscht. An dieser Stelle setzen einfache Bestimmungsschlüssel an, die beispielsweise die Blütenfarbe oder/und Standorte als differenzierende Kriterien verwenden. Damit beschleunigt sich das Bestimmungsverfahren beträchtlich, da eine erste »Klasseneinteilung« praktisch vorgegeben ist, in die die zu untersuchende Art eingeordnet werden kann. Durch Berücksichtigung weiterer charakteristischer, insbesondere morphologischer Merkmale der Pflanzen kann diese Einteilung noch verfeinert werden. Sie hat mit Sicherheit da ihre Grenzen, wo die Zahl der dafür benötigten Symbole oder Einteilungsrubriken derart erhöht ist, daß das Gesamtsystem wieder an Übersichtlichkeit verliert. Damit erweist sich die Übersichtlichkeit als drittes wichtiges Kriterium eines Bestimmungsbuches.

Bestimmungsmethodik dieses Pflanzenführers

Das vorliegende Bestimmungsbuch versucht, den im vorangehenden Abschnitt genannten Anforderungen möglichst weitgehend zu entsprechen. Eine vergleichsweise rasche Bestimmung einer blühenden Pflanze ergibt sich aus der Kombination von Blütenfarbe und wichtigen Gestaltmerkmalen in Verbindung mit der fotografischen Abbildung und dem Begleittext. Der Benutzer muß sich mit nur wenigen Symbolen vertraut machen, die entsprechenden Alternativen können meist unzweideutig und fast »auf einen Blick« an der Pflanze »registiert« und beurteilt werden. Maximal 4 »Entscheidungen« sind nötig, um durch die Kombination sofort in die richtige Artengruppe zu gelangen, innerhalb der dann auf wenigen Abbildungstafeln die Pflanze nachgeschlagen und aufgefunden werden kann. In vielen Fällen kommt man sogar direkt zu der Tafel, die die zu bestimmende Art enthält; nur bei 6 Artengruppen müssen mehr als 5 Tafeln überprüft werden. Damit wird das Ziel, das Auffinden einer Art, in den meisten Fällen wesentlich rascher erreicht als bei vielen anderen Bestimmungsmethoden. Die Übersichtlichkeit bleibt bei dieser »Klasseneinteilung« durch die Beschränkung auf wenige Symbole gewahrt.

Unter Zuhilfenahme der beschreibenden Diagnose im Begleittext kann nun einerseits die Überprüfung der bisher getroffenen »Entscheidungen«, andererseits die endgültige Zuordnung erfolgen. In der Rubrik »Merkmale« sind wichtige differenzierende Art- (z.T. auch Gattungs-)merkmale aufgeführt, die die betreffende Art charakterisieren. Angaben zum Standort und zum Verbreitungsgebiet ergänzen diese Informationen und im Anschluß werden meist zusätzliche Erläuterungen zur (Blüten-)Ökologie, zur praktischen Bedeutung, zur Anwendung in der Heilkunde (offizinelle Bedeutung) sowie andere Besonderheiten der Pflanzen angegeben.

Eine kritische Betrachtung sollte jedoch auch die Mängel einer Bestimmungsmethode aufzeigen. Im vorliegenden Fall gibt es – wie bei jeder »Klasseneinteilung« – Arten, die nicht absolut eindeutig zugeordnet werden können. Dabei handelt es sich entweder um Grenzfälle, bei denen die differenzierende Merkmalssymbolik nicht »greift«, weil Übergänge vorhanden sind, oder um Fälle, bei deren Beurteilung subjektive Komponenten in stärkerem Maße einfließen. Letzteres gilt vor allem für das Kriterium »Blütenfarbe«. Hier kommen insbesondere im Bereich Rot – Violett – Blau bei verschiedenen Beobachtern unterschiedliche Einschätzungen und Zuordnungen vor, zudem weicht in manchen Fällen die Farbwiedergabe bei den fotografischen Abbildungen (u.a. abhängig vom Druck) von der natürlichen Blütenfarbe etwas ab. Dem Benutzer sei in diesem Zusammenhang empfohlen, in solch kritischen (Einzel-)Fällen die farblich benachbarten Artengruppen gleicher Symbolkombination mit heranzuziehen – dies erfordert nur einen geringfügigen zeitlichen Mehraufwand.

Ein weiteres Problem ergibt sich aus der Artenauswahl. Ein Bestimmungsbuch der vorliegenden Art kann verständlicherweise noch nicht dem Anspruch der Vollständigkeit genügen. Die 440 ausgewählten Arten stellen quasi einen repräsentativen Querschnitt durch die heimische Flora dar. Kriterien für die Auswahl waren einerseits die Häufigkeit des Vorkommens und eine in (Mittel-)Europa möglichst weite Verbreitung, zum anderen größere Auffälligkeit, schließlich – möglichst viele »Typen« (bezüglich Gestalt, Lebensform, Biotopanpassung, Systematik usw.) vorzustellen, um bei aller notwendigen Beschränkung auf eine hinreichende Vielfalt nicht verzichten zu müssen.

So ist es beispielsweise zu erklären, daß bei zwei nahverwandten, sehr häufigen Arten nur eine Berücksichtigung fand, um dafür einen Vertreter einer anderen, wenn auch weniger häufigen Gattung aufnehmen zu können, die sonst möglicherweise überhaupt nicht in Erscheinung getreten wäre. Für die Bestimmungspraxis bedeutet dies, daß durch das »Schnellbestimm-System« in einigen Fällen nur die Gattung ermittelt werden kann, da die Merkmale in der Artdiagnose (Begleittext) nur noch teilweise auf die zu bestimmende Pflanze zutreffen. Hier sei auf weiterführende Bestimmungsliteratur (vgl. S. 283) verwiesen, auf die der Benutzer ohnehin zurückgreifen wird, wenn er erst einmal einen Grundstock an Arten- und Formenkenntnis besitzt und diesen erweitern und vertiefen möchte.
Dazu Anregung zu geben, dem Anfänger einen einführenden Überblick zu gewähren und den etwas Fortgeschritteneren an ein exaktes Bestimmen von Blütenpflanzen heranzuführen sind die Hauptanliegen dieses Bestimmungsbuches.

Hinweise zur Benutzung des Schnellbestimm-Systems

Erläuterung der Symbolik

Um eine gefundene Blütenpflanze möglichst schnell bestimmen zu können, sind zunächst 4 Entscheidungen erforderlich:

1. Entscheidung: Um welche Blütenfarbe handelt es sich?

Gelb

Weiß

Rosa

Rot

Violett/Lila

Blau

Unscheinbar

Blüten unscheinbar bzw. grün oder braun gefärbt

Die Blütenfarbe kommt in der farblichen Unterlegung der »Symbolkästen« der Randleiste zum Ausdruck.
Auf die Problematik der Einordnung farblicher Übergangstöne (z. B. in den Bereichen Weiß – Rosa – Rot oder Rot – Weiß – Violett – Blau) wurde bereits verwiesen. Kommt man bei einem solchen Grenzfall nicht zum Ziel, sollte das Verfahren in der eventuell auch möglichen, »benachbarten« Farbe wiederholt werden. Blüten, die mehrere verschiedene Farbtöne aufweisen (z. B. Immenblatt: Weiß/Rot) werden hinsichtlich der Hauptfarbe (hier: Weiß) zugeordnet.
In der letzten Rubrik werden Blütenpflanzen zusammengefaßt, deren Blüten in Größe, Anordnung oder Farbe unscheinbar sind. Hierzu gehören Nadel- und bestimmte Laubgehölze, Süß- und Sauergräser, Binsen sowie meist krautige Pflanzen mit grünlichen oder bräunlichen Blüten. Die abweichende Symbolik wird im Anschluß an die der übrigen Blütenfarben gesondert erläutert.

In den Symbolkästen der Randleiste werden jeweils die zutreffenden Merkmalsalternativen in vergrößerter Form dargestellt, die nicht zutreffenden erscheinen im Kleindruck!

2. Entscheidung: Blütensymmetrie / Anordnung der Blüten

Blüten strahlig- oder radiärsymmetrisch (aktinomorph)

Durch die Blüte lassen sich mehr als 2 Symmetrieebenen legen. Dieser Rubrik wurde auch der Sonderfall der Disymmetrie (= Bilateralsymmetrie) zugeordnet. Hier weisen die Blüten genau 2 sich kreuzende Symmetrieebenen auf.

Glockenblume *(Campanula)*

Sternmiere *(Stellaria)*

Schaumkraut *(Cardamine)*

Blüten monosymmetrisch (zygomorph, dorsiventral)

Sie lassen sich durch 1 Symmetrieebene in 2 spiegelbildlich gleiche Hälften zerlegen.

Ragwurz *(Ophrys)*

Veilchen *(Viola)*

Scheinblüten (Pseudanthien)

Blüten infolge gedrängter Anordnung oder durch Umgestaltung als Einzelblüten zurücktretend; Blütenstand dagegen den Eindruck einer einzigen Blüte (»Scheinblüte«) erweckend.

Zu dieser Gruppe gehören insbesondere die Blütenstände der Korbblütengewächse, der Kardengewächse sowie einzelner Vertreter anderer Familien (z. B. Teufelskralle, Wiesenraute). Die Infloreszenzen der Dolden- und Wolfsmilchgewächse wurden ebenfalls dieser Rubrik zugewiesen.

Skabiose *(Scabiosa)*

Kornblume *(Centaurea)*

Bärenklau *(Heracleum)*

Anmerkung: Bei den Schmetterlingsblüten- und Lippenblütengewächsen sind die Einzelblüten auch bei geringerer Größe und bei kopfiger Anordnung (z. B. Klee, Minze, Brunelle) als monosymmetrische Blüten zu erkennen; sie wurden daher durchgehend der Rubrik »monosymmetrisch« zugeordnet. In Trugdolden angeordnete Blüten wurden in aller Regel nach den Symmetrieverhältnissen der Einzelblüte eingestuft.

3. Entscheidung: Pflanze ein- oder zweikeimblättrig?

Hier geht es um ein wichtiges systematisches Merkmal, zu dessen Diagnostizierung aber nicht notwendig die Anzahl der meist ohnehin nicht mehr vorhandenen Keimblätter herangezogen werden muß. Mit wenigen Ausnahmen ist die Zuordnung nach folgenden leicht erkennbaren Kriterien möglich:

Zweikeimblättrige Pflanzen

- Blätter mit Netznervatur (Ausnahmen: Wegerich, Gelber Enzian, Arnika)
- Blüten nicht 3zählig (meist 5-, seltener 4zählig; Ausnahme: Berberitze)
- Wurzelsystem allorhiz, d.h. kräftige Hauptwurzel vorhanden, Seitenwurzeln von Stufe zu Stufe kleiner werdend
- selten Blattscheiden vorhanden

Einkeimblättrige Pflanzen

- Blätter mit Parallelnervatur (Ausnahmen: Einbeere, Aronstab)
- Blüten 3zählig
- Wurzelsystem (sekundär) homorhiz d.h. die Hauptwurzel stirbt frühzeitig ab und wird durch sproßbürtige Wurzeln ersetzt (»Büschelwurzeln«; z.B. Gräser)
- meist Blattscheiden vorhanden

4. Entscheidung: Laubblätter einfach oder zusammengesetzt?

Entscheidend ist hier, ob das Blatt im wesentlichen als Ganzes erscheint oder in irgendeiner Form bis zur Blattspindel unterteilt ist.

Blätter ungeteilt

Die Beschaffenheit des Blattrandes (gesägt, gekerbt, ...) ist bedeutungslos.

Blätter bis zur Blattspindel unterteilt

Blätter gefiedert, gefingert, fiederteilig, tief (bis zur Blattachse) eingeschnitten.

Anmerkung: Zu beachten ist, daß bei vielen Pflanzen nicht alle Blätter gleichartig ausgebildet sind. Oftmals unterscheiden sich Grund- und Stengelblätter oder sogar auch letztere untereinander. Für eine exakte Einordnung müssen Grundblätter bzw. die untersten Stengelblätter unbedingt berücksichtigt werden (z.B. Hederich, Hirtentäschelkraut)!
Auch hier gibt es Grenzfälle wie z.B. den Wolfstrapp, der gesägte bis lappig-buchtige Blätter besitzt (und bei den »ungeteilten Blättern« eingestuft wurde). Die unteren Blätter sind jedoch am Grund oft fiederspaltig.

Beispiele

Anhand zweier Beispiele soll die rasche Zuordnung zu den Artengruppen demonstriert werden:

1. Weiße Seerose
Nymphaea alba

Entscheidungen	Symbolik	in Frage kommende Seiten
Blütenfarbe weiß	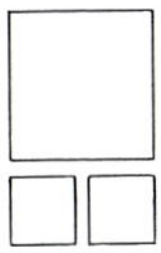	64–119
Blüten radiär-symmetrisch	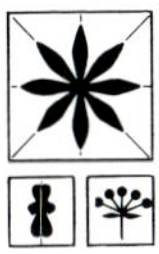	64–99
Pflanze zweikeimblättrig (u.a. Blätter netzaderig)		64–93
Blätter ungeteilt		64–81

2. Wiesen-Platterbse
Lathyrus pratensis

Entscheidungen	Symbolik	in Frage kommende Seiten
Blütenfarbe gelb		16–63
Blüten monosymmetrisch (dorsiventral)		36–49
Pflanze zweikeimblättrig (u.a. Blätter netzaderig)		38–49
Blätter gefiedert		42–49

Innerhalb von 9 (Beispiel 1) bzw. 4 (Beispiel 2) Doppelseiten kann die Art gefunden werden

Symbolik und Unterteilung der letzten ›Farbrubrik‹

In dieser Gruppe müssen aufgrund der Vielfalt und Komplexität der Formen andere Kriterien angewandt werden. Das Zuordnungsverfahren verläuft ansonsten wie bei den übrigen Gruppen. Allerdings erscheint im Symbolkasten am Rand nur eine (die zutreffende) Alternative in Großform.

Bedeutung der Symbole

Gehölze		Laubgehölze mit Blüten in »Kätzchen«	Kätzchen sind langgestreckte, meist hängende Blütenstände; an der beweglichen, hängenden Hauptachse sitzen bereits stark reduzierte, kleine Teilblütenstände. Blüten und Blütenstände eingeschlechtig, Blütenhülle stark reduziert (keine Anlockungsfunktion, da windblütig)
		Nicht-kätzchenblütige Laubgehölze	
		Nadelgehölze	
im weitesten Sinne grasartige Gewächse		Süßgräser	• Sproßachsen (»Halme«) rund, hohl; fast immer mit deutlich erkennbaren Knoten • Blattstellung 2zeilig • Blätter meist lang, schmal, parallelnervig, ungestielt • lange, meist offene Blattscheiden vorhanden • Infloreszenz endständig
		Riedgrasgewächse (»Sauergräser«)	• Sproßachsen, meist 3kantig, knotenlos • Blattstellung ›3zeilig‹, wechselständig • Blattscheiden geschlossen
		Binsengewächse	• Einzelblüten meist in kopfigen oder spirrigen Blütenständen vereinigt • Blätter rinnig oder stielrund, Blütenstand scheinbar seitenständig: Binsen *(Juncus)* • Blätter flach, am Rand gewimpert, endständige Blütenstände: Hainsimsen *(Luzula)*

(krautige) Pflanzen mit bräunlichen Blüten

(krautige) Pflanzen mit grünlichen Blüten

Beispiel: Flatter-Binse *(Juncus effusus)*

Blüten(farbe) unscheinbar Seite 216–271

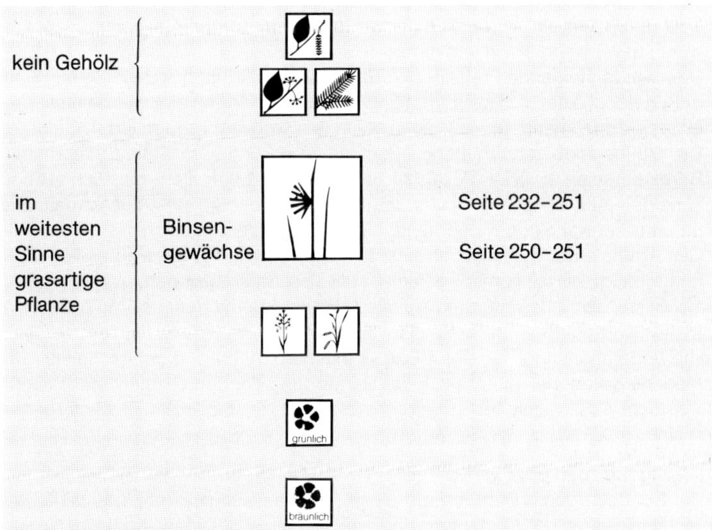

Gefährdung und Artenschutz

In zunehmendem Maße ist eine Sensibilisierung breiter Bevölkerungsschichten für die Gefährdung der Natur und Umwelt zu beboachten. Groß angelegte wissenschaftliche Untersuchungen zeigen, daß durch immer häufigere und intensivere Eingriffe des Menschen ökologische Systeme bedroht, in Mitleidenschaft gezogen oder gar irreparabel geschädigt werden. Diese Entwicklung hat sich in den letzten Jahrzehnten und Jahren immens beschleunigt; eine ganze Fülle von Faktoren wirkt sich nachhaltig auf Biotope und Lebensgemeinschaften aus:

- In großem Maßstab wurde und wird die Landschaft mit Siedlungen, Verkehrsflächen, Industrie- und Erholungsgebieten überbaut; oftmals sind gerade von solchen Maßnahmen (land-)wirtschaftlich »wertlose«, ökologisch jedoch kaum zu ersetzende Gebiete wie beispielsweise Feuchtbiotope betroffen, die noch als letzte Refugien bereits stark bedrängter Arten dienen.

- In der letzten Zeit ist eine deutliche Verschiebung und Veränderung landwirtschaftlicher Bewirtschaftungsformen zu beobachten. Vielerorts wurde die kleinflächige und damit vielfältigere Nutzung durch weitläufige, leicht zu bewirtschaftende Monokulturen ersetzt. Weniger produktive und dadurch wirtschaftlich unrentable Standorte wurden durch Flurbereinigungs-, Entwässerungs-, Aufforstungs- und andere Maßnahmen verändert und damit deren biozönotisches Gleichgewicht ge- oder zerstört.
- Die Beseitigung von (Kleinst-)Biotopen wie Hecken, Gärten, Tümpeln, Wegrändern, Rainen usw. führte zur Vernichtung einer Vielzahl ökologischer Nischen sowie ganzer Lebensgemeinschaften.
- Die Anwendung immer wirkungsvollerer Saatgutreinigungsverfahren, der überproportional gestiegene Einsatz von Kunstdüngemitteln und Herbiziden reduzieren die natürliche Artenvielfalt in eklatanter Weise.
- Die natürliche Entstehung von Pionierstandorten an Hängen und in Flußtälern wird durch sichernde Baumaßnahmen (z.B. gegen Überschwemmungen, Lawinen usw.) weitgehend verhindert.
- Das rapide steigende Freizeit- und Erholungsbedürfnis der Bevölkerung und der Wunsch, diesem in möglichst naturnahen Standorten nachzukommen, belastet in zunehmendem Maße auch die bisher weniger frequentierten Gebiete.
- Die Maßnahmen zur Erhaltung oder Sanierung und zum Schutz naturnaher Bereiche fallen in vielen Fällen zu halbherzig und vor allem räumlich zu bescheiden aus; vielfach ist ein Verständnis für synökologische Zusammenhänge unterentwickelt oder überhaupt nicht vorhanden.
- Der Artenschutz durch gesetzliche Bestimmungen ist zwar verbessert worden, genügt jedoch immer noch nicht voll den Anforderungen.

Die gravierenden Auswirkungen auf das Artenspektrum erfaßt seit 1977 die »Rote Liste« (Korneck/Sukopp: Rote Liste der ... Farn- und Blütenpflanzen ..., Schr. Reihe Vegetationskde. 19, Bonn-Bad Godesberg 1988). Sie unterscheidet verschiedene Kategorien hinsichtlich der Gefährdung der Organismen, die in nachstehendem Auszug mit den entsprechenden Beurteilungskriterien wiedergegeben sind (gekürzt):

[0] Ausgestorben oder verschollen:

In der Bundesrepublik Deutschland ausgestorbene, ausgerottete oder verschollene Arten, denen bei Wiederauftreten besonderer Schutz gewährt werden muß. Noch vor etwa 100 Jahren in der Bundesrepublik Deutschland lebende, in der Zwischenzeit (zum Teil weltweit) mit Sicherheit oder großer Wahrscheinlichkeit erloschene Arten.

Bestandessituation:

Arten, deren Populationen nachweisbar ausgestorben sind bzw. ausgerottet wurden, oder

»Verschollene Arten«, d.h. solche, deren Vorkommen früher belegt worden ist, die jedoch seit längerer Zeit (mindestens seit 10 Jahren) trotz Suche nicht mehr nachgewiesen wurden und bei denen daher der begründete Verdacht besteht, daß ihre Populationen erloschen sind.

[1] Vom Aussterben bedroht:

Vom Aussterben bedrohte Arten, für die Schutzmaßnahmen dringend notwendig sind. Das Überleben dieser Arten in der Bundesrepublik Deutschland ist unwahrscheinlich, wenn die verursachenden Faktoren weiterhin einwirken oder bestandserhaltende Schutz- und Hilfsmaßnahmen des Menschen nicht unternommen werden bzw. wegfallen.

(krautige) Pflanzen mit bräunlichen Blüten

(krautige) Pflanzen mit grünlichen Blüten

Beispiel: Flatter-Binse *(Juncus effusus)*

Blüten(farbe) unscheinbar — Seite 216–271

kein Gehölz

im weitesten Sinne grasartige Pflanze — Binsengewächse

Seite 232–251

Seite 250–251

Gefährdung und Artenschutz

In zunehmendem Maße ist eine Sensibilisierung breiter Bevölkerungsschichten für die Gefährdung der Natur und Umwelt zu beboachten. Groß angelegte wissenschaftliche Untersuchungen zeigen, daß durch immer häufigere und intensivere Eingriffe des Menschen ökologische Systeme bedroht, in Mitleidenschaft gezogen oder gar irreparabel geschädigt werden. Diese Entwicklung hat sich in den letzten Jahrzehnten und Jahren immens beschleunigt; eine ganze Fülle von Faktoren wirkt sich nachhaltig auf Biotope und Lebensgemeinschaften aus:

- In großem Maßstab wurde und wird die Landschaft mit Siedlungen, Verkehrsflächen, Industrie- und Erholungsgebieten überbaut; oftmals sind gerade von solchen Maßnahmen (land-)wirtschaftlich »wertlose«, ökologisch jedoch kaum zu ersetzende Gebiete wie beispielsweise Feuchtbiotope betroffen, die noch als letzte Refugien bereits stark bedrängter Arten dienen.

- In der letzten Zeit ist eine deutliche Verschiebung und Veränderung landwirtschaftlicher Bewirtschaftungsformen zu beobachten. Vielerorts wurde die kleinflächige und damit vielfältigere Nutzung durch weitläufige, leicht zu bewirtschaftende Monokulturen ersetzt. Weniger produktive und dadurch wirtschaftlich unrentable Standorte wurden durch Flurbereinigungs-, Entwässerungs-, Aufforstungs- und andere Maßnahmen verändert und damit deren biozönotisches Gleichgewicht ge- oder zerstört.
- Die Beseitigung von (Kleinst-)Biotopen wie Hecken, Gärten, Tümpeln, Wegrändern, Rainen usw. führte zur Vernichtung einer Vielzahl ökologischer Nischen sowie ganzer Lebensgemeinschaften.
- Die Anwendung immer wirkungsvollerer Saatgutreinigungsverfahren, der überproportional gestiegene Einsatz von Kunstdüngemitteln und Herbiziden reduzieren die natürliche Artenvielfalt in eklatanter Weise.
- Die natürliche Entstehung von Pionierstandorten an Hängen und in Flußtälern wird durch sichernde Baumaßnahmen (z. B. gegen Überschwemmungen, Lawinen usw.) weitgehend verhindert.
- Das rapide steigende Freizeit- und Erholungsbedürfnis der Bevölkerung und der Wunsch, diesem in möglichst naturnahen Standorten nachzukommen, belastet in zunehmendem Maße auch die bisher weniger frequentierten Gebiete.
- Die Maßnahmen zur Erhaltung oder Sanierung und zum Schutz naturnaher Bereiche fallen in vielen Fällen zu halbherzig und vor allem räumlich zu bescheiden aus; vielfach ist ein Verständnis für synökologische Zusammenhänge unterentwickelt oder überhaupt nicht vorhanden.
- Der Artenschutz durch gesetzliche Bestimmungen ist zwar verbessert worden, genügt jedoch immer noch nicht voll den Anforderungen.

Die gravierenden Auswirkungen auf das Artenspektrum erfaßt seit 1977 die »Rote Liste« (Korneck/Sukopp: Rote Liste der ... Farn- und Blütenpflanzen ..., Schr. Reihe Vegetationskde. 19, Bonn-Bad Godesberg 1988). Sie unterscheidet verschiedene Kategorien hinsichtlich der Gefährdung der Organismen, die in nachstehendem Auszug mit den entsprechenden Beurteilungskriterien wiedergegeben sind (gekürzt):

[0] Ausgestorben oder verschollen:

In der Bundesrepublik Deutschland ausgestorbene, ausgerottete oder verschollene Arten, denen bei Wiederauftreten besonderer Schutz gewährt werden muß. Noch vor etwa 100 Jahren in der Bundesrepublik Deutschland lebende, in der Zwischenzeit (zum Teil weltweit) mit Sicherheit oder großer Wahrscheinlichkeit erloschene Arten.

Bestandessituation:

Arten, deren Populationen nachweisbar ausgestorben sind bzw. ausgerottet wurden, oder

»Verschollene Arten«, d. h. solche, deren Vorkommen früher belegt worden ist, die jedoch seit längerer Zeit (mindestens seit 10 Jahren) trotz Suche nicht mehr nachgewiesen wurden und bei denen daher der begründete Verdacht besteht, daß ihre Populationen erloschen sind.

[1] Vom Aussterben bedroht:

Vom Aussterben bedrohte Arten, für die Schutzmaßnahmen dringend notwendig sind. Das Überleben dieser Arten in der Bundesrepublik Deutschland ist unwahrscheinlich, wenn die verursachenden Faktoren weiterhin einwirken oder bestandserhaltende Schutz- und Hilfsmaßnahmen des Menschen nicht unternommen werden bzw. wegfallen.

Bestandessituation:

Arten, die nur in Einzelvorkommen oder wenigen, isolierten und kleinen bis sehr kleinen Populationen auftreten (sog. seltene Arten), deren Bestände aufgrund gegebener oder absehbarer Eingriffe ernsthaft bedroht sind,

Arten, deren Bestände durch lange anhaltenden starken Rückgang auf eine bedrohliche bis kritische Größe zusammengeschmolzen sind oder deren Rückgangsgeschwindigkeit im größten Teil des heimischen Areals extrem hoch ist.

Die Erfüllung eines der Kriterien reicht zur Einstufung in diese Kategorie aus.

[2] Stark gefährdet:

Gefährdung im nahezu gesamten einheimischen Verbreitungsgebiet.

Bestandessituation:

Arten mit kleinen Beständen,

Arten, deren Bestände im nahezu gesamten einheimischen Verbreitungsgebiet signifikant zurückgehen oder regional verschwunden sind.

Die Erfüllung eines der Kriterien reicht aus.

[3] Gefährdet:

Gefährdung besteht in großen Teilen des einheimischen Verbreitungsgebietes.

Bestandessituation:

Arten mit regional kleinen oder sehr kleinen Beständen,

Arten, deren Bestände regional bzw. vielerorts lokal zurückgehen oder lokal verschwunden sind,

Arten mit wechselnden Wuchsorten.

Die Erfüllung eines der Kriterien reicht aus.

[4] Potentiell gefährdet:

Arten, die im Gebiet nur wenige und kleine Vorkommen besitzen, und Arten, die in kleinen Populationen am Rande ihres Areals leben, sofern sie nicht bereits wegen ihrer aktuellen Gefährdung zu den Gruppen 1 bis 3 gezählt werden. Auch wenn eine aktuelle Gefährdung heute nicht besteht, können solche Arten wegen ihrer großen Seltenheit durch unvorhergesehene lokale Eingriffe schlagartig ausgerottet werden.

Für die Farn- und Blütenpflanzen der Bundesrepublik Deutschland ergibt sich demnach folgendes Bild (Stand: 31. 12. 1987):

Von insgesamt 2728 einheimischen Arten und Archaeophyten (= 100%; hinzu kommen noch 267 Neophyten = Neubürger) sind:

				Kategorie
	63	(2,3%)	ausgestorben oder verschollen	[0]
	102	(3,7%)	vom Aussterben bedroht	[1]
	257	(9,4%)	stark gefährdet	[2]
	305	(11,2%)	gefährdet	[3]
somit	727	(26,6%)	aktuell gefährdet	

Zusätzlich müssen 146 (5,4%) als potentiell gefährdet [4] angesehen werden. Von diesen insgesamt 873 (32%) Arten ist nur ein reichliches Viertel nach der Bundesartenschutzordnung (1989) gesetzlich geschützt. In diesem Buch sind die gefährdeten Arten im Begleittext durch dieselben Zahlensymbole wie in der »Roten Liste« gekennzeichnet, z. B. [2] = stark gefährdet.

Sumpfdotterblume *Caltha palustris* L.
Hahnenfußgewächse, Ranunculaceae. **Merkmale:** ✳ III–VI; 15–35 cm. Mehrjährige, fleischige Pflanze mit 5blättriger Blütenhülle; Durchmesser der leuchtend gelben Blüten 15–45 mm. Mehrsamige Balgfrucht. Blätter wechselständig, herzförmig bis kreisrund, gekerbt, kahl. **Standort:** Sumpfwiesen; an Bächen, Gräben; Auenwälder. **Verbreitung:** Zirkumpolar: Nordamerika; Nord- und Mitteleuropa; Nordasien.
Bestäubende Insekten werden durch die kräftiggelbe Färbung und durch UV-reflektierende Saftmale (=besondere Blütenzeichnungen/-farbflecke) zum Nektar geleitet. Die Pflanze ist schwach giftig.

Scharbockskraut *Ranunculus ficaria* L.
Hahnenfußgewächse, Ranunculaceae. **Merkmale:** ✳ III–V; 5–20 cm. Meist 3 äußere Blütenhüllblätter und 8–12 blumenblattartige, glänzend gelbe Honigblätter. Laubblätter ungeteilt, nierenförmig bis rundlich-herzförmig, glänzend. Stengel niederliegend; Pflanze rasenbildend, mehrjährig. **Standort:** Auenwälder, Laubmischwälder, Gärten und Parkanlagen an feuchten Stellen. **Verbreitung:** Ganz Europa mit Massenverbreitung im Westen; Asien.
Fliegen und Bienen übernehmen die Bestäubung, Ameisen die Fruchtverbreitung. In den Achseln der Laubblätter entstehen mit Reservestoffen angereicherte Brutkörper (»Bulbillen«), die der vegetativen Fortpflanzung dienen. Ab der Blütezeit schwach giftig.

Gewöhnliche Berberitze, Sauerdorn *Berberis vulgaris* L.
Berberitzengewächse, Berberidaceae. **Merkmale:** ✳ IV–VI; bis 3 m. Blüten gelb, 6zählig, zwittrig, in vielblütigen, hängenden Trauben; Kronblätter an der Basis mit 2 Nektarhöckern; aus dem oberständigen Fruchtknoten entsteht eine genießbare, rote Beere. Blätter wechselständig, ungeteilt, gezähnt. Die Blätter der Hauptsprosse werden in je 1 meist 3stacheligen Blattdorn umgestaltet, in dessen Achsel ein Seitentrieb mit Laubblättern entsteht. **Standort:** Gebüsche, Hecken, lichte Wälder; vielfach verwildert; bis 1800 m. **Verbreitung:** Osthälfte Frankreichs bis zum Kaukasus; im nördlichen Mitteleuropa als Neophyt auftretend.
Die Staubfäden sind durch Berührung reizbar (Seismonastie!): Die Staubblätter klappen nach innen und oben um und schmiegen sich dem Fruchtknoten an (0,15 s!). Die Pflanze ist Zwischenwirt des Getreideschwarzrostes *(Puccinia graminis)*. Früher wurden Rinde und Wurzeln zu Heilzwecken verwendet; aus den Vitamin-C-haltigen Beeren wurde Konfitüre hergestellt. Durch bestimmte Alkaloide schwach giftig.

Gelbe Teichrose, Große Mummel *Nuphar lutea* (L.) Sm.
Seerosengewächse, Nymphaeaceae. **Merkmale:** ✳ VI–IX. Blüten 4–6 cm groß mit intensivem, alkoholartigem Duft und 5 gelb gefärbten Kelchblättern (Anlockungsfunktion!); die eigentliche Blumenkrone wird von unscheinbaren Nektarblättern gebildet. Durchmesser der Schwimmblätter 10–40 cm; ihre Seitennerven sind nicht miteinander verbunden und verlaufen nach 3facher Gabelteilung bis zum Blattrand. **Standort:** Stehende oder langsam fließende Gewässer bis maximal 4 m Tiefe. **Verbreitung:** Ganz Europa, weite Teile Asiens; vor allem in mittleren und nördlichen Breiten.
Teichrosen sind wie Seerosen typische Vertreter des Schwimmpflanzengürtels. In den Blattstielen befindet sich ein besonderes Durchlüftungsgewebe (Aërenchym). Schwach giftig durch Alkaloide.

Wechselblättriges Milzkraut *Chrysosplenium alternifolium* L.

Steinbrechgewächse, Saxifragaceae. **Merkmale:** ✳ IV–VI; 5–20 cm. Lokkerrasig wachsende, krautige Pflanze mit wechselständigen, deutlich gekerbten Blättern, 3kantigem Stengel und flachdoldig angeordneten Blüten mit gelblichen Hochblättern. Blüten grünlichgelb, 5–6 mm breit, mit einfacher Blütenhülle (4 Blütenhüllblätter) und 8 Staubblättern. **Standort:** Auen- und Schluchtwälder, nährstoffreiche Quellfluren, Bachufer; bis 2000 m. **Verbreitung:** Fast zirkumpolar (eurasiatisch - westamerikanisch), vor allem in kontinentalen Bereichen.
Die Narben werden vor den Staubblättern funktionsfähig (Vorweiblichkeit oder Protogynie); neben Insekten- kommt auch Selbstbestäubung vor.

Mauerpfeffer, Scharfe Fetthenne *Sedum acre* L.

Dickblattgewächse, Crassulaceae. **Merkmale:** ✳ VI–VII; 5–15 cm. Krautige Pflanze mit fleischigen, stumpfen, dick-eiförmigen Blättern; diese 4 mm lang, am Grunde abgerundet, meist scharf schmeckend (Name!). Kronblätter der sternförmigen Blüten 5zählig, hellgelb, etwa 6–8 mm lang. **Standort:** Mauern, Felsfluren; sonnige Pionierrasen und sandige Ruderalstellen (Bahndämme, Kiesdächer, Kiesgruben); trockene Wälder. **Verbreitung:** Ganz Europa; vereinzelt bis Nordafrika.
Die auffällige Blattsukkulenz ist im Zusammenhang mit den exponierten Pionierstandorten und den oftmals dort herrschenden extremen Bedingungen zu sehen. Die Bestäubung erfolgt durch Fliegen- und Hautflüglerarten. Eigenartig ist die Fruchtverbreitung: Die Kapseln öffnen sich hygrochastisch (durch Aufquellen der Wände), durch Regen und Ameisen werden die Samen verbreitet. Der Mauerpfeffer ist giftig (Alkaloide).

Gewöhnlicher Frauenmantel *Alchemilla vulgaris* L.

Rosengewächse, Rosaceae. **Merkmale:** ✳ V–IX; 10–50 cm. Blüten klein, grünlichgelb, in endständigen, geknäuelten Rispen. Blütenkronblätter fehlen (einfache Blütenhülle), 4 Staubblätter. Blattspreite mit 7–13 ringsum gezähnten Abschnitten; Grundblätter rundlich, langgestielt, nur bis zur Hälfte geteilt. Pflanze zerstreut behaart oder kahl. **Standort:** Wiesen und Weiden, Quellfluren; Waldränder und Gebüschsäume. **Verbreitung:** Eurasiatisch; nur in wenigen, peripher liegenden Ländern Europas fehlend.
Nach feuchtwarmen Nächten sind an den Blatträndern große Tropfen zu beobachten, die aktiv von Wasserspalten ausgeschieden werden (keine Tautropfen!); diese Erscheinung wird als Guttation bezeichnet.

Gewöhnliche Nachtkerze *Oenothera biennis* L.

Nachtkerzengewächse, Onagraceae. **Merkmale:** ✳ VI–IX; 50–250 cm. 2jährige Pflanze mit aufrechtem Blütenstand. Blütenröhre 18–50 mm, Kronblätter 12–50 mm lang. Samen ohne Haarschopf. Blätter grün bis bläulichgrün, verkehrt-eiförmig, stumpf, spärlich behaart. **Standort:** Sandtrockenrasen, Wegränder, kiesig-sandige Flußufer, Ruderalstellen (Bahndämme, Schuttplätze). **Verbreitung:** Nordamerika, Europa bis Ostasien.
Die Art stammt aus Nordamerika, wird seit 1619 in Europa beobachtet und tritt vielerorts als Neophyt auf! Sie gehört zu den Langtagpflanzen, hat einen hohen Lichtbedarf und ist ein Rohbodenpionier. Die Bestäubung erfolgt durch Nachtfalter.

Feld-Ahorn *Acer campestre* L.

Ahorngewächse, Aceraceae. **Merkmale:** ✻ V–VI; 3–15 (20) m, meist jedoch eher strauchförmig bis 4 m. Blätter gegenständig mit 5 stumpfen Lappen, der mittlere ist 3zipfelig. Blüten grünlich, in doldenartigen Ständen, erst nach der Belaubung erscheinend. Spaltfrucht mit 2 geflügelten, 1samigen Teilfrüchten. **Standort:** Krautreiche Wälder (Eichen-Hainbuchenwälder), Gebüsche; auch Auenwälder. **Verbreitung:** Fast ganz Europa; im Norden bis Nordengland und Südschweden; im Mittelmeerraum selten.

Die Gattung Ahorn *(Acer)* nimmt eine Übergangsstellung von der Insekten- zur (sekundären) Windblütigkeit ein. Bei der vorliegenden Art erfolgt die Bestäubung im wesentlichen durch Insekten (Bienenweide!; auch »Blatthonig«). Die Früchte werden als »Schraubenflieger« durch den Wind verbreitet (Anemochorie). Das Holz eignet sich gut zum Drechseln.

Berg-Ahorn *Acer pseudoplatanus* L.

Ahorngewächse, Aceraceae. **Merkmale:** ✻ IV–VI; 15–30 m. Blätter gegenständig, in 5 ungleich grob gesägte Lappen geteilt, am Grund herzförmig. Blattbuchten spitz; Blattoberseite dunkelgrün, -unterseite bläulichgrün. Blüten in 5–15 cm langen, traubig zusammengezogenen Rispen. **Standort:** Laubwälder (vor allem Buchenmischwälder), Schluchtwälder; Forst- und Straßenbaum. Oft bis zur Waldgrenze (ca. 1700 m) aufsteigend; kühle, luftfeuchte Regionen werden bevorzugt. **Verbreitung:** Zentraleuropäische Art mit relativ engem Verbreitungsgebiet; Belgien bis Nordpolen; im Süden von Portugal über Sizilien bis Griechenland (hier in Gebirgslagen).

Die bis 500 Jahre alt werdenden Bäume liefern wertvolles Werkholz; aus dem Blutungssaft kann Zucker gewonnen werden. Auch hier erfolgt die Bestäubung durch Insekten (Bienenweide!); im Sommer wird durch Blattdrüsen »Blatthonig« abgesondert.

Spitz-Ahorn *Acer platanoides* L.

Ahorngewächse, Aceraceae. **Merkmale:** ✻ IV–V; 10–20 (25) m. Blätter gegenständig, lang zugespitzt, 5–7lappig mit abgerundeten Blattbuchten. Blüten gelbgrün, in ebensträußigen Trugdolden kurz vor der Belaubung erscheinend; zwittrig. **Standort:** Lichte, krautreiche Laubwälder, auch Schluchtwälder; Allee- und Straßenbaum. Im Nordwesten Neophyt. **Verbreitung:** Fast ganz Europa.

Insektenbestäubung; Windverbreitung.

Winter-Linde *Tilia cordata* L.

Lindengewächse, Tiliaceae. **Merkmale:** ✻ VI–VII; 10–25 m. Blätter asymmetrisch-herzförmig; oberseits kahl, unterseits blaugrün, in den Nervenwinkeln gelblichrostrot- bis braunbärtig. Blattzähne spitz. Infloreszenz 5–11blütig; ihr Stiel bis zur Hälfte mit dem flügelartigen Vorblatt verwachsen; Blüten radiär, 5zählig. Nußfrucht undeutlich kantig, dünnwandig. **Standort:** Laubmischwälder der Ebene und bis in mittlere Gebirgslagen. **Verbreitung:** Europa und Westasien; fehlt im extremen Norden und Süden und auf einigen Inseln.

Auch diese Art steht an der Grenze von Insekten- zur Windblütigkeit; hauptsächlich erfolgt die Bestäubung jedoch durch Insekten (Bienenweide). Bei der Windverbreitung löst sich der gesamte Nußfruchtstand, das Vorblatt dient als Flugorgan! Das Lindenholz findet als Weich- und Schnitzholz Verwendung; Heilpflanze (Lindenblütentee).

Tüpfel-Johanniskraut *Hypericum perforatum* L.

Hartheugewächse, Hypericaceae. **Merkmale:** ✻ VI–VIII; 30–100 cm. Mehrjährige Pflanze mit dicht durchscheinend punktierten Blättern. Stengel markig, kahl, mit 2 erhabenen Längsleisten; im Bereich der Spitze drüsig. Blüten groß, goldgelb, mit asymmetrischen, schwarz punktierten Kronblättern, in reichblütigen Trugdolden. Kelchblätter ganzrandig, lanzettlich zugespitzt, zur Blütezeit doppelt so lang wie der Fruchtknoten. Kapselfrucht. **Standort:** Magerrasen, Trockenhänge, Heiden, Wegränder, Gebüschsäume, Waldlichtungen und -ränder. **Verbreitung:** Ganz Europa außer Island; in kühl-gemäßigten Zonen inzwischen weltweit verbreitet.
Die Blüten produzieren weit mehr Pollen als für die Bestäubung erforderlich; dieser dient den bestäubenden Insekten als Nahrung (Pollenblume). Bei den durchscheinenden Punkten der Blattflächen handelt es sich um Sekretbehälter (»Öldrüsen«), die reich an ätherischen Ölen sind. Heilpflanze (Wundmittel; gegen Würmer).

Sonnenröschen *Helianthemum nummularium* (L.) Mill.

Cistrosengewächse, Cistaceae. **Merkmale:** ✻ V–IX; 10–30 cm. Mehrjährige, verholzte Pflanze (Halbstrauch) mit 8–18 mm großen, goldgelben Blüten in einseitswendigen Blütenständen. Blätter gegenständig, elliptisch, bewimpert; Nebenblätter lanzettlich, länger als der Blattstiel. **Standort:** Sonnige Trockenhänge, Heiden, Triften; Waldränder; Felsen; vor allem auf Kalk. **Verbreitung:** Ganz Europa außer Island und Norwegen; der Verbreitungsschwerpunkt der Cistrosengewächse liegt im Mittelmeergebiet.
Die Staubblätter sind reizempfindlich.

Färber-Waid *Isatis tinctoria* L.

Kreuzblütengewächse, Brassicaceae. **Merkmale:** ✻ V–VII; 40–120 cm. Pflanze oberwärts bläulichgrün bereift; Stengelblätter am Grunde herz- bis pfeilförmig, sitzend, kahl. Blüten in Rispen. Frucht 10–25 mm lang, 3–7 mm breit; 1–2samige, hängende, schwarz werdende Flügelnuß (schotenfrüchtiger Kreuzblütler!). **Standort:** Trockene Ruderalstellen (Unkrautfluren, Wege, Bahngelände, Steinbrüche); Kalkfelsfluren und Kalktrockenrasen. Vielfach Neophyt. **Verbreitung:** Gemäßigt-kontinentale Regionen Europas.
Der Name verdeutlicht, daß es sich um eine alte Färbepflanze handelt, die schon in früheren Jahrhunderten kultiviert wurde. Der Indigofarbstoff wird durch Gärungsprozesse gewonnen. Neben der natürlichen Windverbreitung ist der Einfluß des Menschen auf die Verbreitung nicht zu unterschätzen. Färber-Waid ist schwach giftig.

Acker-Senf *Sinapis arvensis* L.

Kreuzblütengewächse, Brassicaceae. **Merkmale:** ✻ V–IX; 20–60 cm. 1jährige Pflanze mit 9–12 mm großen, schwefelgelben Blüten und waagrecht abstehenden Kelchblättern. Fruchttyp: Schote (mehr als 3mal so lang wie breit); mit geradem, kegeligem Schnabel; meist kahl. Stengel rauhhaarig; obere Blätter sitzend, mehr oder weniger ungeteilt; untere gestielt, tief fiederteilig, mit großem Endlappen. **Standort:** Äcker, Wege, Schuttplätze, Brachstellen. **Verbreitung:** In gemäßigten Zonen weltweit.
Der Ackersenf gehört zu den Zeigerpflanzen für basische Böden. Im Gegensatz zum Weißen Senf *(Sinapis alba)* kann aus den Samen nur ein minderwertiger Senf hergestellt werden.

Gewöhnlicher Gilbweiderich, Felberich *Lysimachia vulgaris* L.
Primelgewächse, Primulaceae. **Merkmale:** ✳ VI–VIII; 50–150 cm. Blüten in beblätterter Rispe; Kronblätter am Rand kahl, Kelchzipfel rötlich berandet; Frucht 5klappig. Blätter gegenständig oder zu 3–4 in Quirlen, länglicheiförmig, bis 14 cm lang, drüsig punktiert. Stengel undeutlich kantig, kurz behaart. **Standort:** Bruchwälder, Säume von Gewässern, Sumpfgebüsche, Feuchtwiesen; kalkmeidend; bis 1850 m. **Verbreitung:** Fast ganz Europa mit Ausnahme zahlreicher Inseln von Spitzbergen bis Kreta.
Bestäubung durch Fliegen und Hautflügler, auch Selbstbestäubung.

Pfennigkraut *Lysimachia nummularia* L.
Primelgewächse, Primulaceae. **Merkmale:** ✳ V–VII; 10–50 cm. Weit kriechende, wenig verzweigte Stengel mit gegenständigen, rundlichen bis elliptischen Blättern, in deren Achseln einzelne, langgestielte Blüten stehen. Krone etwa 15 mm breit, innen dunkelrot-drüsig punktiert. Frucht 5klappig aufspringend. **Standort:** Nasse bis feuchte, nährstoffreiche Fettwiesen, Gräben, Ufer, Auenwälder; Gärten. **Verbreitung:** Weite Teile Europas; im Norden bis 62° nördl. Breite.
Die Gattung *Lysimachia* stellt innerhalb der Primulaceae insofern eine Besonderheit dar, als hier beblätterte Stengel (sonst fast nur Rosettenpflanzen!) auftreten. Die vorliegende Art ist ein bekanntes Untersuchungsobjekt für Geotropismus. Die Bestäubung erfolgt durch Fliegen oder auf dem Weg der Autogamie, die Verbreitung vor allem durch Ausläufer.

Hohe Schlüsselblume *Primula elatior* (L.) Hill.
Primelgewächse, Primulaceae. **Merkmale:** ✳ III–V; 10–30 cm. Blüten schwefelgelb, nur schwach duftend; Kronsaum flach ausgebreitet, am Schlund ringförmige, dunkelgelbe Zone (Saftmal!). Kelch eng anliegend. Blätter 10–20 cm lang, runzelig, zerstreut-kurzhaarig. **Standort:** Laubwälder, insbesondere Auen- und Schluchtwälder, Gebüsch, Wiesen; bis in Höhenlagen von 2400 m. **Verbreitung:** Nahezu ganz Europa, vor allem im westlichen, mittleren und südlichen Teil.
Die Fremdbestäubung der Blüten durch Bienen und Hummeln wird durch die Heterostylie gewährleistet: Der Pollen langgriffeliger Individuen mit tiefstehenden Staubblättern wird auf die Narben kurzgriffeliger Pflanzen mit hoch inserierten Staubblättern übertragen und umgekehrt. Nur bei dieser Kreuzbestäubung ergibt sich ein optimaler Fruchtansatz. Auch die Größe der Pollenkörner und die der Narbenpapillen entsprechen einander wechselseitig.

Duftende Schlüsselblume *Primula veris* L.
Primelgewächse, Primulaceae. **Merkmale:** ✳ IV–V; 10–25 cm. Blüten dottergelb, mit vertieftem Kronsaum und weit glockenförmigem Kelch. Am Schlund der intensiv duftenden Blüten befinden sich 5 orangerote Flecken (Saftmale!). Blätter 5–15 cm lang, in den geflügelten Stiel verschmälert, wie der Stengel samtig-flaumig behaart. **Standort:** Wiesen, lichte Wälder, Waldränder, Gebüsch; Kalkmagerrasen; bis in Höhen von 1700 m. **Verbreitung:** Im gleichen Gebiet wie die Hohe Schlüsselblume (= sympatrische Verbreitung!).
Auch diese Art zeigt das Phänomen der Heterostylie. Die Verbreitung der Samen erfolgt bei beiden Arten durch den Wind: bei Luftbewegung werden sie aus den auf langen Schäften stehenden »Schüttelkapseln« verstreut.

Gelber Enzian *Gentiana lutea* L. 3

Enziangewächse, Gentianaceae. **Merkmale:** ✳ VI–VIII; 50–120 cm. Blüten in Scheinquirlen in den oberen Blattachseln; Krone goldgelb, sternförmig, fast bis zum Grund 5–6teilig. Blätter gegenständig, elliptisch, blaugrün, kahl. Dicke Pfahlwurzel. **Standort:** Subalpine Grasfluren, Magerrasen. **Verbreitung:** Gebirge Zentral- und Südeuropas; in Deutschland: Alpen und -vorland, Schwäbische Alb, Franken.
Die Lebensdauer dieser Art beträgt über 50 Jahre, erst nach etwa 10 Jahren kommt sie zur Blüte. Die Bestäubung erfolgt durch Hummeln und Falter, die Verbreitung durch den Wind. Bereits Dioskurides (1. Jh.) und Plinius erwähnten diese Enzianart, deren Bedeutung als Arzneipflanze (Bitterstoffdroge mit stärkender Wirkung auf das Verdauungssystem; noch in einer Verdünnung von 1:20000 wirksam!) und für die Schnapsherstellung (Wurzeln) bis heute ungeschmälert ist.

Kreuz-Labkraut *Cruciata laevipes* Opiz

Rötegewächse, Rubiaceae. **Merkmale:** ✳ IV–V; 10–50 (70) cm. Stengel steifhaarig, schlaff, 4kantig. Blätter gelbgrün, breit eiförmig, 3nervig, rauhhaarig, zu je 4 Quirlen stehend. Blüten gelb bis grünlichgelb, mit kleinen Hochblättern; in zahlreichen Etagen in trugdoldigen Quirlen angeordnet; 4 Kronzipfel. Frucht glatt, zuletzt schwarz, an herabgebogenen Fruchtstielen. **Standort:** Unkrautsäume an Hecken, Zäunen, Gräben; Raine, Gebüsch; auch Auenwälder. **Verbreitung:** West- und Mitteleuropa sowie nördliches Mediterrangebiet. In Nordeuropa fehlend.
Die wärmeliebende Pflanze wird von Fliegen und Bienen bestäubt; aus den Wurzeln kann ein roter Farbstoff gewonnen werden.

Echtes Labkraut *Galium verum* L.

Rötegewächse, Rubiaceae. **Merkmale:** ✳ V–IX; 10–70 (100) cm. Blütenkrone radförmig, gold- bis zitronengelb, selten grünlichgelb, duftend; Kronzipfel kurz bespitzt (nicht grannenspitzig!). Blätter 1nervig (oder undeutlich nervig), schmallanzettlich (1 mm breit, 15–25 mm lang), stachelspitzig, am Rande gerollt; zu 6–12 in Quirlen. Stengel abstehend kurzhaarig. **Standort:** Magerrasen und -weiden, besonders auf Kalk; Wegraine, Gebüschsäume; Moorwiesen. **Verbreitung:** Eurasien.
Bestäubung durch Fliegen und Bienen.

Kleinblütige Königskerze *Verbascum thapsus* L.

Braunwurzgewächse, Scrophulariaceae. **Merkmale:** ✳ VII–IX; 10–170 (200) cm. Blüten hellgelb, bis 22 mm breit, weit trichterförmig; kurzgestielt in ährigen Knäueln. Staubfäden weißwollig, die beiden längeren 3–4mal so lang wie ihre kurz herablaufenden Staubbeutel. Blattgrund lang am Stengel herablaufend (bis zum nächstunteren Blatt). **Standort:** Ruderalstellen (Dämme, Schuttplätze, Ufer, Wege), Waldränder; Ebene bis mittlere Gebirgslagen. **Verbreitung:** Europa und Westasien; ferner Nordamerika (verschleppt!).
Die Kleinblütige Königskerze ist ein Nitrifizierungszeiger. Neben Insektenbestäubung (Pollenblume) kommt Selbstbestäubung vor.

Kriechender Hahnenfuß *Ranunculus repens* L.

Hahnenfußgewächse, Ranunculaceae. **Merkmale:** ✳ V–IX; 10–50 cm. Blüten mit aufrecht stehenden und den Kronblättern anliegenden Kelchblättern; Blütenstiele gefurcht; Fruchtschnabel kurz und gerade. Grundblätter 3teilig, mit deutlich gestieltem Mittelabschnitt; alle Abschnitte 3spaltig, gezähnt. Oberirdische Ausläufer, an den Knoten wurzelnd. **Standort:** Besonders an feuchten Stellen in Wiesen, Auenwäldern, Gärten; an Wegen, Gräben und Ufern; bis 2400 m. **Verbreitung:** In gemäßigten Zonen weltweit.
Pionierpflanze, der die oberirdischen Ausläufer ein rasches Vordringen auf noch unbesiedelte Standorte ermöglichen. Schwach giftig.

Scharfer Hahnenfuß *Ranunculus acris* L.

Hahnenfußgewächse, Ranunculaceae. **Merkmale:** ✳ IV–X; 30–100 cm. Diese Art unterscheidet sich vom Kriechenden Hahnenfuß durch nicht gefurchte, glatte Blütenstiele und fehlende Ausläufer, vom Knolligen Hahnenfuß *(Ranunculus bulbosus)* durch anliegende Kelchblätter und das Fehlen einer basalen Verdickung. Blüten leuchtend gelb, 10–25 mm groß. Stengel und Blattstiele höchstens angedrückt behaart; Grundblätter 5–7teilig, langgestielt; Stengelblätter 3–5teilig, eingeschnitten gezähnt. **Standort:** Wiesen, Weiden, Wegränder, Hecken; bis 2400 m. **Verbreitung:** Fast ganz Europa.
Der Scharfe Hahnenfuß bildet im Mai den charakteristischen Wiesenaspekt. In frischem Zustand ist die Pflanze giftig, als Heu jedoch unschädlich.

Trollblume *Trollius europaeus* L. 3

Hahnenfußgewächse, Ranunculaceae. **Merkmale:** ✳ V–VI; 30–60 cm. Blüten goldgelb, 20–30 mm Durchmesser. Blütenhüllblätter 5–10 (15), kugelig zusammenneigend; 5–10 unauffällige, löffelartig verbreiterte Honigblätter (aus Staubblättern gebildet). Zahlreiche Balgfrüchte (Sammel-Balgfrüchte!). Stengel unverzweigt, 1blütig; Blätter meist handförmig geteilt, mit 3spaltigen, gesägten Zipfeln. **Standort:** Feuchte bis nasse Flachmoorwiesen; Quellwiesen, vor allem der montanen Region. **Verbreitung:** Europa.
Die grünen Blütenknospen färben sich unter Chlorophyllverlust der Chloroplasten zu gelben Blüten um. Interessant sind die Übergänge zwischen Perianth, Hoch- und Laubblättern! Die Pflanze ist schwach giftig.

Frühlings-Adonisröschen *Adonis vernalis* L. 2

Hahnenfußgewächse, Ranunculaceae. **Merkmale:** ✳ IV–V; 10–40 cm. Pflanze mehrjährig, mit 3–8 cm großen, goldgelben, endständigen Blüten. Blütenhülle deutlich in Kelch und Krone gegliedert; Blütenkronblätter 10–20, etwa doppelt so lang wie die breit-eiförmigen Kelchblätter. Nektarblätter fehlend. Fruchtblätter dicht stehend; zahlreiche behaarte Früchte mit hakigem Schnabel. Stengelblätter mehrfach fiederteilig, meist nicht gestielt. **Standort:** Sonnige Trocken- und Halbtrockenrasen, Heidewiesen, Hügel; Kiefernwälder. Auf Kalk- und Sandböden. **Verbreitung:** Kontinentale Art, deren Areal die eurasiatischen Steppen- und Halbwüstengebiete umfaßt. Ost-, Mittel- und Südeuropa; nördlich bis Südschweden. Die mitteleuropäischen Standorte sind als xerotherme Relikte einer ehemals weiter nach Westen ausgerichteten Verbreitung anzusehen.
Blüten vorweiblich; Pollenblume. Fruchtverbreitung durch Ameisen. Die Pflanze enthält giftige Glykoside, die die Koronargefäße erweitern; Extrakte finden als Herzmittel Verwendung.

Großes Schöllkraut *Chelidonium majus* L.

Mohngewächse, Papaveraceae. **Merkmale:** ✳ V–IX; 30–70 cm. Mehrjährige Ruderalpflanze mit etwa 20 mm großen, goldgelben Blüten (zu 2–6 in endständigen Dolden). Kronblätter 4, verkehrt-eiförmig; Kelchblätter gelblich, behaart; zahlreiche Staubblätter. Frucht bis 5 cm lang, kahl; Samen schwarz, mit weißem Anhängsel (Elaiosom). Blätter gefiedert, mit ungleich doppelt gekerbt-gelappten Fiedern, unterseits blaugrün. Ganze Pflanze mit orangegelbem Milchsaft. **Standort:** Unkrautfluren: Wege, Mauern, Zäune, Gebüsch, Waldränder, Hecken, verwilderte Parks. **Verbreitung:** Fast ganz Europa.
Das Schöllkraut ist ein alter Kulturbegleiter und Siedlungszeiger, außerdem Zeigerpflanze für Stickstoff. Die Samen werden von Ameisen verschleppt, denen das Elaiosom als Nahrungsquelle dient. Der giftige Milchsaft wurde früher gegen Hühneraugen und Warzen verwendet.

Gänse-Fingerkraut *Potentilla anserina* L.

Rosengewächse, Rosaceae. **Merkmale:** ✳ V–VIII; 10–50 cm. Mehrjährige Pflanze mit langen, rötlichen, oberirdischen Ausläufern und nichtblühenden Laubsprossen. Blüten einzeln, gelb, 18–25 mm groß, langgestielt; Blütenkronblätter doppelt so lang wie der Kelch. Blätter bis 25 cm lang, unterbrochen gefiedert, mit 10–20 seidig-behaarten, oberseits grünen, unterseits silberweißen Fiederblättchen. **Standort:** Gänseanger, Wegränder, Schuttplätze, Straßengräben, Ufer; Pionierrasen! **Verbreitung:** Ganz Europa mit Ausnahme der südöstlichsten Gebiete; in gemäßigten Zonen weltweit.
Die vorliegende Art ist ein Nährstoff- und Feuchtezeiger. Sie vermag relativ hohe Salzkonzentrationen zu ertragen.

Kriechendes Fingerkraut *Potentilla reptans* L.

Rosengewächse, Rosaceae. **Merkmale:** ✳ V–VIII; 30–90 cm. Stengel sehr lang, ausläuferartig kriechend (Name!) und an den Knoten wurzelnd. Blätter lang gestielt, 5–7zählig, grob gesägt. Blüten einzeln in den Blattachseln stehend, gelb; Blütenhüllblätter 5, 8–12 mm lang. **Standort:** Äcker, Wege, Hekken, Wiesen, Gräben, Ufer; bis 900 m. **Verbreitung:** Ganz Europa, in gemäßigten Zonen inzwischen weltweit.
Mit Hilfe der ausläuferartigen Stengel können freie Standorte rasch besiedelt werden (Kriechpionier!). Die Blüten werden von Insekten bestäubt, die Früchte von Säugern und Ameisen verbreitet.

Echte Nelkenwurz *Geum urbanum* L.

Rosengewächse, Rosaceae. **Merkmale:** ✳ V–IX; 20–60 (90) cm. Stengel in der Regel mehrblütig. Blüten aufrecht; Kronblätter gelb, 3–7 mm lang; Griffel durch hakige Krümmung gegliedert, unteres Glied kahl, oberes behaart. Kelch grün, zur Fruchtzeit zurückgeschlagen. Stengelblätter 3zählig, mit großen, laubblattartigen Nebenblättern. **Standort:** Feuchte, frische, krautreiche Laubmischwälder, Auenwälder, Gebüschsäume, Zäune; von der Ebene bis etwa 1000 m. **Verbreitung:** Ganz Europa; Westasien.
Die umgebildeten Griffel stellen eine Kletteinrichtung dar, mittels der die Samen am Haarkleid kleinerer Tiere hängenbleiben und verbreitet werden. Der Name rührt daher, daß die Wurzel früher als Gewürznelkenersatz (Gehalt an Glykosid Eugenol!) Verwendung fand. Die Pflanze ist schwach giftig.

Gewöhnlicher Odermennig *Agrimonia eupatoria* L.

Rosengewächse, Rosaceae. **Merkmale:** ✻ VI–IX; 30–50(100) cm. Mehrjährige Pflanze mit langgestreckter Blütentraube. Blüten gelb; Kronblätter eiförmig, kaum ausgerandet. Kelchblätter verkehrt-eiförmig, dicht abstehend behaart, mit 10 tiefen Furchen; äußere Kelchborsten aufrecht abstehend, innere zusammenneigend. Kelchbecher bald nach der Blütezeit nickend. Frucht etwa 6 mm lang, verkehrt-kegelförmig, behaart, oben mit hakigen Borsten (Klettverbreitung!). Blätter gefiedert; unterseits auf der ganzen Fläche kurz und dicht graufilzig, mit im Filz versteckten Drüsen. Nebenblätter blattartig. Stengel rundlich, rauhhaarig und oben kurzdrüsig. **Standort:** Wiesen, Magerrasen, Heiden; Wegränder, Hecken, Gebüsche, Waldränder; vor allem auf Kalk- und Lehmböden. **Verbreitung:** Eurasiatisch.
Die Blüten produzieren reichlich Pollen, der den bestäubenden Insekten als Nahrungsquelle dient (Pollenblume!).

Raps *Brassica napus* L.

Kreuzblütengewächse, Brassicaceae. **Merkmale:** ✻ IV–IX; 60–120 cm. Blütenkrone goldgelb; Kronblätter (10–14 mm) doppelt so lang wie die Kelchblätter, lang genagelt; die geöffneten Blüten überragen die Knospen nicht! Fruchttyp: Schote. Blätter alle bläulich bereift, untere schwach behaart, obere meist kahl und halb stengelumfassend, sitzend. **Standort:** Frische Ruderalstellen (Wegränder, Schutt); Kulturpflanze, z. T. Neophyt. **Verbreitung:** In ganz Europa kultiviert und eingebürgert.
Der Raps ist eine alte Öl- und Gemüsepflanze (Gehalt an fetten Ölen 40%; ätherische.Öle, Erucasäure und Glycoside). Die Art ist wahrscheinlich durch Hybridisierung aus dem Gemüsekohl *(Brassica oleracea)* und dem Rübsen *(B. rapa)* entstanden.

Weg-Rauke *Sisymbrium officinale* (L.) Scop.

Kreuzblütengewächse, Brassicaceae. **Merkmale:** ✻ V–IX; 30–60 cm. Kronblätter blaßgelb, 1–3 mm lang. Schoten 7–20 mm lang, dem Stengel dicht angedrückt, vom Grund bis zur Spitze verschmälert. Äste sparrig abstehend, wenigstens die unteren Blätter tiefgelappt bis fiederteilig. **Standort:** Offene Unkrautfluren, Ruderalstellen (Wege, Schuttplätze), stickstoffreiche Äcker, Gärten (Hackkulturen!); Ufer. **Verbreitung:** Ganz Europa; im Norden bis 68° nördl. Breite, östlich fast bis Sibirien vordringend; in kühl-gemäßigten Regionen weltweit.
Bei der Weg-Rauke handelt es sich um einen alten Kulturbegleiter, um eine Pionierpflanze und um einen Stickstoffzeiger.

Barbarakraut *Barbarea vulgaris* R. Br.

Kreuzblütengewächse, Brassicaceae. **Merkmale:** ✻ IV–VII; 30–90 cm. Blüten 7–9 mm breit, goldgelb; Kronblätter doppelt so lang wie der Kelch. Schoten 15–25 mm lang, aufrecht abstehend auf dünnen, 4–6 mm langen Stielen, mit 2–3 mm langem Fruchtgriffel. Grundblätter mit mehreren Paaren von Seitenlappen und rundlichem, am Grunde oft herzförmigem Endlappen; dieser ist kürzer als der Rest des Blattes und allenfalls so breit wie das oberste Seitenlappenpaar. **Standort:** Wegränder, Äcker, Spülsäume von Gewässern, Kiesgruben (Ruderalstellen). **Verbreitung:** Ganz Europa mit Ausnahme einiger Inseln; in gemäßigten Zonen inzwischen weltweit.
Pionierpflanze. Die Bestäubung erfolgt durch Insekten.

Gewöhnlicher Goldstern *Gagea lutea* (L.) Ker-Gawl.

Liliengewächse, Liliaceae. **Merkmale:** ✳ III–V; 10–30 cm. Blüten in wenigblütigen Scheindolden; Blütenblätter 12–15 mm lang. 1 Grundblatt; dieses (4)6–10 mm breit, mehr oder weniger flach, nur schwach gekielt, mit kapuzenartiger Spitze und meist mit weißlichem Grund. Frucht: Kapsel. **Standort:** Laubholzreiche Wälder, Gebüsche und Gebüschsäume, Auenwälder, an Bächen; Ebene bis mittlere Gebirgslagen (1600 m); Kalkgebiete werden bevorzugt. **Verbreitung:** Europa; weit in den asiatischen Raum vordringend.
Der Gewöhnliche Goldstern ist eine Schattenpflanze, die häufig zusammen mit dem Bärlauch *(Allium ursinum)* auftritt. Die Bestäubung der Blüten erfolgt durch Insekten.

Gelbe Schwertlilie *Iris pseudacorus* L.

Schwertliliengewächse, Iridaceae. **Merkmale:** ✳ V–VII; 50–120 cm. Jede Iris-Blüte besteht aus 3 funktionellen Einheiten, die im Dienste der Bestäubung stehen. Man spricht hier von einem Meranthium im Gegensatz zur typischen Einzelblüte (Euanthium) oder zu Scheinblüten (Pseudanthien). Bei den Schwertlilien enthält jede Blüte 3 Lippenblumen, die sich aus einem Griffeldach (verbreiterte Griffel) und einem äußeren Perigonblatt zusammensetzen. Die vorliegende Art ist durch leuchtend gelbe Blüten gekennzeichnet, deren äußere Blütenhüllblätter breit, oval bis rundlich, an der Basis braun geadert und nicht bärtig sind. Innere Blütenhüllblätter schmal-linealisch, viel kürzer und schmaler als die Griffeläste. Blüten etwa 10 cm lang, mit grünen Hochblättern. Blätter ca. 1 m lang, 10–30 mm breit, schwertförmig (Name der Familie!); Stengel rundlich bis elliptisch, 1–5blütig. Fruchttyp: Kapsel. **Standort:** Verlandungsbereich stehender und langsam fließender Gewässer, Schilfgürtel; Auenwälder, Wald- und Wiesensümpfe, Gräben; bevorzugt werden schlammige, zeitweise überschwemmte Böden. **Verbreitung:** Ganz Europa; Nordafrika und Vorderasien.
Aus den Standortangaben wird ersichtlich, daß die Pflanze ein Nässezeiger ist. Besondere Baueigentümlichkeiten der Früchte ermöglichen eine Schwimmverbreitung. Die Samen können nur bei Lichteinwirkung keimen. Blätter und Rhizome enthalten Giftstoffe, die insbesondere dem Vieh abträglich sind. Andererseits werden aus den Rhizomen Gerbstoffe isoliert, die zum Gerben und in der Medizin Verwendung finden.

Gelbe Narzisse *Narcissus pseudonarcissus* L. 3

Amaryllisgewächse, Amaryllidaceae. **Merkmale:** ✳ III–IV; 15–40 cm. Blüten hellgelb; Nebenkrone dottergelb, becherförmig, so lang wie die freien Perigonzipfel. Alle Blätter grundständig, 7–15 mm breit, linealisch, etwas fleischig. **Standort:** Feuchte, kalkarme Bergwiesen mit mäßigem Nährstoffgehalt; lichte Wälder. **Verbreitung:** Europa; nördlich bis Nordengland. In Mitteleuropa nur noch an wenigen Stellen (Hunsrück, Hohes Venn, Eifel, Vogesen). Vielfach kultiviert und dann verwildert.
Die Pflanze enthält vor allem in der Zwiebel neben Bitterstoffen Alkaloide, auf denen die Giftigkeit der Art beruht. Geringe Dosen wirken bereits als starkes Brechmittel. Die Blüten werden von Hummeln bestäubt; diese orientieren sich sowohl an der gelben Blütenfarbe (Fernorientierung) als auch an der als »Duftmal« fungierenden Nebenkrone (Nahorientierung).

Frauenschuh *Cypripedium calceolus* L. 2

Knabenkrautgewächse, Orchidaceae. **Merkmale:** ✳ V–VI; 20–50 cm. Mehrjährige Pflanze mit aufrechten, beblätterten Stengeln. Blüten 1–2 (selten 3) mit einem Durchmesser von 6–9 cm; Lippe kräftig gelb, pantoffelartig aufgeblasen, bis zu 40 mm lang (= inneres Perigonblatt); 4 purpur- bis schokoladenbraune äußere Perigonblätter. Laubblätter 3–5, breit-oval bis elliptisch, zugespitzt, den Stengel umfassend; kräftige Nervatur; Spreite kurz behaart. **Standort:** Lichte Laub- und Nadelmischwälder, Gebüsche; besonders auf kalkhaltigen Lehm- und Tonböden; bis in Höhenlagen von 1500 m. **Verbreitung:** Vorwiegend in Nord- und Mitteleuropa, in westlichen und südöstlichen Gebieten Europas fehlend. Im asiatischen Raum erstreckt sich das Areal bis nach Sibirien (nordisch-eurasiatische Verbreitung mit kontinentaler Ausrichtung).

Im Gegensatz zu vielen anderen Orchideenarten besitzt der Frauenschuh keine Knollen. Zur Sicherung der (Fremd-)Bestäubung ist ein besonderer Mechanismus ausgebildet: Die schuhförmige Lippe stellt eine Gleitfalle dar, in der sich die Insekten (vor allem Erdbienen) verfangen, nachdem sie von den durch einen Ölfilm extrem glatten Rändern ins Innere der Lippe abgestürzt sind. Über die gleichfalls glatten Innenwände ist ein Entkommen durch die Fallenöffnung ausgeschlossen. Die gefangenen Erdbienen müssen sich, um dem Kessel zu entrinnen, durch eine schmale, seitliche Öffnung in der Nähe des Lippenansatzes zwängen. Dabei wird sichergestellt, daß die Insekten zuerst die von anderen Blüten mitgebrachte Pollenmasse an der schleimigen Narbe abstreifen und anschließend neuen Pollen von den Staubblättern aufnehmen. Eine Selbstbestäubung ist auf diese Weise unmöglich!

Flügelginster *Chamaespartium sagittale* (L.) P. Gibbs

Schmetterlingsblütengewächse, Fabaceae. **Merkmale:** ✳ V–VII; 15–25 cm. Kleiner Halbstrauch mit verholzter, kriechender Grundachse und breit geflügelten, gegliederten Stengeln. Blätter 2zeilig, rauhhaarig, hinfällig. Blüten hellgelb, in dichten, endständigen Trauben. **Standort:** Kalkarme Magerrasen und Magerweiden, Böschungen und Säume, Wegränder; lichte Wälder (Eichen, Kiefern); insbesondere im Bereich der Mittelgebirge. **Verbreitung:** Zentraleuropäische Art mit einer nördlichen Verbreitungsgrenze von Südostbelgien bis zum Harz; im Süden vor allem in Gebirgen.

Der Flügelginster ist ein Magerkeits- und Säurezeiger sowie ein Kriechpionier. Die Bestäubung der Blüten erfolgt durch Bienen und Hummeln.

Großes Springkraut, Rühr-mich-nicht-an
Impatiens noli-tangere L.

Balsaminengewächse, Balsaminaceae. **Merkmale:** ✳ VII–IX; 30–80 cm. 1jährige Pflanze mit goldgelben, 20–30 mm langen, hängenden Blüten mit gekrümmtem Sporn. Blüten monosymmetrisch, in 2–4blütigen Trauben; Kronblätter paarweise miteinander verbunden, innen braunrot punktiert; Fruchtknoten oberständig. Blätter wechselständig, gestielt, eiförmig und grob gezähnt; Stengel saftig, glasig-durchscheinend, an den Knoten oft verdickt, mehrfach verzweigt. **Standort:** Feuchte, humusreiche Laub- und Nadelwälder, Schlucht- und Auenwälder; an Bächen und Waldquellen; bis in Höhen von etwa 1300 m. **Verbreitung:** Eurasiatisch.

Die Mullbodenpflanze wird meist von Hummeln bestäubt. Bemerkenswert ist die Schleuderverbreitung der Samen, nach der die Pflanze den Namen bekommen hat: Die unter hoher Gewebespannung stehenden, fleischigen Kapseln springen bei Berührung elastisch auf und schleudern die Samen weit heraus (Entfernung bis 2 m!). Schwach giftig.

Kleinblütiges Springkraut *Impatiens parviflora* Dc.

Balsaminengewächse, Balsaminaceae. **Merkmale:** ✳ IV–X; 20–60 cm. 1jährige Pflanze mit 8–10 mm langen, blaßgelben Blüten, die aufrecht in 4–10blütigen Trauben angeordnet sind. Diese überragen meist die Tragblätter. Sporn gerade, kegelförmig. Blätter zugespitzt, gesägt, in den geflügelten Blattstiel verschmälert. **Standort:** Bestandbildend in Laub- und Nadelwäldern, besonders in Waldrandnähe und an Waldwegen; Gärten, Parks, Hecken. **Verbreitung:** Diese Art stammt ursprünglich aus dem nordost- und zentralasiatischen Raum. Seit 1837 verwilderte sie aus Botanischen Gärten und bürgerte sich in fast ganz Europa ein.

Insekten- und Selbstbestäubung; Schleuderverbreitung. Schwach giftig.

Gewöhnliches Leinkraut *Linaria vulgaris* Mill.

Braunwurzgewächse, Scrophulariaceae. **Merkmale:** ✳ VI–IX; 20–80 cm. Auffallende Pflanze mit schwefelgelben Blüten in reichblütigem, verlängertem Blütenstand. Blüten ohne Sporn 16–22 mm lang, mit Sporn 22–30 mm; Sporn fast gerade, Schlundhöcker kräftig orangefarben (Saftmale, erleichtern das Auffinden des Nektars). Blätter wechselständig, dichtstehend, linealisch bis lanzettlich, bläulichgrün. Kapselfrüchte mehr als doppelt so lang wie der Kelch; Samen breit geflügelt. **Standort:** Sonnige, offene Unkrautfluren; Straßengräben, Wege, Bahngelände, Schuttplätze, Steinbrüche, Kahlschläge, auch Äcker; bis 1100 m. **Verbreitung:** Ganz Europa außer Portugal.

Großblütiger Fingerhut *Digitalis grandiflora* Mill.

Braunwurzgewächse, Scrophulariaceae. **Merkmale:** ✳ VI–IX; 40–120 cm. Gesamter Blütenstand drüsig behaart; Krone glockig-bauchig, schwefel- bis ockergelb, 3–4 cm lang, innen mit braunen Linien oder Flecken; Oberlippe stumpf, ganzrandig. Kelchzipfel drüsig, lanzettlich, an der Spitze zurückgeschlagen. Blätter länglich-lanzettlich, oberseits (fast) kahl, unterseits kurz weichhaarig. **Standort:** Wärmeliebende Laub(misch)wälder und deren Säume, Schläge, Lichtungen, Böschungen, Staudenfluren und Steinhalden; bis in Höhenlagen von 1600 m; vorzugsweise auf kalkreichen, steinigen Lehmböden. **Verbreitung:** Ost- und Mitteleuropa; westlich bis Belgien, südöstlich bis Nordgriechenland; im Norden und im äußersten Westen fehlend.
Die vormännlichen Blüten werden meist durch Hummeln bestäubt; ferner existiert Autogamie. Die gelbe Blütenfärbung ist durch Anthoxanthine bedingt. Wie der Rote Fingerhut *(D. purpurea)* ist auch diese Art giftig.

Zottiger Klappertopf *Rhinanthus alectorolophus* (Scop.) Poll.

Braunwurzgewächse, Scrophulariaceae. **Merkmale:** ✳ V–IX; 10–80 cm. Stengel, Deckblätter und Kelch zottig. Stengelblätter eiförmig-lanzettlich, scharf gesägt; Deckblätter mit gleichmäßigen Zähnen. Blüten 20 mm lang; Kronröhre nur schwach gekrümmt, Schlund der Blütenkrone geschlossen. **Standort:** Halbtrockenrasen, mäßig frische Fettwiesen; Äcker; bis in Höhenlagen von 2300 m. **Verbreitung:** Europa; im Norden von Nordfrankreich bis westliche UdSSR; im Süden von Norditalien bis Nordjugoslawien.
Die Arten der Gattung *Rhinanthus* sind Halbschmarotzer (vgl. nächste Art). Für die Bestäubung sind Hummeln verantwortlich. Der Zottige Klappertopf ist schwach giftig (Aucubin).

Wiesen-Wachtelweizen *Melampyrum pratense* L.

Braunwurzgewächse, Scrophulariaceae. **Merkmale:** ✳ V–IX; 10–50 cm. Zahlreiche Unterarten umfassende Art mit gelblichweißer, langröhriger Krone; Kronröhre gerade, 12–20 mm lang. Kelchzähne lanzettlich-pfriemlich, kürzer als die halbe Kronröhre. Blüten fast waagrecht von der Infloreszenzachse abstehend. Blätter breit-lanzettlich. **Standort:** Gebüsche, Säume, Wald- und Wiesenränder, Heiden, bodensaure Wälder; kalkmeidend; bis 2100 m. **Verbreitung:** Fast ganz Europa und Westasien.
Bei der Gattung Wachtelweizen *(Melampyrum)* handelt es sich um Halbschmarotzer (Hemiparasiten), die nur bezüglich ihrer Wasser- und Nährsalzversorgung auf Wirtspflanzen angewiesen sind, selbst also noch Photosynthese betreiben können. Ihre Wurzeln sind durch Haustorien (= spezielle Saugorgane) mit den Wurzeln ihrer grünen Wirte (oft Gräser) verbunden. Die Bestäubung geschieht durch Hummeln, die Verbreitung der Früchte durch Ameisen (Myrmekochorie). Die Pflanze ist schwach giftig.

Goldnessel *Lamiastrum galeobdolon* (L.) Ehrend. & Pol.

Lippenblütengewächse, Lamiaceae. **Merkmale:** ✳ IV–VII; 30–60 cm. Mehrjährige Pflanze mit goldgelben Blüten; Unterlippe mit 3 spitzen Zipfeln, rötlich bis bräunlich gefleckt; Kronröhre 20 mm lang, außen behaart. Blätter gestielt, herzeiförmig, kerbig gesägt, spärlich behaart. **Standort:** Schattige Wälder, Gebüsche; Auenwälder. **Verbreitung:** Nahezu ganz Europa.
Die Blüten dieser Pflanze werden im wesentlichen von Bienen bestäubt. Sterile Triebe wachsen bogenförmig dem Boden zu und bilden Ausläufer.

Gelber Eisenhut *Aconitum vulparia* Rchb.

Hahnenfußgewächse, Ranunculaceae. **Merkmale:** ☼ VI–VIII; 50–150 cm. Blütenstand locker, abstehend ästig. Blüten dorsiventral, hellgelb; oberes Perigonblatt als hoher, schlanker Helm ausgebildet, die 2 lang gestielten, gespornten, kapuzenförmigen Honigblätter einschließend; Perigon ungespornt. Blätter handförmig, 5–7teilig, mit breiten Abschnitten. **Standort:** Laubwälder und Gebüsche der montanen Stufe; Auen- und Schluchtwälder; insbesondere in Kalkgebieten! Im Gebirge bis 2100 m. **Verbreitung:** Zentraleuropäische Art mit einem Areal, das sich von Frankreich und Holland bis Rumänien und Polen erstreckt.

Die Gattung Eisenhut *(Aconitum)* zählt zu den giftigsten Pflanzen in unseren Breiten. Auch die vorliegende Art enthält das außerordentlich starke Gift Aconitin, dessen tödliche Dosis für den Menschen 3–6 mg beträgt. In der Antike wurden Extrakte zur Präparation von Pfeil- und Speerspitzen und zur Herstellung von Ködern für »schädliche« Säuger (z. B. Wölfe, daher auch der Name »Wolfs-Eisenhut«!) verwendet. Die Blütenfarbe kommt durch Anthoxanthine zustande; die Bestäubung erfolgt durch Hummeln (Proterandrie).

Besenginster *Sarothamnus scoparius* (L.) Wimm. ex Koch

Schmetterlingsblütengewächse, Fabaceae. **Merkmale:** ☼ V–VII; 50–200 cm. Rutenstrauch mit grünen, 4kantigen, gerillten Zweigen. Blätter klein, basale 3zählig, obere einfach; hinfällig. Blüten groß, leuchtend gelb, einzeln oder zu 2, mit langem, eingerolltem Griffel. Fruchthülsen behaart. **Standort:** Heiden, Kiefernwälder, Waldsäume und -schläge, an Wegen und Böschungen; vorzugsweise auf Sandböden, kalkmeidend. **Verbreitung:** Subatlantische Art mit Schwerpunkt in Westeuropa; östlich bis Polen und Rumänien, nördlich bis Südnorwegen.

Die kleinen, hinfälligen Blätter und – damit verbunden – die Fähigkeit der Sproßachsen, Kohlendioxid zu assimilieren (Photosynthese) sind Anpassungen an trockene Bedingungen (Xeromorphosen). Die Blüten werden von Hummeln und Bienen bestäubt, die z. T. von Ameisen verbreiteten Samen können mehrere Jahrzehnte überdauern! Die Pflanze hat als Besenlieferant (Name!), Faserpflanze und Heilpflanze (herzstärkende, blutdruckerhöhende, gefäßerweiternde Wirkung durch Gehalt an Alkaloiden, z. B. Spartein) praktische Bedeutung. Spartein wird als Gegengift gegen Schlangenbisse verwendet.

Gewöhnlicher Wundklee *Anthyllis vulneraria* L.

Schmetterlingsblütengewächse, Fabaceae. **Merkmale:** ☼ V–VIII; 10–30 cm. Formenreiche Art mit vielblütigen Blütenköpfen; Kronblätter gelb (auch gelegentlich weißlich oder rötlich); Kelch zottig-filzig, nach der Blütezeit aufgeblasen, mit ungleichen Zähnen. Grundblätter z. T. einfach, zur Blütezeit oft bereits fehlend; Stengelblätter gefiedert, Endblättchen deutlich größer als die seitlichen Fiedern. **Standort:** Trockenwiesen, Halbtrockenrasen, Wege, Böschungen, Steinbrüche; Küstendünen. Kalkliebend; bis in die alpine Region aufsteigend. **Verbreitung:** Ganz Europa; auch in Nordafrika (Atlas-Gebirge).

Der Name unterstreicht die Bedeutung der Art als Heilpflanze: Aufgrund ihres Gehaltes an Saponinen und Gerbstoffen wurde sie in der Volksmedizin zur Behandlung von Wunden und Geschwüren benutzt. Hauptbestäuber sind Hummeln, als Verbreitungsform überwiegt die Windverbreitung.

Hopfenklee *Medicago lupulina* L.

Schmetterlingsblütengewächse, Fabaceae. **Merkmale:** ✳ IV–IX; 10–60 cm. Blüten in fast kugeligen, 10–50blütigen Trauben; 2–5 mm lang. Hülsen fast nierenförmig, 1mal gewunden, netznervig. Blattfiedern verkehrt-eiförmig, fein gesägt, an der Spitze oft ausgerandet mit »Medicago-Zahn«. Nebenblätter lanzettlich, spitz. Stengel kantig, niederliegend bis aufsteigend. **Standort:** Wiesen, Magerrasen, Äcker, Raine, Wegränder, Bahndämme. **Verbreitung:** Eurasien, vor allem in mittleren und südlichen Regionen.

Der Hopfenklee kann seit der Bronzezeit in Süddeutschland nachgewiesen werden. Als Pionierpflanze besiedelt er rasch noch unbesetzte Standorte.

Echter Steinklee *Melilotus officinalis* (L.) Pall.

Schmetterlingsblütengewächse, Fabaceae. **Merkmale:** ✳ V–IX; 30–100 cm. Blüten gelb; in 4–10 cm langen Trauben. Schiffchen kürzer als Fahne und Flügel. Fruchttyp: Hülse; 3–5 mm lang, kahl, später braun werdend. Blätter gefiedert; Fiedern gesägt, mit 6–13 Paaren von Seitennerven. **Standort:** Sonnige Unkrautfluren, Schuttplätze, Wegränder, Bahngelände, Ufer, Steinbrüche; bis in Höhenlagen von 1000 m. **Verbreitung:** Fast ganz Europa mit Ausnahme des äußersten Südens; im Norden nur vereinzelt; weite Teile Asiens; in gemäßigten Zonen weltweit verschleppt.

Der Echte Steinklee oder »Honigklee« ist ein Rohbodenpionier und Kulturbegleiter. Seine praktische Bedeutung ist außerordentlich vielseitig: Bienenweide, Futterpflanze, Heilpflanze (Tee), Zusatz für Kräuterkäse, Mottenkraut.

Feld-Klee *Trifolium campestre* Schreber

Schmetterlingsblütengewächse, Fabaceae. **Merkmale:** ✳ VI–IX; 15–30 cm. Blütenköpfe 7–10 mm lang, 20–50blütig; Blüten dichtstehend, hell- bis goldgelb. Endfieder des Blattes länger gestielt als die seitlichen Fiedern; Nebenblätter eiförmig, am Grunde verbreitert, kürzer als der Blattstiel, behaart. Pflanze teils niederliegend. **Standort:** Trockene Wiesen, Wege, Böschungen, Trockenrasen; sandige Stellen bevorzugt. **Verbreitung:** Ganz Europa mit Ausnahme der extremen nördlichen und östlichen Gebiete.

Die Art – auch Gelber Acker-Klee genannt – gehört zu den Therophyten; der Futterwert ist hoch. Insektenbestäubung; Windverbreitung.

Hufeisenklee *Hippocrepis comosa* L.

Schmetterlingsblütengewächse, Fabaceae. **Merkmale:** ✻ V–VII; 8–25 cm. Halbstrauch mit niederliegenden bis aufsteigenden Stengeln. Blätter lang gestielt (!), mit 5 bis 7 Paaren von Seitenfiedern; Nebenblätter frei. Blüten in 4–8(12)blütigen Dolden, lebhaft gelb, nickend. Frucht abgeflacht mit hufeisenförmigen Hülsengliedern (Name!). **Standort:** Kalkmagerrasen, Steinbrüche, Böschungen, Wege; Trockenwälder (vor allem Kiefer). Sonnige Standorte und kalkhaltige Böden werden bevorzugt. Im Gebirge bis 2000 m. **Verbreitung:** West-, Zentral- und Südeuropa; nördlich bis Nordengland und nördliches Mitteldeutschland.

Der Hufeisenklee gehört zu den Pionierpflanzen; neben der Windverbreitung kommt Klettverbreitung vor.

Gewöhnlicher Hornklee *Lotus corniculatus* L.

Schmetterlingsblütengewächse, Fabaceae. **Merkmale:** ✻ V–IX; 5–45 cm. Blütendolden 2–7blütig; am Grunde mit 3 kleinen Hochblättern. Blüten gelb, außen oft rötlich, bis 15 mm lang. Schiffchen zur Spitze hin rechtwinklig aufgebogen. Kelchzähne vor dem Blühen zusammengeneigt. Blätter verkehrteiförmig, keilig; Nebenblätter schief-eiförmig, spitz, fast so groß wie die Blätter; Blattunterseite bläulichgrün. Stengel kantig, aufsteigend bis niederliegend. **Standort:** Wiesen, Grasplätze, Halbtrockenrasen, Gebüsch; Steinbrüche, Felsen, Wegränder. In den Alpen bis in Höhen von 2300 m. **Verbreitung:** Eurasien; Hauptverbreitung in den mittleren und westlichen Gebieten sowie nördlich des Mittelmeeres.

Praktische Bedeutung kommt der Pflanze als Bienenweide, Bodenverbesserer und als gute Futterpflanze zu.

Gelbe Spargelerbse *Tetragonolobus maritimus* (L.) Roth 3

Schmetterlingsblütengewächse, Fabaceae. **Merkmale:** ✻ V–VI; 10–30 cm. Stengel meist liegend; Blüten langgestielt, hellgelb, 20–30 mm lang; Schiffchen lang schnabelartig zugespitzt. Hülse 4kantig, an den Kanten geflügelt; Fruchtflügel glatt. Blätter mit Nebenblättern, die aufgrund ihrer Größe oft als Fiederblätter angesehen werden (scheinbar 5zähliges Blatt!); bläulichgrün. **Standort:** Kalkmagerrasen, kalkreiche Moorwiesen und Flachmoore, Gräben; vielfach auch an grasigen Küstenabhängen, salzertragend! **Verbreitung:** Mittel- und Südeuropa; nördlich bis Südschweden, östlich bis zur Ukraine. In großen Teilen des Mittelmeerraumes jedoch fehlend.

Die Art besitzt einen hohen Futterwert und gilt als Tonzeiger. Hummeln bestäuben die Blüten.

Wiesen-Platterbse *Lathyrus pratensis* L.

Schmetterlingsblütengewächse, Fabaceae. **Merkmale:** ✳ VI–VIII; 20–100 cm. Blüten 10–15 mm lang, gelb, in 3–10blütigen Trauben. Blätter mit einem Paar laubiger Fiedern; diese sind länglich-lanzettlich, zugespitzt und mit endständiger Ranke. Nebenblätter pfeil- bis spießförmig. Stengel kurz anliegend behaart, mit unterirdischen Ausläufern. **Standort:** Fett-, Naß- und Moorwiesen, Säume von Gebüschen, Hecken, lichte Wälder; an Ufern. Vorzugsweise auf feuchten, nährstoffreichen Böden. **Verbreitung:** Eurasien; teilweise in Afrika (im Nordwesten und Osten).

Gelber Wau, Gelbe Resede *Reseda lutea* L.

Resedengewächse, Resedaceae. **Merkmale:** ✳ V–IX; 20–50 cm. Blüten hellgelb, dorsiventral, 6teilig; in Trauben; geruchlos. Blätter alle 3spaltig bis doppelt 3spaltig; mit schmalzipfeligen, am Rand welligen, knorpelig gezähnten Abschnitten. Blattstiele schmal geflügelt. **Standort:** Unkrautfluren, trockene Ruderalstellen (Wegränder, Schuttplätze, Steinbrüche, Bahngelände); extensiv genutzte Kalkäcker. **Verbreitung:** Die Art stammt ursprünglich aus Süd- und Westeuropa und ist in den östlichen und nördlichen Bereichen Europas schon seit langem eingebürgert.

Gewöhnlicher Wasserschlauch *Utricularia vulgaris* L. 3

Wasserschlauchgewächse, Lentibulariaceae. **Merkmale:** ✳ VI–VIII; 15–35 cm. Untergetaucht lebende Wasserpflanze. Blätter mit 20–200 »Schläuchen« (ca. 4,5 mm lang) an haarfeinen, wimperig gezähnten Blattzipfeln. Blüten goldgelb, zu 3–15 in Trauben, 13–20 mm lang. Blütenstiel etwa 2–3mal so lang wie das bis zu 15 mm lange Deckblatt, nach der Blütezeit kaum verlängert. Gaumen der Blütenkrone niedergedrückt, länger als hoch; Oberlippe dem Gaumen anliegend, mit der Unterlippe einen mehr oder weniger spitzen Winkel bildend; gaumenfreier Saum der Unterlippe sattelförmig. Sporn 6–10 mm lang, walzlich-spitz. Fruchtstiele herabgebogen. **Standort:** Mesotrophe bis eutrophe Tümpel, Teiche, Gräben von 30–70 cm Tiefe; vor allem über kalkarmen Böden; bis 1000 m. **Verbreitung:** Zirkumpolar.

Besonders bemerkenswert ist der Mechanismus, mit dem der Wasserschlauch sich zusätzliche Nahrungsquellen als fleischfressende Pflanze erschließt. Bei den »Schläuchen« oder Blasen handelt es sich um umgewandelte Blattzipfel, die als mit Wasser gefüllte Tierfallen fungieren. Jede Blase hat eine Art Mundöffnung mit einer nur nach innen sich öffnenden Klappe, die die Blase ventilartig wasserdicht verschließt. Kommen kleine Wassertiere mit bestimmten Borsten, die als Hebel wirken, in Berührung, öffnet sich die Klappe und die Tiere werden mit dem Wasserstrom in die Blase gesaugt; die Klappe springt in die Ausgangsstellung zurück und verschließt die Falle, so daß ein Entkommen unmöglich ist. Innere Haare scheiden ein Verdauungssekret aus, das die Opfer auflöst; die gelösten, verdaulichen Stoffe werden aus dem Blaseninneren resorbiert. Die Spannung der Blasen beruht auf Adhäsion des Wassers an der Blasenwand, ferner auf Kohäsion im Blaseninneren. Ein Teil des Wassers im Innenraum wird von lebenden Zellen aufgenommen und nach außen abgegeben.

Die Blüten dieser eigenartigen Pflanze werden von Schwebfliegen und Bienen bestäubt, auch Selbstbestäubung wurde nachgewiesen. Ferner existiert eine besondere Verbreitungsform durch Winterknospen neben der normalen Windverbreitung.

Zypressen-Wolfsmilch *Euphorbia cyparissias* L.

Wolfsmilchgewächse, Euphorbiaceae. **Merkmale:** ✳ IV–VII; 15–50 cm. Blätter hell- bis bläulichgrün, schmal-linealisch, ganzrandig. Nichtblühende Triebe tannwedelartig. Hauptdolde vielstrahlig; Hochblätter der oberen Verzweigung nicht verwachsen, gelb und zuletzt rot. Honigdrüsen halbmondförmig, 2hörnig, wachsgelb. Fruchtkapsel feinwarzig. **Standort:** Magerrasen, Schafweiden, trockene Abhänge, Felsen; vorzugsweise auf Kalk; bis in Höhenlagen von über 2300 m. **Verbreitung:** Fast ganz Europa; z. T. nach Asien vordringend.

Der weiße Milchsaft (Name!), der in verzweigten, ungegliederten Milchröhren gebildet wird, enthält Giftstoffe und schleimhautreizende Substanzen, die die Pflanze vermutlich gegen Tierfraß schützen; dies gilt jedoch nur für Wirbeltiere, da sich z. B. die Raupe des Wolfsmilchschwärmers von der Pflanze ernährt. Oft kann man in unmittelbarer Nähe gesunder Pflanzen – auf die die obige Artdiagnose zutrifft – kaum wiederzuerkennende, durch einen Rostpilz krankhaft veränderte Exemplare finden: Sie bleiben unverzweigt, haben gelbliche, abnorm kurze, dicke Blätter und kommen in der Regel nicht zur Blüte. Auf der Unterseite der degenerierten Blätter erkennt man die »Fortpflanzungsorgane« (Aecidien) der Pilzgeneration von *Uromyces pisi* als rotbraune Pusteln.

Warzen-Wolfsmilch *Euphorbia brittingeri* Opiz ex Samp.

Wolfsmilchgewächse, Euphorbiaceae. **Merkmale:** ✳ V–VI; 25–50 cm. Blätter länglich-eiförmig, mit verschmälertem Grund sitzend, manchmal undeutlich gestielt; ganzrandig oder fein gesägt. Scheindolde 3–5strahlig, Strahlen zunächst 3-, dann 2teilig. Hochblätter breit-elliptisch bis verkehrteirund, mehr oder weniger stumpf, kurz gestielt. Hüllblätter und Drüsen gelblich. Fruchtkapsel 3–4 mm, mit halbkugeligen oder kurz-zylindrischen Warzen (Name!). **Standort:** (Halb-)Trockenrasen, Magerrasen, Böschungen, Raine; kalkstet. **Verbreitung:** Südliches Mitteleuropa. Nordspanien bis Mittelfrankreich. Nordbalkan, Rumänien (Submediterrane Art). Tiefwurzelnde Kalkzeigerpflanze; giftig.

Mandelblättrige Wolfsmilch *Euphorbia amygdaloides* L.

Wolfsmilchgewächse, Euphorbiaceae. **Merkmale:** ✳ IV–VI; 30–70 cm. Mehrjährige Pflanze mit verholzter Achse (die meisten anderen heimischen Wolfsmilcharten sind krautig!) und überwinternder Blattrosette, aus der die blühenden Triebe hervorgehen. Hochblätter paarweise zu einem Becher verwachsen; Honigdrüsen halbmondförmig. Frucht fein punktiert, rauh. Blätter der nichtblühenden Triebe länglich-verkehrt-eiförmig, in den Blattstiel verschmälert, 4–7 cm lang. **Standort:** Wälder, Gebüsche; vor allem Kalkbuchenwälder! **Verbreitung:** Mittel-, Süd- und Nordwesteuropa; östlich bis zur Ukraine. Die Mandelblättrige Wolfsmilch ist giftig.

Gewöhnliche Goldrute *Solidago virgaurea* L.

Korbblütengewächse, Asteraceae. **Merkmale:** ✻ VII–X; 15–100. Blütenköpfchen 6–10 mm lang, in aufrechten Rispen oder allseitswendigen Trauben. Zungenblüten deutlich länger als die Hülle, die Röhrenblüten weit überragend. Blätter länglich-elliptisch. Pflanze ohne unterirdische Ausläufer. **Standort:** Säume, Gebüsche, Nadelmischwälder, Waldschläge, Magerrasen, Heiden; im Gebirge bis 2200 m. **Verbreitung:** Arktisch-eurasiatisch; in Europa fast überall mit Ausnahme einiger Inseln.
Die Bestäubung erfolgt durch Bienen, Hummeln und Falter, z.T. auch durch Autogamie. Früher fand die Art als Arzneipflanze Verwendung (bei Entzündungen, zur Beschleunigung der Narbenbildung, bei Nierenerkrankungen).

Kanadische Goldrute *Solidago canadensis* L.

Korbblütengewächse, Asteraceae. **Merkmale:** ✻ VIII–X; 50–250 cm. Zahlreiche, deutlich gestielte Köpfchen auf der Oberseite der Rispenzweige, einseitswendig. Rispenäste bogig gekrümmt. Zungenblüten kaum länger als die Scheibenblüten, die Hülle nicht überragend. Stengelblätter gesägt; Blattunterseiten und Stengel dicht abstehend kurzhaarig, letzterer an der Basis später verkahlend. **Standort:** Unkrautfluren auf Schutt und Schlägen; Ufer und Auenwälder; besonders auf nährstoffreichen, tiefgründigen Ton- und Lehmböden. **Verbreitung:** Die Art stammt aus Nordamerika, trat im 19. Jh. als Neophyt in Europa auf und wurde weithin als Zierpflanze kultiviert. Sie verwilderte und ist inzwischen fast überall in Europa eingebürgert.
Die Kanadische Goldrute ist ein Lehm- und Nährstoffzeiger. Die Bestäubung erfolgt durch Fliegen, Schwebfliegen und Falter.

Gold(haar)-Aster *Aster linosyris* (L.) Bernh.

Korbblütengewächse, Asteraceae. **Merkmale:** ✻ VII–IX; 15–45 cm. Blütenstand doldig-traubig, mit 8–10 mm breiten Blütenköpfen; Röhrenblüten goldgelb, Zungenblüten fehlend; Haarkelch (Pappus) gelblich. Blätter linealisch, 1nervig, kahl, sehr dicht stehend, bis 2 mm breit. **Standort:** Trocken- und Halbtrockenrasen, sonnige Hänge, Waldränder, Gebüsche; bis in Höhenlagen von etwa 1000 m. **Verbreitung:** Süd- und Zentraleuropa.
Die äußerst lichtbedürftige Pflanze wird von Insekten bestäubt; die Fruchtverbreitung erfolgt durch den Wind.

Huflattich *Tussilago farfara* L.

Korbblütengewächse, Asteraceae. **Merkmale:** ✻ II–IV; 5–20 (30) cm. Laubblätter erst nach der Blüte erscheinend, grundständig, groß, herzförmig, mit graufilziger Unterseite. Blütenstengel nur mit Schuppenblättern. Zungenblüten gelb, schmal, in mehreren Reihen stehend; Frucht mit langem, seidigem Pappus. **Standort:** Schuttplätze, Weg- und Straßenränder, Bahndämme, Kiesgruben, feuchte Äcker, Ufer; Moränen, steinige Matten; bis in Höhenlagen von 2300 m. **Verbreitung:** Nord- und Mitteleurasien sowie nördliches Mittelmeergebiet; oft verschleppt.
Der Huflattich zählt zu den bedeutsamen Heilpflanzen (Hustenmittel). Er gehört zu den ersten Frühjahrsblühern; Fliegen und Bienen bestäuben die Blüten, die Früchte werden durch den Wind weit verbreitet. Die Samenkeimung ist nur unter Lichteinfluß möglich und wird über ein spezielles Pigmentsystem (Phytochromsystem) gesteuert.

Fuchs' Kreuzkraut *Senecio fuchsii* C. Gmel.

Korbblütengewächse, Asteraceae. **Merkmale:** ✳ VII–IX; 60–150 cm. Stengel meist rötlich, kahl. Blätter lanzettlich, etwa 5mal so lang wie breit, beiderseits (nahezu) kahl, fein gesägt. Mittlere und obere Stengelblätter am Grund verschmälert. Blütenstand locker; Zungenblüten 5, Röhrenblüten 6–15, innere Hüllblätter meist 8, kahl. **Standort:** Bergmischwälder (insbesondere Buchen(misch)wälder), Waldschläge und -säume; bis 2000 m. **Verbreitung:** Mittel- und Südeuropa.
Die Art gilt als Zeigerpflanze für eine Nitrifizierung des Bodens. Die Blüten werden durch Käfer, Falter und Fliegen bestäubt, die Früchte durch den Wind verbreitet.

Gewöhnlicher Rainkohl *Lapsana communis* L.

Korbblütengewächse, Asteraceae. **Merkmale:** ✳ VI–IX; 30–100 cm. Blütenstand lockerrispig, mehrköpfig; Köpfchen klein, blaßgelb, mit 1reihiger Hülle und Außenhülle an der Basis. Pappus fehlend. Blätter eckig gezähnt; untere leierförmig, mit großem Endabschnitt. Blattstiel geflügelt. **Standort:** Krautreiche Wälder, Gebüsche und deren Säume, Waldschläge; Gärten, Hecken, Unkrautfluren; bis in Höhen von 1500 m. **Verbreitung:** Ganz Europa.
Der Rainkohl kann als Kulturbegleiter seit der jüngeren Steinzeit angesehen werden. Bemerkenswert ist ferner, daß die Blüten, die von Insekten bestäubt werden, nur morgens zwischen 6 und 11 Uhr geöffnet sind.

Gewöhnliches Ferkelkraut *Hypochoeris radicata* L.

Korbblütengewächse, Asteraceae. **Merkmale:** ✳ (V) VI–IX (X); 15–70 cm. Stengel blaugrün mit grundständiger Blattrosette; Blätter schrotsägeförmig gezähnt, zerstreut-borstig. Stengelblätter höchstens schuppenförmig; Stengel in der Regel verzweigt, unter dem Blütenkopf schwach verdickt. Zungenblüten gelb, unterseits grünlich-graurot bis -graublau, länger als die Hülle; Blütenköpfe 2,5 bis 4 cm breit. Frucht lang geschnäbelt; Pappus gelblichweiß, 2reihig; innere Pappushaare gefiedert. **Standort:** Trocken- und Magerrasen, Kieferngehölze, Waldschläge und Wegränder. **Verbreitung:** Ganz Europa mit Ausnahme der nordöstlichsten Bereiche; in kühl-gemäßigten Zonen inzwischen weltweit.
Das Ferkelkraut ist ein typischer Magerkeits- und Säurezeiger; als Bienenweide kommt ihm gewisse praktische Bedeutung zu.

Wiesen-Bocksbart *Tragopogon pratensis* L.

Korbblütengewächse, Asteraceae. **Merkmale:** ✳ V–VII; 30–70 cm. Die 2–3 (5) cm breiten Köpfe beinhalten nur Zungenblüten; diese sind blaßgelb und fast so lang wie die Hüllblätter (meist 8). Staubbeutel an der Spitze dunkelviolett. Frucht geschnäbelt; Pappushaare federig und ineinander verwebt. Blätter ganzrandig, linealisch, allmählich verschmälert, zugespitzt. **Standort:** Mäßig trockene Fettwiesen, auch Halbtrockenrasen; Wegränder; bis in Höhenlagen von 1700 m. **Verbreitung:** Europa.
Die in mehreren Unterarten auftretende Art hatte früher als Nutzpflanze praktische Bedeutung (Gemüse, Habermark!). Die Blüten sind nur in der ersten Tageshälfte (bis maximal 14 Uhr) geöffnet; sie werden von Fliegen und Käfern bestäubt.

Rauhe Gänsedistel *Sonchus asper* (L.) Mill.

Korbblütengewächse, Asteraceae. **Merkmale:** ✻ VI–X; 30–80 cm. Stengel ästig; Stengelblätter derb, dunkelgrün, meist ungeteilt, dornig gewimpert bis stachelig gezähnt, an der Basis mit abgerundeten, anliegenden Öhrchen. Blattoberseite glänzend. Untere Blätter gelegentlich auch fiederspaltig. Blütenköpfe in lockeren Rispen; Krone sattgelb; Hülle fast kahl. Frucht 2,5 mm lang, verkehrt-eiförmig, zwischen den Rippen glatt. **Standort:** Lehmige Äcker mit hohem Stickstoffgehalt (Hackkulturen), Gärten, Schuttplätze und andere Ruderalstellen. **Verbreitung:** Eurasiatisch.
Die Art gehört zu den Therophyten und ist ein alter Kulturbegleiter.

Kohl-Gänsedistel *Sonchus oleraceus* L.

Korbblütengewächse, Asteraceae. **Merkmale:** ✻ VI–X; 30–100 cm. 1jährige Pflanze mit meist ästigem Stengel. Blütenköpfe hellgelb, 20–25 mm breit. Hülle 10–15 mm, kahl, nicht drüsig! Frucht querrunzelig, beiderseits 3rippig. Stengelblätter weich, glanzlos, meist buchtig-fiederschnittig, am Rand borstlich gezähnt. An der Basis tragen die Blätter abstehende, zugespitze Öhrchen (wichtiges Bestimmungsmerkmal!). **Standort:** Unkrautfluren an Wegen, Mauern, auf Schuttplätzen, in Gärten und Äckern; bis in Höhenlagen von etwa 1500 m. **Verbreitung:** Fast im gesamten europäischen Gebiet; in gemäßigten Zonen weltweit verschleppt (Kulturbegleiter).
Die Art gehört zu den Pionierpflanzen und wegen ihrer bis in mehr als 1 m Tiefe vordringenden Wurzeln zu den besonders widerstandsfähigen Unkräutern. Die Bestäubung erfolgt durch Bienen und Schwebfliegen.

Gewöhnliches Habichtskraut
Hieracium argillaceum (-Gruppe) C.C. Gmelin

Korbblütengewächse, Asteraceae. **Merkmale:** ✻ VI–VIII; 20–100 cm. Sammelart mit breit länglich-lanzettlichen Grundblättern; diese sind in den Stiel verschmälert, oft etwas gesägt-gezähnt, dunkelgrün, unterseits oft rötlich. Stengelblätter 3–8, dunkelgrün, meist ungefleckt, nach oben hin allmählich kleiner werdend. Blütenkopfstiele mehr oder weniger gerade, wie die Hüllblätter zerstreut- bis reichdrüsig (schwarze Drüsen!). **Standort:** Lichte Wälder und ihre Säume, Gebüsche, Heiden, Magerrasen. **Verbreitung:** Fast ganz Europa außer der Mediterranregion und den südöstlichen Gebieten.

Kleines Habichtskraut *Hieracium pilosella* L.

Korbblütengewächse, Asteraceae. **Merkmale:** ✻ V–X; 5–30 cm. Pflanze mit schlanken, verlängerten, oberirdischen Ausläufern; diese mit entfernt stehenden, nach der Ausläuferspitze zu kleiner werdenden Blättern. Blattunterseiten grüngrau- bis weißfilzig (daher rührt auch der Name »Mausohr«). Blütenköpfe einzeln; Hülle bis 11 mm lang; Hüllblätter 0,5–2 mm breit, lineallanzettlich. Behaarung und Drüsenbesatz sehr variabel. Zungenblüten hellgelb, außen oftmals rot gestreift. Früchte 1–2,5 mm lang, mit weißem Pappus. **Standort:** Sonnige Mager- und Trockenrasen, Heiden, Parkrasen, an Wegen; Kiefernwälder. **Verbreitung:** Ganz Europa mit Ausnahme einiger Inseln.
Das Kleine Habichtskraut ist eine Pionierpflanze, ein Bodenfestiger und Magerkeitszeiger; außerdem als Heilpflanze von Bedeutung: Neben Cumarin und ätherischen Ölen enthält sie antibiotisch wirkende Substanzen (u. a. gegen Maltafieber).

Gelbe Wiesenraute *Thalictrum flavum* L.

Hahnenfußgewächse, Ranunculaceae. **Merkmale:** ✳ VI–VIII; 40–120 cm. Rispe länglich-eiförmig, mehr oder weniger zusammengezogen. Blätter 2–3fach gefiedert, oberseits dunkel-, unterseits hellgrün; Fiederblättchen der oberen Blätter länglich-lanzettlich. Stengel nicht glänzend. **Standort:** Feuchte, nährstoffreiche Flachmoore, Staudenfluren, Säume von Auengebüschen; Flußufer, an Gräben. **Verbreitung:** Fast ganz Europa; in Asien bis Sibirien vorkommend.

Die Gattung Wiesenraute *(Thalictrum)* steht hinsichtlich der Bestäubung zwischen Tier- und Windblütigkeit: einerseits werden noch große Mengen Pollen produziert (Pollenblumen!), der den bestäubenden Insekten als Nahrung dient, andererseits weist die Reduktion der Blütenhülle bereits auf die Windbestäubung (Anemogamie) hin. Diese wird als sekundär angesehen, da in der nächsten Verwandtschaft tierblütige Sippen überwiegen. Neben beiden Bestäubungsformen kommt zusätzlich noch Autogamie vor. Die Fremdbestäubung wird durch Vorweiblichkeit (= Protogynie) gewährleistet.

Gewöhnlicher Pastinak *Pastinaca sativa* L.

Doldengewächse, Apiaceae. **Merkmale:** ✳ VII–IX; 30–100 cm. 2jährige Pflanze mit kantig gefurchtem Stengel. Blätter einfach gefiedert, 3 bis 7 Paare ungleich gekerbter Fiedern (eiförmig-länglich, sitzend oder kurz gestielt). Blüten gelb, Hüllblätter und Hüllchenblätter meist fehlend; Dolde 5–15strahlig. Frucht eiförmig, abgeflacht, breit geflügelt. **Standort:** Frische, nährstoffreiche Wiesen (meist in Wegnähe!), Wegränder, Böschungen, Bahngelände; Unkrautfluren. Bis in mittlere Gebirgslagen. **Verbreitung:** Fast ganz Europa außer den arktischen Bereichen; Westasien; in gemäßigten Zonen heute weltweit verbreitet.

Der Pastinak ist eine Kultur-, Gemüse- und Heilpflanze. Die eßbaren, rübenförmigen Wurzeln enthalten Öle, Stärke, Pektine und Proteide; früher wurde die Pflanze als Diureticum verwendet. Die frische Pflanze bewirkt nach Berührung und anschließender Sonnenbestrahlung Hautausschläge (Photosensibilisierung!).

Rainfarn *Tanacetum vulgare* L.

Korbblütengewächse, Asteraceae. **Merkmale:** ✳ VII–IX; 40–120 cm. Köpfchen goldgelb, flach, 8–11 mm breit, ohne Zungenblüten, in Schirmrispen. Frucht 5kantig. Blätter länglich-lanzettlich, fiederschnittig gesägt; Fiederblättchen zu 8–12. **Standort:** Unkrautfluren, Schuttplätze, Dämme; an Wegen und Ufern; bis in Höhenlagen von 1000 m. **Verbreitung:** Eurasien; in kühl-gemäßigten Zonen heute weltweit.

Auch diese insektenblütige Ruderalpflanze ist ein Kulturbegleiter. Wegen ihres Gehaltes an ätherischen Ölen, Kampfer und Borneol wird sie seit langer Zeit als Heilpflanze (Wurmmittel, äußerlich gegen Rheumatismus) und Nutzpflanze (Mottenkraut!) verwendet. Die Pflanze ist giftig.

Gewöhnliches Greiskraut, Gewöhnliches Kreuzkraut
Senecio vulgaris L.

Korbblütengewächse, Asteraceae. **Merkmale:** ✻ II–XI; 10–30 cm. Zungenblüten fehlend (alle anderen bei uns heimischen Greis- oder Kreuzkraut-Arten haben zumindest kurze Zungenblüten). Außenhülle aus 8–12 kurzen, an der Spitze schwarzen Blättchen. Hüllblätter 21. Frucht etwa 2 mm lang, auf den Rippen flaumig behaart; mit langem, weißem Pappus. Stengelblätter fiederspaltig bis fiederteilig, oft mit geöhrtem Grund stengelumfassend, kahl. **Standort:** Offene Unkrautfluren, Äcker, Gärten, Schuttplätze, Wege, Mauern, Kahlschläge; bis 1900 m. **Verbreitung:** Ganz Europa; in gemäßigten Zonen inzwischen weltweit. Giftig durch Alkaloide.

Kohl-Kratzdistel *Cirsium oleraceum* (L.) Scop.

Korbblütengewächse, Asteraceae. **Merkmale:** ✻ VI–IX; 50–150 cm. Kräftige, aufrechte, mehrjährige Pflanze mit gelblichweißen Blütenköpfen; diese stets zu mehreren gehäuft an der Spitze des Stengels, von weichstacheligen, bleichgelben Hochblättern umgeben. Blätter mit breitem Grund stengelumfassend, wie die Hochblätter stachelig bewimpert, sonst fast kahl. Untere Blätter lanzettlich, häufig fiederspaltig. Früchte (wie bei allen *Cirsium*-Arten) mit federigem Pappus. **Standort:** Feuchte Wiesen, Flachmoore, Ufer, Gräben, Auenwälder; bis in Höhenlagen von 2000 m. **Verbreitung:** Kontinentale Gebiete Eurasiens.

Bienen und Falter bestäuben die Blüten; die Früchte werden durch den Wind verbreitet. Regional als Gemüsepflanze von praktischer Bedeutung.

Herbst-Löwenzahn *Leontodon autumnalis* L.

Korbblütengewächse, Asteraceae. **Merkmale:** ✻ VII–IX; 15–45 cm. Stengel meist ästig und mehrköpfig! Köpfchenstiele oben allmählich verdickt, oberwärts schuppig. Köpfchen vor dem Aufblühen aufrecht; äußere Zungenblüten unterseits rot gestreift. Frucht mit Pappus; Pappushaare gefiedert. Blätter meist kahl, in lockerer Rosette, lanzettlich, gezähnt oder in schmale Lappen zerteilt; Stengelblätter linealisch. **Standort:** Nährstoffreiche Fettwiesen und -weiden; Wegränder, Parkrasen, auch trockene Salzwiesen; bis 2000 m. **Verbreitung:** Europa und Westasien, im Süden sehr zerstreut.

Bei der vorliegenden Art handelt es sich um eine Pionierpflanze und einen Kulturbegleiter.

Wiesen-Löwenzahn *Taraxacum officinale* Web. in Wig.

Korbblütengewächse, Asteraceae. **Merkmale:** ✻ IV–X; 10–50 cm. Rosettenpflanze mit ausschließlich grundständigen, schrotsägeförmig gezähnten bis fast ganzrandigen Blättern (äußerst variabel). Stengel hohl, kahl, bleich, milchsaftführend. Blütenköpfe groß, gelb, stets mit zurückgeschlagenen äußeren Hüllblättern; Pappus aus einfachen, weißen Haaren. **Standort:** Fettwiesen, Weiden, Äcker, Unkrautfluren, Wegränder; im Gebirge bis 2800 m. **Verbreitung:** Nordisch-eurasiatisch, heute jedoch weltweit verbreitet.

Die bis 2 m tief wurzelnde Pionierpflanze (Pfahlwurzel) kann selbst ohne Befruchtung in ihren Samenanlagen Embryonen bilden; die geschlechtliche Fortpflanzung ist demnach durch eine ungeschlechtliche ersetzt worden. Die Blütenköpfe sind nur bei Sonnenlicht geöffnet; der Löwenzahn bildet den Frühjahrsaspekt der Wiesen, er dient als Bienenweide und wird als Salat- (junge Blätter) und Heilpflanze verwendet.

Mauerlattich *Mycelis muralis* (L.) Dum.

Korbblütengewächse, Asteraceae. **Merkmale:** ✻ VII–IX; 30–100 cm. Blütenstand sparrig-rispig; Köpfchen 5blütig, blaßgelb. Fruchtschnabel kurz. Stengel hohl; Blätter dünn, leierförmig fiederteilig, mit eckigen Blattzipfeln und großem Endlappen, oft rot überlaufen, unterseits bläulichgrün. **Standort:** Krautreiche Laub- und Nadelwälder, Waldschläge, -säume, Verlichtungen; an Waldwegen, Mauern und schattigen Felsen; sogar epiphytisch vorkommend. **Verbreitung:** Fast ganz Europa.

Stachel-Lattich *Lactuca serriola* L.

Korbblütengewächse, Asteraceae. **Merkmale:** ✻ VII–IX; 50–120 cm. Blätter mit meist senkrecht gestellter, oft in Nord-Süd-Richtung weisender Spreite; meist buchtig fiederspaltig mit rückwärts gerichteten Zipfeln, länglich, steif, blaugrün. Untere Blätter gestielt, obere mit spitzen Lappen stengelumfassend. Blütenköpfe gelb, 11–13 mm breit, in Vielzahl vorhanden; Hülle schmalzylindrisch, blaugrün, kahl. Frucht bräunlich- bis graugrün, schmal berandet, an der Spitze kurzborstig, mit weißem Schnabel. **Standort:** Trockene Ruderalstellen, Unkrautfluren, Wegränder, Schuttplätze, Bahngelände, Mauern; bis 1000 m. **Verbreitung:** Europa und Westasien; verschleppt.
Der Stachel-Lattich gehört zu den »Kompaß-Pflanzen«: Die schraubig angeordneten Blätter sind durch Torsion etwa in Nord-Süd-Richtung eingestellt; sie drehen ihre Blattflächen so, daß sie zur Zeit der höchsten Strahlungsintensität (mittags) mit den Kanten genau in Strahlungsrichtung stehen. Die Blattflächen sind dem schwächeren Morgen- und Abendlicht zugewandt. Neben Licht- sind auch Wärmestrahlen für die Bewegungen verantwortlich (Photo-/Thermotropismus). Die Pflanze ist schwach giftig.

Acker-Gänsedistel *Sonchus arvensis* L.

Korbblütengewächse, Asteraceae. **Merkmale:** ✻ VII–X; 50–150 cm. Stengel erst im Bereich des Blütenstandes verzweigt. Blütenköpfe in lockeren Doldenrispen, goldgelb, 4–5 cm groß; Hülle und Köpfchenstiele dicht gelbdrüsenborstig; Griffel gelb. Stengelblätter glänzend grün, am Grund herzförmig abgerundet, tief in 3eckige Lappen geteilt; die oberen mit abgerundeten, angedrückten Öhrchen. Frucht dunkelbraun, beiderseits mit 5 Längsrippen. **Standort:** Äcker, Ödland, Schuttplätze; Ufer, Sanddünen, Salzsümpfe. **Verbreitung:** Fast ganz Europa; in gemäßigten Zonen weltweit.
Bemerkenswert ist die Verträglichkeit der Art gegenüber Salz; bei einer Unterart scheint sogar ausgesprochene Halophilie (Bevorzugung salzhaltiger Standorte) vorzuliegen. Die Blätter werden bei zu starker Sonnenbestrahlung kompaßartig gestellt (vgl. vorherige Art). Die Blüten sind nur vormittags geöffnet und werden von Bienen und Faltern bestäubt.

Wiesen-Pippau *Crepis biennis* L.

Korbblütengewächse, Asteraceae. **Merkmale:** ✻ V–VIII; 50–120 cm. Blütenköpfe 25–35 mm breit; Krone goldgelb, unterseits nicht rot; Griffel gelb. Äußere Hüllblätter abstehend, innere oberseits anliegend, seidig behaart. Frucht etwa 5 mm lang. Blätter kahl bis zerstreut-kurzhaarig, obere mit gestutztem oder verschmälertem Grund sitzend, gezähnt-geöhrt; Blattzähne abwärts gerichtet. **Standort:** Nährstoffreiche Wiesen, Wegraine. **Verbreitung:** Fast ganz Europa, oft verschleppt und mit Grassamen eingebürgert!

Weiße Seerose *Nymphaea alba* L.

Seerosengewächse, Nymphaeaceae. **Merkmale:** ✻ VI–IX. Blütenkronblätter gleichlang oder etwas länger als Kelchblätter (4); Narbenstrahlen 12–20, zahlreiche freie Fruchtblätter, die nach und nach von Blütenachsengewebe umwuchert werden (»falscher Fruchtknoten«). Schwimmblätter 15–30 cm im Durchmesser, mit weit auseinanderstehenden basalen Lappen; die Seitennerven verzweigen sich in Blattrandnähe nahezu rechtwinklig und stehen miteinander in Verbindung. **Standort:** Stehende oder sehr langsam fließende Gewässer (Seen, Teiche, Altwässer) bis maximal 3 m Tiefe. **Verbreitung:** Ganz Europa, insbesondere im westlichen und mittleren Teil.
Die elastischen Blattstiele ermöglichen ein rasches Einstellen auf Veränderungen des Wasserstandes, die Schwimmblätter tragen die Spaltöffnungen für den Gasaustausch nur auf der Oberfläche und die dort befindliche Wachsschicht verhindert eine Benetzung. Ein Durchlüftungsgewebe (Aërenchym) in den Blattstielen versorgt das Rhizom mit Sauerstoff. Schwach giftig durch Alkaloide.

Sumpf-Herzblatt *Parnassia palustris* L. 3

Herzblattgewächse, Parnassiaceae. **Merkmale:** ✻ VII–IX; 10–35 cm. Stengel 1blütig. Blüten weiß, im Durchmesser 1–3 cm, 5zählig; Kronblätter deutlich nervig. 5 Staubblätter wechseln mit 5 auffällig gelbgrünen Honigblättern (= Staminodienbündeln), die jeweils in 9–13 fingerförmig angeordneten, gelben Stielköpfchen enden. Fruchtknoten oberständig, Fruchtblätter 4; Kapselfrüchte. Grundblätter rosettig, lang gestielt; Stengel kantig mit einem sitzenden, kahlen, ganzrandigen, herzförmigen Blatt (Name!). **Standort:** Sumpfige Wiesen, Flach- und Quellmoore, Kalkmagerrasen, besonders der alpinen Region. Gern auf sickerfeuchten, kalkhaltigen Böden. **Verbreitung:** Nordisch-eurasiatisch, zirkumpolar; in Europa nur im Süden selten.

Trauben-Steinbrech *Saxifraga paniculata* Mill.

Steinbrechgewächse, Saxifragaceae. **Merkmale:** ✻ V–VIII; 10–40 cm. Stengel oberwärts verzweigt, drüsig. Blüten weiß, oft rot punktiert, in Rispe angeordnet. Blätter grundständig, zungenförmig bis verkehrt-eiförmig, in dichten kugeligen Rosetten. Blattspreite fast lederartig derb und wintergrün! Blattränder knorpelig gezähnt, mit spitzen, vorwärts gerichteten Zähnen, weiß (= Kalkabsonderungen, die von Kalkgrübchen der Blattzähne abgeschieden werden). **Standort:** Felsrasen, auf Steinschutt, sonnige bis halbschattige Felsspalten; meist auf Kalk; in Höhenlagen von 600–2600 m. **Verbreitung:** Zirkumpolar. Ein Verbreitungsschwerpunkt findet sich im arktischen Florengebiet, ein weiterer im alpinen Bereich (arktisch-alpinen Disjunktion).

Weiße Fetthenne *Sedum album* L.

Dickblattgewächse, Crassulaceae. **Merkmale:** ✻ VI–VII; 5–20 (30) cm. Blütenstand meist kahl. Kronblätter weiß, außen oft rosa oder blaßviolett, stumpf, 3–5 mm lang. Blühende Triebe aufrecht, nichtblühende kriechend. Blätter grau- bis grasgrün, bisweilen etwas rötlich, 6–12 mm lang länglich-lineal, zylindrisch, abstehend (Blattsukkulenz!). **Standort:** Sandig-steinige Ruderalstellen (Mauerkronen, Kiesdächer, Dämme, Feinschutthalden, Felsen, Schotterfluren); bis in Höhenlagen von 1850 m. **Verbreitung:** Europa mit Ausnahme einiger Bereiche im Norden und Osten.

Gewöhnliche Traubenkirsche *Prunus padus* L.

Rosengewächse, Rosaceae. **Merkmale:** ✻ IV–VI; bis 12 m. Blüten in 10–20blütigen, langen Trauben; duftend. Achsenbecher halbkugelig, innen behaart. Blätter scharf gesägt, eiförmig bis rundlich, leicht runzelig, weichlaubig. Früchte glänzend schwarz, kugelig, grubig gefurcht. **Standort:** Auenwälder (besonders Erle), Ufergebüsche, Waldränder. **Verbreitung:** Nordisch-eurasiatisch; kontinentale Bereiche werden bevorzugt. Fast ganz Europa mit Ausnahme des Mittelmeergebietes und des Balkans; bis Westsibirien.

Die Blüten der Traubenkirsche werden von Insekten bestäubt (Bienenweide!), die Steinfrüchte durch Vögel verbreitet (Verdauungsverbreitung). Ein Extrakt aus der Rinde wird in der Homöopathie gegen Kopfschmerzen, bei Magen- und Herzstörungen, generell auch als schmerzstillendes und stärkendes Mittel verwendet. Ferner ist die Art als Grundwasserzeiger von Bedeutung.

Schwarzdorn, Schlehe *Prunus spinosa* L.

Rosengewächse, Rosaceae. **Merkmale:** ✻ IV–V; bis 3 m. Der auch unter dem Namen Schlehe bekannte Strauch ist sparrig und stark dornig (Sproßdornen!). Zweige anfangs samtig, später verkahlend. Blüten einzeln oder zu je 2, kurzgestielt; Kronblätter weiß, 6–8 mm lang. Steinfrucht aufrecht, kugelig, bläulich bereift; mit grünem, saurem Fruchtfleisch; Steinkern löst sich nicht vom Fleisch. Blätter 2–5 cm lang, verkehrt-eiförmig, doppelt gesägt, kurz gestielt. **Standort:** Sonnige Gebüsche, Säume, Hecken; Weg- und Waldränder, verlichtete Wälder, Heiden. **Verbreitung:** Europa mit Ausnahme der nordöstlichen und extrem nördlichen Gebiete.

Der Schwarzdorn gilt als Stammform der Kulturpflaume *(Prunus domestica);* diese ist hexaploid (d. h., sie hat einen 6fachen Chromosomensatz) und aus der Kreuzung *Prunus cerasifera* (Kirschpflaume, diploid) x *Prunus spinosa* (Schlehe, tetraploid) hervorgegangen. Die Früchte, die durch Vögel verbreitet werden, sind Vitamin-C-haltig und finden als Stärkungsmittel für Magen und Harnblase Verwendung. Die Blüten enthalten Amygdalin und wirken diuretisch. Neben der Bedeutung als Heil- und Teepflanze ist zu erwähnen, daß das ausgesprochene Hartholz als Drechselholz genutzt wird. Die Pflanze gehört wegen ihrer Wurzelschößlinge zu den Wurzelkriechpionieren.

Zweigriffeliger Weißdorn *Crataegus laevigata* (Poiret) Dc.

Rosengewächse, Rosaceae. **Merkmale:** ✻ V–VI; bis 10 m. Pflanze sehr formenreich, mit Sproßdornen. Blütenstand kahl, Blüten weiß, Staubbeutel rot, Griffel meist 2 (selten 1). Jedes Fruchtblatt bildet einen Steinkern; in der Regel finden sich 2, gelegentlich auch 1 oder 3 Steinkerne (mehrere Früchte untersuchen!). Blätter kahl, Blattbuchten bis zu ⅔ der Spreitenhälfte reichend, Blattlappen oft stumpf. **Standort:** Hecken, Gebüsche, Waldränder; Wälder. **Verbreitung:** Nordwestliches, nördliches Zentraleuropa; von England und Südschweden bis zu den Pyrenäen und Norditalien.

Diese Art wurde bereits von Dioskurides als Heilpflanze beschrieben. Man verwendet die Blüten kurz vor dem Verwelken und die Früchte (Herzmittel, beugt Arteriosklerose vor, wirkt bei Angina pectoris vor allem auf die Gefäße). Der Weißdorn eignet sich ferner als Schnitthecke. Die Bestäubung erfolgt durch Insekten, die Fruchtverbreitung durch Vögel.

Rundblättriger Sonnentau *Drosera rotundifolia* L. 3

Sonnentaugewächse, Droseraceae. **Merkmale:** ✳ VI–IX; 5–15 cm. Blätter in Rosetten, lang gestielt, kreisrund (Name!), 5–10 mm im Durchmesser; mit lang gestielten, klebrigen Drüsenhaaren (Tentakeln) auf der Blattoberseite. Blütenschaft blattlos, mit wenigen, 5 mm langen, weißen Blüten (in Wickeln angeordnet!). Kapselfrüchte. **Standort:** Hoch- und Zwischenmoore, Moorheiden; auf basenarmen, sauren Böden; meist mit Torfmoosen *(Sphagnum)* vergesellschaftet. **Verbreitung:** Nordisch-eurasiatisch, zirkumpolar.
Der Sonnentau gehört zu den Carnivoren (tierfangende Pflanzen), im engeren Sinn zu den Insectivoren. Da die Pflanzen auf stickstoffarmen Substraten vorkommen, benötigen sie zusätzliche organische Stickstoffquellen zu einer optimalen Entwicklung. Als besondere Einrichtungen für den Fang der Insekten fallen mit Drüsenköpfchen versehene Tentakel auf der Blattoberseite auf. Die Drüsenzellen sondern glitzernde Tröpfchen eines nach Honig duftenden, klebrigen Sekretes ab (Name!), die der Anlockung der Insekten dienen. Die Tiere bleiben kleben, berühren durch ihre Befreiungsversuche weitere Tentakel und haften um so fester an der »Leimrute«. Infolge des chemischen Reizes (Eiweiße) krümmen sich die Tentakel in Richtung Blattmitte, umschließen das Insekt und kurze Verdauungsdrüsen sondern Sekrete ab, die die chemische Zersetzung der Körpersubstanzen einleiten. Absorptionshaare nehmen die eiweißreiche und damit stickstoffhaltige Nahrung auf. Trotzdem können diese Ernährungsspezialisten wie alle anderen grünen Pflanzen völlig autotroph leben.

Purgier-Lein, Wiesen-Lein *Linum catharticum* L.

Leingewächse, Linaceae. **Merkmale:** ✳ VI–VII; 5–30 cm. Blüten in Dichasien; Blütenknospen hängend; Kronblätter weiß, an der Basis gelb. Blätter gegenständig, sehr fein gezähnt. Stengel oberwärts gabelästig. **Standort:** Halbtrockenrasen; feuchte, kalkreiche (Moor-)Wiesen. **Verbreitung:** Europa; im Norden bis 69° nördl. Breite, im Süden vor allem in Gebirgen.
Die Art ist ein Therophyt und gilt als Zeigerpflanze für Ton. Klebverbreitung. Giftig durch Linin.

Mittleres Leinblatt *Thesium linophyllon* L. 3

Sandelgewächse, Santalaceae. **Merkmale:** ✳ VI–VII; 10–30 cm. Blüten radiär, 5zählig. Blätter linealisch-lanzettlich, 1–4 mm breit (in der Mitte am breitesten), 1nervig oder undeutlich 3nervig, gelbgrün, oft steif. Schuppenblätter an der Stengelbasis voneinander entfernt (sonst *Thesium bavarum*). Pflanze mit unterirdischen Ausläufern. **Standort:** Trocken- und Halbtrockenrasen, Felsen; Dünen; vorzugsweise auf Kalk. **Verbreitung:** Gemäßigte Zonen Europas mit kontinentaler Tendenz.
Halbparasit (entzieht der Wirtspflanze nur Wasser und Nährsalze).

Roter Hartriegel *Cornus sanguinea* L.

Hartriegelgewächse, Cornaceae. **Merkmale:** ✳ V–VI; 2–5 m. Strauch mit beiderseits grünen, eiförmigen Blättern mit 3–4 Nervenpaaren. Herbstfärbung rot. Junge Zweige rot. Blüten 4zählig, in reichblütigen Scheindolden; Kronblätter 4–6 mm lang, weiß. Frucht blauschwarz, kugelig, 6–8 mm lang. **Standort:** Gebüsche, Hecken, krautreiche Laubwälder, Trockenhänge; Auenwälder. **Verbreitung:** Gemäßigtes Europa.
Die Bestäubung erfolgt durch Käfer, die Fruchtverbreitung durch Vögel.

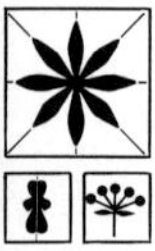

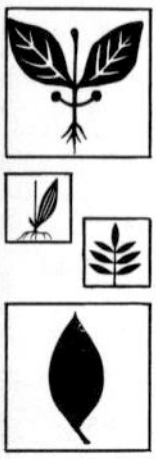

Knoblauchsrauke *Alliaria petiolata* (Bieb.) Cav. u. Grande

Kreuzblütengewächse, Brassicaceae. **Merkmale:** ✳ IV–VI; 25–100 cm. Aufrechte, kahle Pflanze; zerrieben nach Knoblauch duftend (Name!), insbesondere die rundlich-herzförmigen, gekerbt-gezähnten Blätter. Blütentraube endständig; Blüten weiß, 6 mm lang, Kronblätter doppelt so lang wie die Kelchblätter. Frucht: 4kantige, 3,5–7 cm lange Schote. Stengel kantig. **Standort:** Hecken, Zäune, verwilderte Gärten und Parks, Waldränder, Unkrautfluren, Mauern; bis in Höhenlagen von 1000 m. **Verbreitung:** Mittlere und westliche Teile Eurasiens.
Früher kam der Knoblauchsrauke praktische Bedeutung als Heil- und Salatpflanze zu. Neben Insektenbestäubung tritt Selbstbestäubung auf.

Acker-Hellerkraut *Thlaspi arvense* L.

Kreuzblütengewächse, Brassicaceae. **Merkmale:** ✳ IV–X; 10–40 cm. Pflanze 1jährig. Blüten in endständigen Trauben; Blüten weiß, 4–6 mm breit. Fruchttyp: Schötchen; flach, fast kreisförmig, breit geflügelt, oben U-förmig ausgerandet, bis 15 mm lang. Stengel kahl, kantig; Grundblätter gestielt, verkehrt-eiförmig; Stengelblätter an der Basis pfeilförmig, stengelumfassend. **Standort:** Unkrautfluren, Äcker, Getreidefelder; Schuttplätze, Wegränder; bis in Höhenlagen von 1300 m. **Verbreitung:** Ganz Europa mit Ausnahme des östlichen Mittelmeerraumes; weite Teile Asiens; oft verschleppt.
Das Acker-Hellerkraut ist seit der Steinzeit ein typischer Kulturbegleiter. Neben Insektenbestäubung tritt wie bei vielen Einjährigen Selbstbestäubung auf. Besonders interessant ist die Samenverbreitung: Die an federnden Stielen sitzenden, wie Turbinenschaufeln geformten Früchte setzen die Kraft auftreffender Regentropfen in eine Schleuderbewegung um, die die Samen aus dem Schötchen wirft (»Regenballisten«).

Frühlings-Hungerblümchen *Erophila verna* (L.) Chevall.

Kreuzblütengewächse, Brassicaceae. **Merkmale:** ✳ II–V; 2–15 cm. Stengel blattlos; Blätter lanzettlich-spatelig, in grundständiger Rosette. Krone weiß, Blütenblätter tief 2teilig, Kelchblätter hautrandig. Schötchen länglich-elliptisch, 5–10 mm lang. Äußerst formenreich. **Standort:** Ruderalstellen, sandige Äcker, Trockenrasen, Wege, Mauern; trocken-sonnige Standorte werden bevorzugt; bis 800 m. **Verbreitung:** Europa und Westasien; in Norwegen bis 66° nördl. Breite.
Insekten- oder Selbstbestäubung sichert den Fruchtansatz; die Verbreitung der Samen erfolgt durch den Wind.

Acker-Schmalwand *Arabidopsis thaliana* (L.) Heynh.

Kreuzblütengewächse, Brassicaceae. **Merkmale:** ✳ IV–V; 5–30 cm. Grundblätter rosettig, spatelig, ganzrandig bis gezähnt, dicht behaart; Stengelblätter meist ganzrandig, sitzend. Kronblätter 2–4 (4,5) mm lang, weiß. Fruchttyp: Schote; 5–30 mm lang, sehr schmal (Name!), waagrecht bis aufrecht abstehend. **Standort:** Sandige Ruderalstellen, Wegränder, Trockenrasen, Ephemerenfluren, nährstoffarme Brachäcker, Schutt; kalkmeidend. **Verbreitung:** Ganz Europa; im Norden bis 68° nördl. Breite; Westasien; sogar Ostafrika. In gemäßigten Zonen weltweit verschleppt!
Die Art ist ein Therophyt und Sandzeiger. Die Bestäubung erfolgt durch Insekten oder durch Autogamie. Bemerkenswert ist ferner, daß die Pflanze zu den genetisch am intensivsten untersuchten Pflanzen gehört.

Preiselbeere *Vaccinium vitis-idaea* L.

Heidekrautgewächse, Ericaceae. **Merkmale:** ✻ V–VIII; 5–25 (30) cm. Zwergstrauch; Blüten in Trauben, Krone glockig, 4spaltig, weiß oder rosa, 5–8 mm lang. Beeren rotglänzend, kugelig, 5–8 mm groß. Blätter immergrün, lederig, glänzend, unterseits hellgrün, ganzrandig, am Rand umgerollt. **Standort:** Nadelwälder (vor allem Kiefernwälder), bodensaure Laubmischwälder, Zwergstrauchheiden, Gebüsche; Moore; bis 2500 m. **Verbreitung:** Nord- und Zentraleuropa, südlich bis zum Nordapennin und Albanien. Zirkumpolar.

Die bis 1 m tief wurzelnde Rohhumuspflanze wird im wesentlichen von Bienen und Hummeln bestäubt; die Früchte werden durch Vögel verbreitet. Die Blätter können als Heiltee gegen Harnwegerkrankungen verwendet werden; die Beeren enthalten reichlich Vitamin C, Provitamin A sowie organische Säuren und sind als Kompott und Marmelade sehr geschätzt.

Kleines Wintergrün *Pyrola minor* L.

Wintergrüngewächse, Pyrolaceae. **Merkmale:** ✻ VI–VII; 7–20 cm. Blüten kugelig, geschlossen, in allseitswendiger Traube; Griffel gerade, nach oben nicht verdickt, kürzer als die Krone, etwa so lang wie der Fruchtknoten. Kelchzipfel 3eckig, ungefähr so lang wie breit, der Blüte angedrückt. Blätter eiförmig-rundlich. **Standort:** Nadelwälder, bodensaure Laubwälder, Birkenmoore; auch ehemalige Sandgruben, Dünen; im Gebirge bis in die Krummholzregion. **Verbreitung:** Nordisch-eurasiatisch, zirkumpolar; im Süden Europas selten.

Aufgrund der geschlossenen Blüten dominiert Selbstbestäubung.

Einblütiges Wintergrün, Moosauge *Moneses uniflora* (L.) A. Gray

Wintergrüngewächse, Pyrolaceae. **Merkmale:** ✻ V–VII; 3–10 (selten bis 20) cm. Blätter in grundständiger Rosette, bis 20 mm lang, 10–15 mm breit, am Grund keilförmig in den Blattstiel verschmälert, netznervig, immergrün. Blüten einzeln, weiß, 12–25 mm Durchmesser, langgestielt. Krone tellerförmig ausgebreitet, schwach nickend, intensiv duftend. Griffel gerade mit großer, 5lappiger Narbe; Staubgefäße mit je 2 langen Hörnern. **Standort:** Nadelwälder (Fichte, Kiefer), bodensaure Laubwälder (Eiche); auf moosigen humosen Böden. **Verbreitung:** Nahezu ganz Europa mit Ausnahme der westlichsten und südöstlichsten Gebiete; südliche Verbreitungsgrenze: Pyrenäen, Bulgarien, Kaukasus. Schwerpunkt im Norden Eurasiens; östlich bis Japan; außerdem in Nordamerika (zirkumpolare Verbreitung!).

Das Einblütige Wintergrün oder Moosauge tritt als Schattenpflanze häufig in Vergesellschaftung mit dem Etagenmoos *(Hylocomium splendens)* auf. Bemerkenswert sind die Wurzelsprosse, die Überwinterung in Form von Adventivknospen und die Symbiose zwischen den Wurzeln der Pflanze und höheren Pilzen (Mykorrhiza).

Acker-Spark *Spergula arvensis* L.

Nelkengewächse, Caryophyllaceae. **Merkmale:** ✳ VI–X; 10–50 cm. Blüten weiß, selten rosa, 5–8 mm breit, in lockeren Dichasien; Kronblätter stumpf, ungeteilt, 2–4 mm lang, fast so lang wie die drüsigen Kelchblätter. Samen schmal geflügelt. Blätter oberseits gewölbt, unterseits mit Längsfurche, linealisch, 2–3 cm lang. Stengel zerstreut drüsig behaart. **Standort:** Sandige (bis lehmige) Äcker, sandige Wegränder, Raine, Ackerunkrautfluren (besonders in gehackten Äckern). **Verbreitung:** Nordisch-eurasiatisch; ganz Europa. In kühl-gemäßigten Regionen weltweit.

Insekten- und Selbstbestäubung sowie Windverbreitung kennzeichnen die Fortpflanzungsbiologie dieser Art, die den Therophyten zuzurechnen ist. Bemerkenswert erscheint, daß die Samen selbst unter Sauerstoffabschluß Hunderte von Jahren lebensfähig bleiben!

Salzmiere *Honckenya peploides* (L.) Ehrh.

Nelkengewächse, Caryophyllaceae. **Merkmale:** ✳ VI–VII; 10–30 cm. Stengel fleischig, kriechend, an den Knoten wurzelnd. Blätter eiförmig, dickfleischig, deutlich 4zeilig, dichtstehend, kahl; wie die ganze Pflanze gelbgrün. Blüten 1geschlechtig, 6–10 mm breit, weiß. **Standort:** Vordünen, Spülsäume der Küsten. **Verbreitung:** Zirkumpolar; Küsten Nord-, Mittel- und Westeuropas.
Die Bestäubung der Blüten erfolgt durch den Wind oder durch Selbstbestäubung.

Gewöhnliches Hornkraut *Cerastium fontanum* Baumg.

Nelkengewächse, Caryophyllaceae. **Merkmale:** ✳ III–VI; 5–50 cm. Kelchblätter und Kronblätter 3–7 mm lang, letztere weiß, 2-lappig. Kapsel bis 12 mm lang. Untere Deckblätter oft ohne Hautrand. Blätter länglich-eiförmig, 10–25 mm lang, 3–10 mm breit, dunkelgrüngrau. Ganze Pflanze behaart. **Standort:** Wiesen, Weiden, Äcker, Wegränder; bis in Höhenlagen von 2400 m. **Verbreitung:** Fast ganz Europa; arktisch zirkumpolar; in gemäßigten Zonen heute inzwischen weltweit.
Das Gewöhnliche Hornkraut ist ein Lehmzeiger. Die Bestäubung erfolgt durch Fliegen oder als Selbstbestäubung.

Acker-Hornkraut *Cerastium arvense* L.

Nelkengewächse, Caryophyllaceae. **Merkmale:** ✳ IV–VIII; 5–30 cm. Pflanze lockerrasig, sterile Sprosse nur wenig kürzer als die blühenden. Pflanze behaart und drüsig, jedoch nicht weißfilzig. Blätter sehr variabel, länglich-lanzettlich bis linealisch. Hochblätter an der Spitze breit-hautrandig. Blütenkronblätter 11–14 (18) mm lang, etwa doppelt so lang wie der Kelch. **Standort:** Trockene Wegränder, Wiesen, Bahndämme; Sandtrockenrasen, trocken-warme Ruderalflächen, lückige Pionierrasen; Dünen; kalkhaltige Böden werden bevorzugt; bis in Höhenlagen von 1750 m. **Verbreitung:** Zirkumpolar; fast ganz Europa, nur im äußersten Norden fehlend.
Insektenbestäubung und Ameisenverbreitung sind für Fortpflanzung und Ausbreitung der Art kennzeichnend.

Große Sternmiere *Stellaria holostea* L.

Nelkengewächse, Caryophyllaceae. **Merkmale:** ✻ IV–VI; 10–45 cm. Blütenkronblätter weiß, 10–15 mm lang, bis zur Mitte gespalten; etwa doppelt so lang wie der nervenlose Kelch. Griffel 3; Fruchtkapsel öffnet sich mit 6 Klappen; kugelig. Tragblätter der Blüten krautig. Alle Blätter sitzend, wintergrün. Stengel 4kantig. **Standort:** Laubwälder, Gebüsche, Säume, Hecken; bis in mittlere Gebirgslagen anzutreffen. **Verbreitung:** Ganz Europa.
Der Blütenstand der Großen Sternmiere ist für die Nelkengewächse allgemein typisch: Während die Hauptachse frühzeitig das Wachstum einstellt, setzen jeweils 2 gegenüberliegende Seitenzweige das Wachstum fort. Diese werden später wieder von je 2 Seitenzweigen »übergipfelt«. Der dadurch entstehende regelmäßige Blütenstand wird als Dichasium bezeichnet.

Vogelmiere *Stellaria media* (L.) Cyr.

Nelkengewächse, Caryophyllaceae. **Merkmale:** ✻ I–XII; (5) 10–40 cm. Stengel 1reihig behaart, meist niederliegend; Blätter herzeiförmig, abgerundet, kurz gestielt. Krone wenig kürzer oder ebenso lang wie der Kelch, weiß; Kelchblätter 3–5 mm lang, breit-lanzettlich. Fruchtstiele abwärts gerichtet. **Standort:** Nährstoff- und stickstoffreiche Äcker, Gärten, Weinberge; Ruderalstellen, auch Ufer, Forste. Häufig insbesondere in Hackunkrautgesellschaften. **Verbreitung:** Ganz Europa; arktisch-zirkumpolar; in gemäßigten Zonen inzwischen weltweit vorkommend.
Die Vogelmiere zählt zu den Kosmopoliten. Die außerordentliche Anpassungsfähigkeit resultiert aus dem meist polyploiden Chromosomensatz und äußert sich auch in dem Formenreichtum der Sippe. Seit der jüngeren Steinzeit ist die Art Kulturbegleiter; sie gilt als Zeigerpflanze für Stickstoff. Die ganzjährige Blütezeit läßt sich insofern erklären, als sich die Pflanze photoperiodisch neutral verhält, d. h. bezüglich der Mindesttageslänge (zur Blütenbildung) anspruchslos ist. Ein Extrakt der frischen Pflanze wird zur Behandlung von Rheumatismus und Gelenkschmerzen verwendet.

Taubenkropf-Leimkraut *Silene vulgaris* (Moench) Garcke

Nelkengewächse, Caryophyllaceae. **Merkmale:** ✻ V–IX; 10–60 cm. Mehrjährige, aufrechte bis aufsteigende Pflanze. Blüten weiß, Kronblätter tief 2teilig, in rispigem Blütenstand. Kelch 20nervig, aufgeblasen (!), bleich, kahl. Blätter eiförmig-lanzettlich, blaugrün, meist kahl; sehr variabel. **Standort:** Magerrasen, Steinschuttfluren, Felsen; Gebüsche, Bahndämme, Wegränder. Von der Ebene bis in mittlere Gebirgslagen. **Verbreitung:** Ganz Europa.
Die Art gehört zu den anspruchslosen Rohbodenpionieren. Die Blüten werden von Nachtfaltern oder Bienen bestäubt.

Weiße Lichtnelke, Weißes Leimkraut
Silene alba (Mill.) E. H. L. Krause

Nelkengewächse, Caryophyllaceae. **Merkmale:** ✻ VI–IX; 30–100 cm. Blüten 1geschlechtig-2häusig, 2–3 cm breit, weiß, selten hellrosa; sich erst nachmittags öffnend; duftend. Kronröhre 18–25 mm lang; Griffel 5. Kelchzähne schmal-3eckig, Kelch aufgeblasen. Blätter breit-lanzettlich; Stengel oberwärts langdrüsig. **Standort:** Wegränder, Schuttplätze, mäßig trockene Ruderalstellen; Gebüschsäume; Äcker. **Verbreitung:** Eurasiatisch.
Die Weiße Lichtnelke ist wegen ihrer »Stieltellerblüte«, der weißen Blütenfarbe sowie der Öffnungszeit der Blüten eine typische Nachtfalterblume.

Weiße Schwalbenwurz *Vincetoxicum hirundinaria* Med.

Schwalbenwurzgewächse, Asclepiadaceae. **Merkmale:** ✳ V–VIII; 30–120 cm. Blüten in ungleich-gabeligen, lockeren Teilblütenständen, knäuelig gehäuft, 5zählig, radiär-symmetrisch; Krone gelblichweiß, radförmig, 4–7 mm breit, mit kleiner Nebenkrone. Blätter länglich-herzeiförmig, zugespitzt, 8–12 cm lang, dunkelgrün oder bläulichgrün. Samen mit Haarschopf. **Standort:** Trockenrasen, Gebüsche, lichte Wälder und deren Säume; Schotter- und Steinschuttfluren. **Verbreitung:** Europa und Westasien.
Der Pollen ist zu einer Pollenmasse (»Pollinium«) verklebt, die nebeneinanderliegenden Pollinien je zweier benachbarter Staubbeutel sind durch Klemmkörper miteinander verbunden! Verfangen sich bestäubende Insekten (meist größere Fliegen) mit Rüssel oder Beinen in einer Rinne dieser Klemmkörper, so ziehen sie die Pollinien heraus und übertragen sie auf andere Blüten (»Klemmfallenmechanismus«). Die Schwalbenwurz ist wegen ihres Gehaltes an Vincetoxin, das auf Herz und Nervensystem wirkt, stark giftig.

Wiesen-Labkraut, Gewöhnliches Labkraut *Galium mollugo* L.

Rötegewächse, Rubiaceae. **Merkmale:** ✳ V–IX; 25–80 (100) cm. Mehrjährige Pflanze mit aufsteigenden, 4kantigen Stengeln (diese besitzen keine abwärts gerichtete Stachelborsten!). Blätter flach, 2–3 mm breit, plötzlich in eine kurze Stachelspitze verschmälert. Blüten weißlich, ohne deutliche Röhre; Kronzipfel abgerundet, mit aufgesetzter Grannenspitze. Frucht runzelig. **Standort:** Wiesen, Halbtrockenrasen, Wegränder, Hecken, Gebüsch, Waldränder; steinige Orte; bis in Höhen von 2100 m. **Verbreitung:** Ganz Europa. Aus den Wurzeln kann ein roter Naturfarbstoff isoliert werden.

Kletten-Labkraut, Klebriges Labkraut *Galium aparine* L.

Rötegewächse, Rubiaceae. **Merkmale:** ✳ V–X; 60–200 cm. Blüten weißlich, 1–2 mm breit; in achselständigen, 2–5blütigen Teilblütenständen mit je 4–8 blattähnlichen Tragblättern (die oft fälschlicherweise als Laubblätter angesehen werden). Blätter 3–8 mm breit. Frucht 4–7 mm lang, mit auf Knötchen sitzenden Hakenborsten, kugelig. **Standort:** Heckensäume, Gebüsche, Waldränder, lehmige Äcker, feuchte Ruderalstellen und Ufer. **Verbreitung:** Europa, Westasien und Amerika; in gemäßigten Zonen inzwischen weltweit.
Die Pflanze erscheint durch eine Vielzahl hakig gebogener Klimmhaare klebrig. Als »Spreizklimmer« kann sie so – ohne aufwendige Bildung von Festigungsgewebe in den Sproßachsen – rasch in Bereiche mit höherem Lichtgenuß empor»klettern«. Klettfrüchte (Epizoochorie!).

Waldmeister *Galium odoratum* (L.) Scop.

Rötegewächse, Rubiaceae. **Merkmale:** ✳ IV–VI; 10–30 cm. Pflanze mit unterirdisch kriechenden Ausläufern. Stengel 4kantig, glatt, nur an den Knoten etwas behaart. Blätter zu 6–9 in Quirlen, breiter als 5 mm. Blüten reinweiß, in rispigen Blütenständen; Blütenkrone 6–7 mm lang, mit deutlicher Röhre; Kronzipfel 4, stumpf, ausgebreitet. Frucht hakig-borstig. **Standort:** Laub-, insbesondere Buchenwälder. **Verbreitung:** Zentraleuropäische Art (Leitpflanze der Laubmischwälder); außerdem in südeuropäischen Gebirgen.
Der Waldmeistergeruch rührt vom Cumarin her, das sich jedoch erst bei Verletzungen der Pflanze oder beim Trocknen aus einer Vorstufe bildet. Insektenstäubung (Bienen, Fliegen); Klettverbreitung.

Gewöhnlicher Liguster *Ligustrum vulgare* L.

Ölbaumgewächse, Oleaceae. **Merkmale:** ✳ VI–VII; 50–500 cm. Blüten klein, weiß, in dichten Rispen, 4zählig; Kronröhre kürzer als die ausgebreiteten Kronzipfel. Steinfrucht schwarz, ungenießbar. Blätter gegenständig, länglich-lanzettlich, ganzrandig, kahl; junge Zweige behaart. **Standort:** Wärmeliebende Gebüsche, Hecken, Waldränder; lichte artenreiche Wälder. Oft angepflanzt. **Verbreitung:** Süd-, West- und Mitteleuropa; im Norden bis 59° nördl. Breite, im Osten bis zur Ukraine; Nordafrika.
Der Liguster ist eine ausläufertreibende Pionierpflanze, die zur Bodenfestigung beiträgt; die Blüten sind als Bienenweide (Insektenbestäubung) von Bedeutung. Die für den Menschen ungenießbaren Früchte (Erbrechen hervorrufend, vor allem sind Kinder gefährdet!) werden von Vögeln verbreitet. Wegen ihrer enormen Ausschlagfähigkeit eignet sich die Pflanze sehr gut als Schnitthecke.

Wolliger Schneeball *Viburnum lantana* L.

Geißblattgewächse, Caprifoliaceae. **Merkmale:** ✳ IV–VI; 1–3 m. Blüten in Pseudanthien, alle fertil und gleichartig (ohne vergrößerte Randblüten!). Krone weiß, 6–8 mm breit. Früchte (Beeren) eiförmig, abgeflacht; zunächst rot, zur Reife schwarz. Blätter ungeteilt, eiförmig, gezähnt-gesägt, unterseits dicht (grau)filzig; netzrunzelig. Blattstiele ohne Drüsenhöcker. Laubknospen ohne Knospenschuppen. **Standort:** Gebüsche, Wälder, Waldränder, Hekken; vor allem in Kalkgebieten; bis in Höhenlagen von 1500 m. **Verbreitung:** Die Arealgrenzen verlaufen von England und Nordspanien bis zur Ukraine.
Neben Insektenbestäubung (Bienenweide) auch Selbstbestäubung. Giftig.

Gewöhnliche Zaunwinde *Calystegia sepium* (L.) R. Br.

Windengewächse, Convolvulaceae. **Merkmale:** ✳ VI–IX; 100–300 cm. Kahle Kletterpflanze mit windenden Achsen; Blätter meist etwas pfeilförmig, 5–15 cm lang. Blüten 3–6 cm groß, weiß; Staubfäden in der unteren Hälfte drüsenhaarig; Vorblätter 2, groß, grünlich, herzförmig, flach, fast doppelt so lang wie der kahle Kelch. **Standort:** Gärten, Hecken, Zäune, Wegränder, Ufer, Schilf- und Seggenverlandungsgesellschaften; bis 1200 m. **Verbreitung:** Europa mit Ausnahme von Island; in gemäßigten Zonen weltweit.
Die Art zählt wegen ihrer weit kriechenden, unterirdischen Achsen zu den Kriechpionieren. Die Blüten werden von Nachtschmetterlingen (Schwärmer!) und Schwebfliegen bestäubt.

Acker-Steinsame *Buglossoides arvensis* (L.) I. M. Johnston

Rauhblattgewächse, Boraginaceae. **Merkmale:** ✳ IV–VI; 5–60 cm. Blüten 2–5 mm breit; Krone weiß (selten bläulich oder rötlich), trichterförmig. Reife Frucht runzelig bis warzig. Stengel einfach, allenfalls oben verzweigt, locker beblättert; Blätter 1nervig, verkehrt-eiförmig bis lanzettlich, 3–5 cm lang. **Standort:** Getreidefelder, nährstoffreiche, tonig-lehmige Äcker; auch Trokkenrasen. Bis in Höhenlagen von etwa 1000 m. **Verbreitung:** Gemäßigt-kontinental; fast ganz Eurasien.
Der Acker-Steinsame ist ein Therophyt; die Blüten werden von Insekten bestäubt, die Früchte per Selbstverbreitung verstreut. Die Fruchtwände sind durch Kalkeinlagerung steinhart; diese Eigenschaft führte zum wissenschaftlichen (frühere Gattungsbezeichnung: *Lithospermum*) und deutschen Gattungsnamen!

Flutender Hahnenfuß *Ranunculus fluitans* Lam.

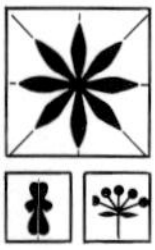

Hahnenfußgewächse, Ranunculaceae. **Merkmale:** ⁕ VI–VIII; 50–600 cm. Pflanze nie mit Schwimmblättern! Wasserblätter doppelt 3teilig, mit langen, mehrfach geteilten, fast parallelen Zipfeln; 7–15 cm lang, außerhalb des Wassers pinselartig zusammenfallend. Stengel flutend. Blüten 1–2 cm breit, Kronblätter (in Wirklichkeit handelt es sich um blumenblattähnliche Honigblätter!) 5–12; Staubblätter höchstens so lang wie der Fruchtknoten. **Standort:** Rasch fließende, sauerstoffreiche, kühle, meso- bis eutrophe Gewässer. **Verbreitung:** West- und Mitteleuropa.
Die Früchte werden direkt durch das Wasser oder mit Hilfe von Wasservögeln verbreitet.

Gewöhnlicher Wasserhahnenfuß *Ranunculus aquatilis* L.

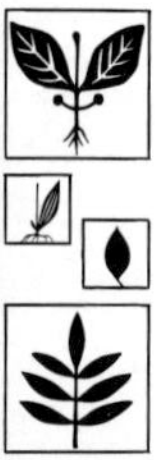

Hahnenfußgewächse, Ranunculaceae. **Merkmale:** ⁕ V–IX; 10–200 cm. Schwimmblätter rundlich, 3–5(7)spaltig, auf ⅔ der Länge eingeschnitten. Wasserblätter bis 5 cm lang, mehrfach 3teilig, zuletzt gabelig; Blätter länger als die entsprechenden Sproßglieder. Blüten 15–25 mm; Staubblätter 10–30 (40); Fruchtblätter 20–40 (80); Fruchtboden kugelig; Fruchtknoten und unreife Nüßchen behaart. **Standort:** Stehende oder langsam fließende meso- bis eutrophe Gewässer, Gräben, Tümpel; über humosem Schlamm bis 2 m Tiefe. **Verbreitung:** Außer einigen Inseln in ganz Europa; Nordamerika, Südamerika im andinen Bereich, weite Teile Asiens, Australien und Südafrika.
Die vorliegende (Sammel-)Art ist außerordentlich formenreich.

Busch-Windröschen *Anemone nemorosa* L.

Hahnenfußgewächse, Ranunculaceae. **Merkmale:** ✳ III–IV; 15–20 cm. Mehrjährige, meist 1blütige Pflanze. Blüten weiß, oft etwas rötlich überlaufen; Perigonblätter 6–8; Staubblätter gelb, zahlreich; Fruchtblätter behaart; Fruchtstände herabhängend. Bei den 3 Stengelblättern handelt es sich um handförmig geteilte Hochblätter. Grundblätter ungleich gesägt bis geteilt. **Standort:** Laub- und Nadelwälder, Gebüsche, Säume, Bergwiesen; bis in Höhenlagen von 1900 m. **Verbreitung:** Eurasiatisch; Hauptvorkommen in den west- und mitteleuropäischen Laubwaldgebieten.
Das Busch-Windröschen gehört zu den ersten Frühjahrsblühern. Damit nützt es die günstige Lichtperiode vor dem Laubaustrieb der Bäume; später sind die Lichtverhältnisse in der Krautschicht von Buchenwäldern zu ungünstig. Der gesamte Lebenszyklus findet daher im Frühling statt. Die Pollenblumen (Überproduktion von Pollen) werden von Insekten bestäubt, die sich vom Pollen ernähren. Die kleinen Nußfrüchte tragen ein Anhängsel (Elaiosom), das Lock- und Nährstoffe enthält und besonders Ameisen als Nahrung dient. Diese sorgen damit für eine effektive Verbreitung der Früchte (Myrmekochorie). Die Pflanze ist giftig.

Gewöhnliche Waldrebe *Clematis vitalba* L.

Hahnenfußgewächse, Ranunculaceae. **Merkmale:** ✳ VI–IX; 1–8 m. Strauchige Liane mit verholzten, windend-kletternden Achsen. Blüten in blattachselständigen Rispen, weiß. Blütenhüllblätter 4, beiderseits zottig behaart, bis 15 mm lang; Honigblätter fehlend. 1samige Schließfrüchte (Nüsse); Fruchtgriffel bärtig. Blätter unpaarig gefiedert, gegenständig. **Standort:** Auenwälder, Gebüsche, Busch- und Waldränder; im Norden Neophyt. **Verbreitung:** Zirkumpolar; Süd-, West- und Mitteleuropa.
Die Gewöhnliche Waldrebe ist neben dem Hopfen und der Weinrebe eine der wenigen Lianen in unseren Breiten. Die Pflanze ist ein Linkswinder; auch die Blattstiele ranken! Die Wachstumskrümmungen erfolgen stets nach der berührten Seite hin (Haptotropismus). In der giftigen Pflanze werden ätzende und hautreizende Stoffe produziert, mit denen sich früher gelegentlich Bettler einrieben, um Hauterkrankungen vorzutäuschen (»Bettlerkraut«). Die bärtigen Fruchtgriffel begünstigen die Windverbreitung der Früchte.

Feld-Rose *Rosa arvensis* Huds.

Rosengewächse, Rosaceae. **Merkmale:** ✳ VI–VII; 50–300 cm. Blüten meist einzeln, weiß, 3–5 cm breit, lang gestielt; Griffelsäule überragt meist die inneren Staubblätter. Kelchblätter breit-oval, früh abfallend. Blätter glanzlos, mattgrün, kahl, 5–7zählig gefiedert; Nebenblätter höchstens gezähnt. Äste niederliegend oder kletternd, bogig. Stacheln stark gekrümmt. Frucht kugelig bis länglich-eiförmig (= in den fleischigen Achsenbecher eingesenkte Sammelnußfrucht). **Standort:** Gebüsche, krautreiche, lichte Laubwälder; Weg- und Waldränder. **Verbreitung:** Süd-, West- und Mitteleuropa.
Die Feld- oder Kriechende Rose ist ein Lehmzeiger; blüten- bzw. fruchtbiologisch bemerkenswert sind Insektenbestäubung (Pollenblume!) und Vogelverbreitung.

Himbeere *Rubus idaeus* L.

Rosengewächse, Rosaceae. **Merkmale:** ✳ V–VI; 50–120 cm. Sproßachsen 2jährig, aufrecht-überhängend; Blätter 3–5zählig gefiedert, unterseits weißfilzig, oberseits hellgrün. Blütenstand rispig, nickend; Kronblätter schmaleiförmig, weiß. Kelchblätter nach der Blütezeit zurückgebogen. Sammelfrucht (!) rot, mit flaumig-behaarten, kleinen Steinfrüchten; sich zur Reife von den am Stiel verbleibenden Blütenboden kappenartig lösend. **Standort:** Waldschläge, Gebüsche, gestörte, verlichtete Laubwälder, an Waldwegen und Ruderalstellen (z.T.); auch Nadelholzforste. **Verbreitung:** Nordisch-eurasiatisch, zirkumpolar; ganz Europa, im Süden nur in Gebirgen.
Mindestens seit Beginn der jüngeren Steinzeit wird die Himbeere als Beerenobst genutzt, die Bereitung von Himbeersirup ist schon aus der Römerzeit bekannt und wird von Plinius d. Ä. erwähnt. Die Früchte enthalten Vitamin C, Zitronensäure, Zucker und Pektine; aus den Blättern kann ein Heiltee (adstringierend) bereitet werden. Die Blüten spielen als Bienenweide eine Rolle (neben Insekten kommt jedoch auch Selbstbestäubung vor); die Früchte werden durch Tiere, vor allem Vögel verbreitet. Die rasche Ausbreitung der Art wird durch Kriechwurzeln und Wurzelbrut begünstigt.

Bereifte Brombeere, Kratzbeere *Rubus caesius* L.

Rosengewächse, Rosaceae. **Merkmale:** ✳ V–VII; 30–60 cm. Blätter 3zählig, ungleich gesägt; Nebenblätter lanzettlich. Schößlinge stielrund, wenigdrüsig. Stengel borstlich-kurzstachelig, bläulich bereift. Blütenstand armblütig, verkürzt. Kronblätter weiß, breit. Frucht (Sammel-Steinfrucht!) stark blau bereift. **Standort:** Waldsäume, Gebüsche, Laubwälder; Hecken, Weg- und Ackerränder; Auenwälder, Weidengebüsch. **Verbreitung:** Weite Teile Europas, Westasien.
Die vorliegende Art bevorzugt lichte bis halbschattige Standorte. Sie gehört zu den Rohbodenpionierpflanzen und Nährstoffzeigern. Ihre Wurzeln dringen bis in 2 m Tiefe vor. Wie bei den anderen Brombeer-Arten werden die Früchte durch Tiere verbreitet.

Wald-Erdbeere *Fragaria vesca* L.

Rosengewächse, Rosaceae. **Merkmale:** ✳ IV–VI; 5–25 cm. Mehrjährige Pflanze mit oberirdischen, an den Knoten wurzelnden, langen Ausläufern, die der vegetativen Vermehrung dienen. Blüten weiß, 15 mm breit; Kronblätter 5; Kelchblätter zur Fruchtzeit waagrecht abstehend oder zurückgeschlagen. Blütenstiele blattlos, angedrückt behaart. Blätter 3zählig, oberseits zerstreut behaart, unterseits seidenhaarig. Sammel-Nußfrucht mit zahlreichen Nüßchen an der fleischig gewordenen Blütenachse. **Standort:** Waldlichtungen, Kahlschläge, Waldwege, Gebüsche, Hecken; meist in mehr oder weniger gestörten Waldgesellschaften. Bis in Höhenlagen von 2200 m. **Verbreitung:** Disjunktes Areal mit Teilarealen in Europa, Asien und Nordamerika!
Die Bestäubung der Blüten erfolgt durch Insekten; die wohlschmeckenden »Beeren« (s. oben) werden von Tieren und durch den Menschen verbreitet.

Himbeere *Rubus idaeus* L.

Rosengewächse, Rosaceae. **Merkmale:** ✻ V–VI; 50–120 cm. Sproßachsen 2jährig, aufrecht-überhängend; Blätter 3–5zählig gefiedert, unterseits weißfilzig, oberseits hellgrün. Blütenstand rispig, nickend; Kronblätter schmaleiförmig, weiß. Kelchblätter nach der Blütezeit zurückgebogen. Sammelfrucht (!) rot, mit flaumig-behaarten, kleinen Steinfrüchten; sich zur Reife von den am Stiel verbleibenden Blütenboden kappenartig lösend. **Standort:** Waldschläge, Gebüsche, gestörte, verlichtete Laubwälder, an Waldwegen und Ruderalstellen (z.T.); auch Nadelholzforste. **Verbreitung:** Nordisch-eurasiatisch, zirkumpolar; ganz Europa, im Süden nur in Gebirgen.
Mindestens seit Beginn der jüngeren Steinzeit wird die Himbeere als Beerenobst genutzt, die Bereitung von Himbeersirup ist schon aus der Römerzeit bekannt und wird von Plinius d. Ä. erwähnt. Die Früchte enthalten Vitamin C, Zitronensäure, Zucker und Pektine; aus den Blättern kann ein Heiltee (adstringierend) bereitet werden. Die Blüten spielen als Bienenweide eine Rolle (neben Insekten kommt jedoch auch Selbstbestäubung vor); die Früchte werden durch Tiere, vor allem Vögel verbreitet. Die rasche Ausbreitung der Art wird durch Kriechwurzeln und Wurzelbrut begünstigt.

Bereifte Brombeere, Kratzbeere *Rubus caesius* L.

Rosengewächse, Rosaceae. **Merkmale:** ✻ V–VII; 30–60 cm. Blätter 3zählig, ungleich gesägt; Nebenblätter lanzettlich. Schößlinge stielrund, wenigdrüsig. Stengel borstlich-kurzstachelig, bläulich bereift. Blütenstand armblütig, verkürzt. Kronblätter weiß, breit. Frucht (Sammel-Steinfrucht!) stark blau bereift. **Standort:** Waldsäume, Gebüsche, Laubwälder; Hecken, Weg- und Ackerränder; Auenwälder, Weidengebüsch. **Verbreitung:** Weite Teile Europas, Westasien.
Die vorliegende Art bevorzugt lichte bis halbschattige Standorte. Sie gehört zu den Rohbodenpionierpflanzen und Nährstoffzeigern. Ihre Wurzeln dringen bis in 2 m Tiefe vor. Wie bei den anderen Brombeer-Arten werden die Früchte durch Tiere verbreitet.

Wald-Erdbeere *Fragaria vesca* L.

Rosengewächse, Rosaceae. **Merkmale:** ✻ IV–VI; 5–25 cm. Mehrjährige Pflanze mit oberirdischen, an den Knoten wurzelnden, langen Ausläufern, die der vegetativen Vermehrung dienen. Blüten weiß, 15 mm breit; Kronblätter 5; Kelchblätter zur Fruchtzeit waagrecht abstehend oder zurückgeschlagen. Blütenstiele blattlos, angedrückt behaart. Blätter 3zählig, oberseits zerstreut behaart, unterseits seidenhaarig. Sammel-Nußfrucht mit zahlreichen Nüßchen an der fleischig gewordenen Blütenachse. **Standort:** Waldlichtungen, Kahlschläge, Waldwege, Gebüsche, Hecken; meist in mehr oder weniger gestörten Waldgesellschaften. Bis in Höhenlagen von 2200 m. **Verbreitung:** Disjunktes Areal mit Teilarealen in Europa, Asien und Nordamerika!
Die Bestäubung der Blüten erfolgt durch Insekten; die wohlschmeckenden »Beeren« (s. oben) werden von Tieren und durch den Menschen verbreitet.

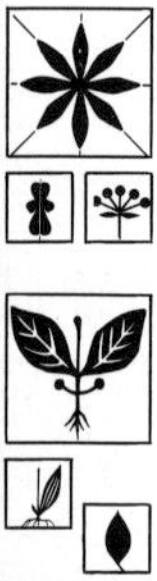

Eberesche, Vogelbeere *Sorbus aucuparia* L. em Hedl.

Rosengewächse, Rosaceae. **Merkmale:** ✳ V–VII; 3–15 m. Blüten zahlreich, in filzig-behaarten Schirmrispen; Blütenkronblätter weiß, 4–5 mm lang; Griffel meist 2–4. Früchte kugelig, rot, erbsengroß (Apfelfrucht!, aus balgähnlichen Fruchtblättern entsteht ein pergamentartiges Gehäuse). Blätter gefiedert, ohne Blattzahndrüsen; Fiederblätter in 4–9 Paaren, länglich-lanzettlich, bis zum Grund scharf gesägt. Winterknospen behaart. **Standort:** Gebüsche, bodensaure Wälder, Waldränder, Hecken; Vorholz auf Schlägen, auch an Felsen. Im Gebirge bis zur Waldgrenze aufsteigend. **Verbreitung:** Ganz Europa, in Asien teilweise.
Die Eberesche oder Echte Vogelbeere gehört zu den Wald-Pionieren. Ihre Blüten fungieren als Bienenweide, die Früchte dienen Wild und Vögeln als Nahrung und werden von diesen verbreitet. Aus den Früchten, die neben Vitamin C (antiskorbutische Wirkung!) Äpfelsäure, den Diätzucker Sorbose, Pektin und Carotinoide enthalten, läßt sich Sirup gewinnen. Einige der Inhaltsstoffe wirken diuretisch, mild abführend und menstruationsfördernd.

Echtes Mädesüß *Filipendula ulmaria* (L.) Maxim.

Rosengewächse, Rosaceae. **Merkmale:** ✳ VI–VIII; 50–150 cm. Blüten in vielstrahligen Schirmrispen, duftend, gelblichweiß; Kronblätter 2–5 mm lang. Blätter unterbrochen gefiedert; Fiederblättchen groß, über 3 cm lang, eiförmig, doppelt gesägt, 2–5paarig, das endständige ist größer und meist handförmig 3–5spaltig. Stengel kantig, aufrecht. **Standort:** Naß- und Moorwiesen, Verlandungsbestände, Ufer, Gräben, Quellen, Auenwälder; Hochstaudenfluren. **Verbreitung:** Fast ganz Europa mit Ausnahme einiger Inseln im südlichen Mediterranbereich; bis Sibirien (nordisch-eurasiatisch).
Die Blüten dieser Art können als Heiltee gesammelt werden, die ganze Pflanze ist stark salicylsäurehaltig und wird als Antirheumaticum (Gelenkrheumatismus, Arthritis) und bei Erkrankungen der Harnwege verwendet. Die Bestäubung der Blüten erfolgt durch Insekten (Pollenblume), die Verbreitung der Fortpflanzungseinheiten durch Wind oder Wasser. Ferner gilt die Pflanze als Gleybodenzeiger.

Wald-Sauerklee *Oxalis acetosella* L.

Sauerkleegewächse, Oxalidaceae. **Merkmale:** ✳ IV–V; 5–15 cm. Blüten einzeln, weiß (oder blaßrosa); Kronblätter deutlich violett geadert. Blätter grundständig, lang gestielt, mit verkehrt-herzförmigen, hellgrünen Fiederblättchen. Rhizom kriechend, mit fleischigen Niederblättern und verdickten Narben abgefallener Blätter. **Standort:** Feuchte, humusreiche Nadelmischwälder; auch Buchen- und Eichenmischwälder; bis in Höhen von 2000 m. **Verbreitung:** Nordisch-eurasiatisch, zirkumpolar; ganz Europa.
Der Sauerklee ist eine ausgesprochene Schattenpflanze. Neben Insektenbestäubung kommt Selbstbestäubung sogar bei noch geschlossenen Blüten vor (Kleistogamie); ein Schleudermechanismus begünstigt die Verbreitung der Samen. Früher fand diese Art als Heil- und Nutzpflanze (Salatzusatz) Verwendung. Die ganze Pflanze ist reich an Oxalsäure bzw. Oxalaten (»Kleesalz«).

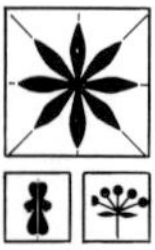

Hirtentäschelkraut *Capsella bursa-pastoris* (L.) Med.

Kreuzblütengewächse, Brassicaceae. **Merkmale:** ✳ II–XI; 10–50 cm. Äußerst variable, meist 1jährige Pflanze mit kleinen, weißen Blüten in endständiger Blütentraube. Blütenkronblätter ungeteilt, 2–3 mm lang, doppelt so lang wie der Kelch. Frucht 3eckig-verkehrt-herzförmig, 6–9 mm lang, vielsamig (Schötchen). Obere Blätter meist nicht gefiedert, mit pfeilförmigem Grund stengelumfassend; Rosettenblätter normalerweise tief fiederteilig. **Standort:** Ruderalpflanze: Äcker, Gärten, Schuttplätze, Wegränder; in den Alpen bis über 2100 m. **Verbreitung:** Nahezu weltweit (Kosmopolit).
Das Hirtentäschelkraut ist ein typischer Kulturbegleiter; Selbstbestäubung (neben Insektenbestäubung) und große Samenproduktion deuten den Pionierpflanzencharakter an, der vor allem bei 1jährigen Unkräutern auftritt.

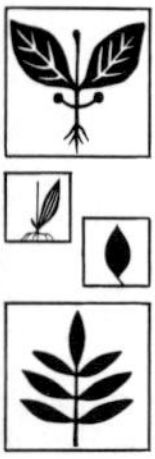

Hederich *Raphanus raphanistrum* L.

Kreuzblütengewächse, Brassicaceae. **Merkmale:** ✳ V–IX; 20–60 cm. Pflanze rauhhaarig. Blütenkronblätter weiß, violett geadert; seltener hellgelb (sandige Standorte im nördlichen und östlichen Europa). Kelchblätter aufrecht (im Gegensatz zum Acker-Senf!). Schoten 2–10 cm lang, perlschnurartig eingeschnürt, bei der Reife in 1samige Glieder zerfallend. Obere Stengelblätter ungeteilt, untere beiderseits mit 1–4 schmalen Fiederlappen und großer Endfieder. **Standort:** Unkrautgesellschaften in Getreideäckern, auf Schuttplätzen; Kulturland, Sandböden; bis in Höhen von 1300 m. **Verbreitung:** Die Art stammt ursprünglich aus dem Mittelmeergebiet, ist inzwischen jedoch in gemäßigten Zonen weltweit verbreitet.
Der Hederich gehört seit der jüngeren Steinzeit zu den Kulturbegleitern – besonders in Roggenfeldern. Er findet als Bienenweide und Salatpflanze Verwendung.

Wiesen-Schaumkraut *Cardamine pratensis* L.

Kreuzblütengewächse, Brassicaceae. **Merkmale:** ✳ IV–VII; 15–50 cm. Blüten weiß, oft auch rosa oder violett, in dichter Traube. Kronblätter etwa 3mal so lang wie die Kelchblätter; Staubblätter gelb. Fruchttyp: geschnäbelte Schote. Blätter gefiedert (obere mit lanzettlichen, untere mit eiförmigen Fiedern); Grundblätter rosettig, 3–11zählig gefiedert, Endfieder deutlich größer. Stengel hohl, rund. **Standort:** Feuchte Wiesen, Moorwiesen, Auenwälder, Ufer; bis in Höhen von mehr als 1700 m. **Verbreitung:** Zirkumpolar; Massenverbreitung im nördlichen und mittleren eurasiatischen Raum.
Das Wiesen-Schaumkraut bildet häufig einen Frühjahrsaspekt der Wiesen.

Gewöhnliche Brunnenkresse *Nasturtium officinale* R. Br.

Kreuzblütengewächse, Brassicaceae. **Merkmale:** ✳ V–X; 20–80 cm. Blüten weiß, Kronblätter weniger als 6 mm lang; Staubbeutel gelb. Schoten dick, rund, meist sichelförmig gekrümmt, 10–18 mm lang, 2–2,5 mm breit; Samen in jedem Fach deutlich 2reihig, grob netzartig gerunzelt. Fruchtstiele ziemlich dick, (5)–12 (16) mm lang, kaum gebogen. Blätter im Herbst grün bleibend, dicklich; Stengel hohl. **Standort:** Bäche, Gräben, Quellen mit ziemlich rasch fließendem, kühlem, klarem Wasser; bis in Höhen von ca. 1800 m. **Verbreitung:** Zirkumpolar; in gemäßigt-ozeanischen Gebieten weltweit.
Die Brunnenkresse wird als Salat- und Heilpflanze verwendet. Neben den Vitaminen C und E enthält sie Jod und einen Bitterstoff.

Fieberklee *Menyanthes trifoliata* L. 3

Fieberkleegewächse, Menyanthaceae. **Merkmale:** ✳ IV–VI; 10–30 cm. Mehrjährige Sumpf- bzw. Flachwasserpflanze. Blüten weiß, selten rosa, in pyramidenartigen, aufrechten Trauben. Kronblattzipfel zurückgerollt, auf der Oberfläche mit langen, weißen Haaren; am Rand deutlich bewimpert. Kapselfrucht. Blütenschaft unbeblättert, einem verzweigten Rhizom entspringend. Blätter groß, kleeartig-3zählig (Name!), langgestielt, am Grund scheidig. Fiederblättchen 4–7 cm lang, verkehrt-eiförmig, fast sitzend, ausgeschweift gekerbt. **Standort:** Gräben, Sümpfe, Moore; Verlandungsbereiche von stehenden Kleingewässern wie Teichen, Weihern, Hülben oder Tümpeln; besonders auf zeitweise überschwemmten, kalkarmen Schlammböden. Im Gebirge bis in Höhenlagen von etwa 1800 m. **Verbreitung:** Nordisch-arktisch; zirkumpolar. Ganz Europa, jedoch vor allem in nördlichen und mittleren Breiten; Nordamerika, Mittel- und Nordasien.

Der Fieberklee ist eine typische Pflanze der Verlandungszonen von dystrophen (d. h. nährstoffarmen, humusreichen) Süßgewässern. Es handelt sich bei dieser Art um eine ausgesprochene Lichtpflanze, deren Blüten vorwiegend von Hummeln bestäubt werden. Die Ausbildung von Schwimmfrüchten ermöglicht eine Wasserverbreitung (Hydrochorie). Blätter und Wurzelstock enthalten den Bitterstoff Loganin, der magenstärkend, kräftigend und nervenberuhigend wirkt. Aufgrund der in den Blättern besonders angereicherten Bitterstoffe wurde die Pflanze früher sogar als Hopfenersatz verwendet.

Schwarzer Holunder *Sambucus nigra* L.

Geißblattgewächse, Caprifoliaceae. **Merkmale:** ✳ V–VII; 2–7 m. Blätter mattgrün, gefiedert, mit 5 länglich-eiförmigen, fein gezähnten Fiederblättchen (5–10 cm lang). Rinde hell, rissig, mit Korkwarzen (Lentizellen), die den Gasaustausch durch den sonst fast undurchlässigen Korkmantel hindurch ermöglichen. Zweige mit weißem Mark. Blütenstand schirmförmig, flach, als 10–20 cm breite Doldenrispe ausgebildet. Blütenkrone radförmig, weiß oder gelblichweiß, 5teilig. Fruchttyp: schwarze Steinfrucht (!). **Standort:** Schläge, Gebüsche, Hecken; krautreiche Wälder und Waldränder; Schuttplätze und andere Ruderalstellen; oft in Siedlungsnähe; bis in Höhen von 1600 m. **Verbreitung:** Ganz Europa mit Ausnahme des äußersten Nordens.

Der Schwarze Holunder wird seit der frühesten Antike vom Menschen genutzt; die Früchte wurden nachweislich sogar bereits von jungsteinzeitlichen Völkern gegessen. Auch heute ißt man die Vitamin-C-reichen »Beeren« gekocht oder als Konfitüre. Den Blüten kommt aufgrund ihrer Inhaltsstoffe (u. a. ätherische Öle, Pflanzenschleime, Gerbstoffe) eine bedeutsame Heilwirkung zu. Man verwendet sie als Tee oder Gurgelwasser bei Erkältungen und fieberhaften Zuständen, insbesondere bei Angina und Pharyngitis; jedoch auch bei Stomatitis. Die Pflanze ist bekanntlich außerordentlich ausschlagfähig und wird durch Vögel rasch überallhin verschleppt. Bestäubende Insekten sind vor allem Fliegen und Bienen.

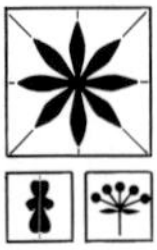

Gewöhnlicher Froschlöffel *Alisma plantago aquatica* L.

Froschlöffelgewächse, Alismataceae. **Merkmale:** ✳ VI–IX; 20–100 cm. Blütenstand quirlig-rispig, deutlich höher als breit; Quirläste mehrblütig. Blüten zwittrig, öffnen sich erst gegen 12 Uhr; Kronblätter weiß, abgerundet. Narben kurz, fein papillös. Teilfrucht: Nüßchen (»Einblatt-Nüsse«, d.h. aus 1 Fruchtblatt entstanden). Spreiten der Überwasserblätter breit-eiförmig bis eilanzettlich, an der Basis schwach herzförmig oder verschmälert. **Standort:** Ufer von stehenden oder langsam fließenden, meso- bis eutrophen Gewässern (Teiche, Seen, Gräben usw.); Röhrichte und Großseggenrieder. **Verbreitung:** Fast ganz Europa, weite Teile Asiens, subtropisches Afrika.
Die Blüten dieser Art werden meist von Schwebfliegen bestäubt.

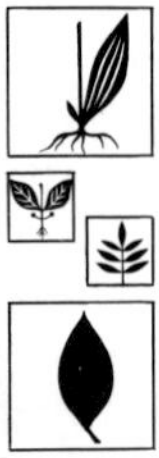

Pfeilkraut *Sagittaria sagittifolia* L.

Froschlöffelgewächse, Alismataceae. **Merkmale:** ✳ VI–VIII; 25–100 cm. Blüten in 3zähligen Quirlen; Kronblätter weiß, mit purpurnem Nagel. Frucht in kugelförmigen Köpfchen. Bemerkenswert ist die Heterophyllie dieser Art; es existieren 3 verschiedene Blattformen: band- oder riemenförmige, flutende Wasserblätter; Schwimmblätter mit ovaler bis pfeilförmiger Spreite; die oberen Luftblätter weisen die charakteristische Pfeilform auf. Stengel und Blattstiele 3kantig. **Standort:** Stehende oder langsam fließende Gewässer (meso- bis eutroph), meist auf zeitweise trockenfallendem Schlammboden; Kleinröhrichte. **Verbreitung:** Europa und Westasien; zirkumpolar.
Auch die Blüten des Pfeilkrautes werden von Schwebfliegen bestäubt.

Bären-Lauch *Allium ursinum* L.

Liliengewächse, Liliaceae. **Merkmale:** ✳ IV–VI; 15–50 cm. Pflanze intensiv nach Knoblauch riechend. Blätter meist zu 2, grundständig, deutlich gestielt (Stiel bis 15 cm lang), eiförmig bis lanzettlich, 2–5 cm breit. Stengel 3kantig. Blüten reinweiß, in vielblütiger Scheindolde (diese besitzt im Gegensatz zu anderen Lauch-Arten keine Brutzwiebeln); Blüten- und Staubblätter je 6. **Standort:** Feuchte, edelholzreiche Wälder, Bergmisch- und Auenwälder. **Verbreitung:** Fast ganz Europa; in Norwegen bis 64° nördl. Breite; im Nordosten fehlend; selten im Mediterrangebiet.
Die Art tritt meist bestandsbildend auf und zeigt Grundwassernähe oder einen Wasserzug an. Die Verbreitung der Samen erfolgt durch den Wind und durch Ameisen (Myrmekochorie), die sich von den aus einem Samenteil gebildeten Elaiosomen ernähren. Die ganze Pflanze enthält Vitamin C und ätherische Öle, die eine anregende Wirkung auf Haut und Magenschleimhäute haben. Man verwendet die Pflanze als vorbeugendes Mittel gegen Infektionskrankheiten des Magen-Darm-Traktes, auch als Fiebermittel.

Dolden-Milchstern *Ornithogalum umbellatum* L.

Liliengewächse, Liliaceae. **Merkmale:** ✳ IV–VI; 10–30 cm. Blütenstand doldig (kurze Doldentraube); Blütenstiele 3–8 cm lang; Perigonblätter weiß, unterseits grünlich oder mit grünem Mittelstreif, 4–8 mm breit; Kapsel gestutzt, untere Fruchtstiele zuletzt waagrecht abstehend. Blätter 2–6 mm breit, mit weißem Mittelstreifen. Zwiebel von Brutzwiebeln umgeben. **Standort:** Wegränder, Weinberge, trockenfrische Wiesen; auch Gebüsche, Äcker, Grasgärten. **Verbreitung:** Südeuropa und südliches Mitteleuropa; ursprünglich zum mediterranen Florenelement gehörig. Weiträumig eingebürgert.

Ästige Graslilie *Anthericum ramosum* L.

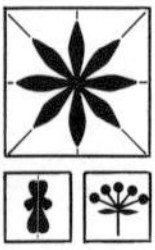

Liliengewächse, Liliaceae. **Merkmale:** ✳ VI–VIII; 30–80 cm. Blütenstand meist rispig; Perigonblätter beiderseits rein weiß, 10–15 mm lang; Griffel gerade. Kapsel stumpf, fast kugelig, 5–9 mm lang. Tragblätter 1/5 so lang wie die Blütenstiele; Blätter viel kürzer als der Blütenstengel. **Standort:** Halbtrokken- und Trockenrasen, Trockenwälder, Steppenheidewälder, Säume von Gebüschen; kalkliebend. **Verbreitung:** Submediterrane bzw. mediterranmontane Art; von Belgien und Südschweden bis Nord-Portugal, Süditalien und Griechenland. In Mitteleuropa besonders in den wintermilden südwestlichen Bereichen.
Die Bestäubung der Blüten erfolgt durch Insekten, vor allem durch Bienen.

Maiglöckchen *Convallaria majalis* L.

Liliengewächse, Liliaceae. **Merkmale:** ✳ V–VI; 12–20 cm. Pflanze mehrjährig; Blütentrauben einseitswendig. Blütenhülle verwachsenblättrig, breitglokkig, 5–8 mm lang, weiß, mit 6 kurzen, zurückgebogenen Zipfeln. Blüten charakteristisch duftend. Rote Beerenfrüchte. Laubblätter 2–3, elliptisch, lang gestielt, den blattlosen Blütenstengel scheidig einhüllend. **Standort:** Lichte Laubwälder (Eiche, Buche) und Gebüsche; vorzugsweise auf Kalk; bis in Höhenlagen von 1900 m. **Verbreitung:** Eurasien mit Schwerpunkt in den west- und mitteleuropäischen Laubwaldgebieten.
Die wärmeliebende Halbschattenpflanze wird meist von Insekten bestäubt, vielfach führt auch Selbstbestäubung zum Fruchtansatz. Die Beerenfrüchte werden von Tieren verbreitet. Das Maiglöckchen gehört zu den giftigen Arten der Liliengewächse: Es enthält Glykoside, die zur Behandlung von Herzkrankheiten verwendet werden, sogenannte Cardenolide, die in ihrer Wirkung denen des Roten Fingerhutes *(Digitalis purpurea)* ähnlich sind.

Schattenblume *Maianthemum bifolium* (L.) F.W. Schm.

Liliengewächse, Liliaceae. **Merkmale:** ✳ IV–VI; 5–15 cm. Pflanze mehrjährig. Blüten 4zählig, klein, reinweiß, mit verwachsenblättriger Blütenhülle, in endständiger Traube. Blütenstengel beblättert (im Gegensatz zum Maiglöckchen); nichtblühende Pflanzen mit 1 Blatt, sonst 2 kurzgestielte, herzförmige Blätter. Rhizome (Erdsprosse) lang, kriechend. Fruchttyp: Beere (kirschrot, kugelig, 6 mm groß). **Standort:** Schattige, humusreiche Laub- und Nadelwälder; insbesondere auf sauren Böden. **Verbreitung:** Nordisch-kontinental, zirkumpolar; fast ganz Europa mit Ausnahme der Iberischen Halbinsel, von Island, Irland, Südbalkan und Kleinasien.
Bei dieser Art handelt es sich um eine typische Schattenpflanze (Name!) und einen Versauerungszeiger. Insektenbestäubung und Tierverbreitung sind für eine gesicherte Fortpflanzung wichtig. Die Schattenblume enthält giftige Glykoside.

Vielblütige Weißwurz *Polygonatum multiflorum* (L.) All.

Liliengewächse, Liliaceae. **Merkmale:** ✻ IV–VI; 30–60 cm. Mehrjährige Pflanze mit gebogenem, einseitswendigen Blütenstand. Blüten zu 2–5 in den Achseln eines Tragblattes, Blütenhülle röhrig-glockig, 6zähnig, weiß mit grünem Saum; Staubfäden behaart. Beeren dunkelblau, 8–10 mm groß. Blätter wechselständig, 2zeilig, ausgebreitet, eiförmig, 5–12 cm lang. Stengel rund (!). **Standort:** Schattige Laubwälder (Buche, Eiche), auch Nadelmischwälder; vor allem auf Kalk. **Verbreitung:** Eurasien.

Die Blüten werden vorwiegend von Hummeln bestäubt, die Früchte von Tieren verbreitet. Jedes Jahr tritt die Endknospe des waagrecht kriechenden Erdsprosses als Luftsproß aus dem Boden hervor, während eine endständige Seitenknospe das Rhizom im Boden weiterführt. Die abgestorbenen Triebe der Vorjahre hinterlassen am Rhizom siegelringartige Narben (»Salomonssiegel«). Die giftige Pflanze wird z.T. noch als Heilpflanze verwendet, insbesondere die Rhizome bei Entzündungen und gegen Hühneraugen.

Wohlriechende Weißwurz *Polygonatum odoratum* (Mill.) Druce

Liliengewächse, Liliaceae. **Merkmale:** ✻ V–VI; 15–40 cm. Blütenstand einseitswendig, gebogen; Blüten meist einzeln, selten zu je 2 blattachselständig, etwa 20 mm lang. Blütenkronröhre 5–7 mm dick, leicht bauchig, weiß mit grünlichen Spitzen (Perigonblätter!). Staubfäden kahl (vgl. oben!); Beere blauschwarz. Blätter wechselständig, halbstengelumfassend, deutlich aufgerichtet, oval, bis 10 cm lang. Stengel kantig (!). Rhizome weißlich, mit siegelringartigen Narben (s. o.), sympodial verzweigt. **Standort:** Waldränder, Gebüsche, lichte Wälder, steinige Hänge; auch auf Felsen. Kalkhaltige Böden werden bevorzugt. **Verbreitung:** Eurasiatisch-kontinental; die östlichsten Vorkommen liegen im Gebiet des Himalaya sowie in Westsibirien.

Auch diese Art ist giftig. Hummeln sind die Hauptbestäuber der Blüten. Die Beeren werden wie bei der vorigen Art durch Tiere verbreitet.

Frühlings-Knotenblume *Leucojum vernum* L. 3

Amaryllisgewächse, Amaryllidaceae. **Merkmale:** ✻ II–IV; 10–30 cm. Blütenschaft blattlos, meist 1, selten 2 glockenförmige, hängende, weiße Blüten (15–25 mm) tragend. Perigonblätter fast gleichlang, in eine stumpfe, gelbgrüne Spitze auslaufend; Griffel keulenförmig, Fruchtknoten unterständig. Der Blütenstiel wird 3–4 cm von einer 1blättrigen, häutigen Blattscheide überragt. Blätter dunkelgrün, linealisch, bis zu 5. Zwiebeln. **Standort:** Auen- und Schluchtwälder (Laubmischwälder); feuchte Wiesen; auf nährstoffreichen, kalkhaltigen Böden. **Verbreitung:** Mittel- und Südeuropa.

Die auch Märzenbecher genannte Art ist giftig. Bienen und Tagfalter bestäuben die Blüten, die im Alpenvorland den Vorfrühlingsbeginn anzeigen.

Frühlings-Krokus *Crocus vernus* (L.) Hill.

Schwertliliengewächse, Iridaceae. **Merkmale:** ✻ II–IV; 8–15 cm. Perigonzipfel weiß, auch hell- oder dunkelviolett, 17–27 mm lang, 3–8 mm breit. Perigon mit langer Röhre. Griffel sehr lang; Narben zerschlitzt, erreichen nicht die Staubbeutel. Blätter kahl, grundständig. Keine Zwiebeln, sondern Sproßknollen! **Standort:** Nährstoffreiche, frische Bergwiesen und -weiden; in den Alpen bis 2300 m. **Verbreitung:** Mittel- und Südeuropa.

Die Blüten sind proterandrisch und öffnen sich thermonastisch; Falterblume!

Weißes Waldvögelein, Großblütiges Waldvögelein
Cephalanthera damasonium (Mill.) Druce

Knabenkrautgewächse, Orchidaceae. **Merkmale:** ✳ V–VI; 20–60 cm. Blüten 3–10, creme- bis gelblichweiß, 15–20 mm lang, aufrecht; in gestreckter, lockerblütiger Traube. Blütenhüllblätter stumpflich, dicht zusammenneigend; vorderes Lippenglied breiter als lang, herzförmig bis oval. Fruchtknoten meist deutlich kürzer als die Tragblätter. Stengel aufrecht, mit locker stehenden, länglich-ovalen Blättern; diese sind zugespitzt, maximal 5mal so lang wie breit und besitzen zwischen 5 und 10 Nerven. **Standort:** Buchenwälder; nährstoffreiche, steinige Lehmböden, vor allem auf Kalk, werden bevorzugt; bis 1200 m. **Verbreitung:** Mittel-, West- und Südeuropa.

Zweiblättrige Kuckucksblume, Waldhyazinthe
Platanthera bifolia (L.) L. C. Rich. 3

Knabenkrautgewächse, Orchidaceae. **Merkmale:** ✳ VI–VII; 15–45 cm. Blütenstand langgestreckt, fast zylindrisch, traubig; Blüten weiß, stark duftend (»Waldhyazinthe«). Äußere Perigonblätter abstehend, innere einen Helm bildend; Lippe linealisch und ungeteilt. Sporn lang fadenförmig, gleichmäßig dünn, 1,5–2mal so lang wie der Fruchtknoten. Staubbeutelfächer parallel. Basale Blätter 2 (selten 3), groß, glänzend dunkelgrün, verkehrt-eiförmig, nahe der Basis des Stengels; übrige Stengelblätter sehr klein. **Standort:** Lichte Wälder und Gebüsche, Magerrasen; auch mit Nadelgehölzen vergesellschaftet. Kalkhaltige Böden werden bevorzugt; bis 2000 m. **Verbreitung:** Ganz Europa (im Mittelmeerraum seltener), große Teile Asiens und Nordafrikas.
Der lange Sporn, tief liegender Nektar und die auffällige Duftstoffproduktion weisen auf eine Bestäubung durch langrüsselige Nachtfalter hin. Duftdrüsen liegen in großer Anzahl auf der Lippe und auf den vorderen Rändern der beiden seitlichen inneren Blütenhüllblätter, also genau an den Stellen, die den bestäubenden Insekten als (Nah-)Orientierungshilfe auf dem Weg zum Nektar dienen können.

Weißzunge *Pseudorchis albida* (L.) A. u. D. Löve 2

Knabenkrautgewächse, Orchidaceae. **Merkmale:** ✳ V–IX; 10–30 cm. Blütenähre schmal, 2–6 cm lang. Blüten weiß (bis gelblichweiß), 3–5 mm lang, nickend, schwach duftend; Blütenhüllblätter helmförmig zusammenneigend. Blätter länglich-verkehrt-eiförmig. **Standort:** Wiesen, grasige Hänge; kalkfreie, saure Silikatmagerrasen; bis 2300 m. **Verbreitung:** Alpenbereich und Schleswig-Holstein; selten im Alpenvorland und in den Mittelgebirgen; sonst in den eher ozeanisch beeinflußten Gebieten Europas. Ostamerika.
Die Blüten werden vornehmlich von Faltern bestäubt.

Echte Sumpfwurz *Epipactis palustris* (L.) Crantz 3

Knabenkrautgewächse, Orchidaceae. **Merkmale:** ✳ VI–VIII; 30–50 cm. Lippe weiß, rötlich geadert, 10–20 mm lang; vorderes Lippenglied beweglich, leicht abbrechend, vom hinteren, beiderseits geöhrten Glied durch einen tiefen Einschnitt getrennt. Perigonblätter abstehend. Fruchtknoten auf gedrehtem Stiel, selbst nicht gedreht. Blätter länglich-lanzettlich. Rhizom verzweigt. **Standort:** Sumpf- und Moorwiesen, Binsensümpfe und Pfeifengrasbestände *(Molinia caerulea)*; vor allem in Kalkgebieten. **Verbreitung:** Im größten Teil Europas mit Ausnahme des äußersten Nordens; Westasien.
Insekten- (Bienen, Wespen) oder Selbstbestäubung.

Deutsches Geißblatt *Lonicera periclymenum* L.

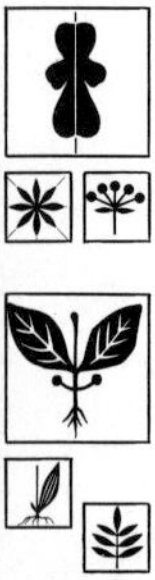

Geißblattgewächse, Caprifoliaceae. **Merkmale:** ✻ VI–VIII; 1–3 (5) m. Kriechend-windender Strauch (Rechtswinder); junge Achsen und Blätter (unterseits) behaart. Blätter 4–10 cm lang, eiförmig-lanzettlich, kurz gestielt; Hochblätter – wie alle Blätter – nicht verwachsen. Blüten gelblichweiß, 4–5 cm lang, in endständigen, kopfigen Quirlen; diese deutlich gestielt. Blüten intensiv duftend! Beerenfrüchte nicht verwachsen, schwach bis mäßig giftig. **Standort:** Schläge, Gebüsche, Waldränder; bodensaure (Eichen-, Birken-) Wälder, Nadelholzforste, buschige Hänge; kalkmeidend; in mild-humider Klimalage. **Verbreitung:** Ozeanisch-subatlantische Art West-, Mittel- und Südeuropas; nordöstlich bis Südschweden; in Küstennähe und etwas landeinwärts.

Die waagrechten oder hängenden, engen Röhrenblüten werden von langrüsseligen Nachtfaltern (Schwärmern) bestäubt; darauf weisen auch die Blütenfarbe, der Parfümgeruch und der tief verborgene Nektar hin. Die mäßig giftigen Früchte werden durch Vögel verbreitet.

Rote Heckenkirsche *Lonicera xylosteum* L.

Geißblattgewächse, Caprifoliaceae. **Merkmale:** ✻ V–VI; 1–2 m. Blätter gegenständig, breit-oval, beiderseits flaumig behaart (auch junge Zweige und Blütenstiele z.T. zottig behaart), oberseits dunkelgrün, unterseits heller, 2–6 cm lang. Krone meist weiß, später beim Abblühen gelb verfärbend, 10–15 mm lang; Fruchtknoten je zweier Blüten nur am Grunde verwachsen, der gemeinsame Blütenstiel ist wenig länger als die Krone. Frucht: »Doppel«beere; jedoch nicht verwachsen, scharlachrot, ungenießbar. **Standort:** Gebüsche, krautreiche Laub- oder Nadelmischwälder; Hecken, Zäune; kalkhold. **Verbreitung:** Europa mit Ausnahme des extremen Nordens, des extremen Südens und einiger Inseln; Westasien.

Die Blüten dieser Pflanze werden vorwiegend von Hummeln bestäubt; die giftverdächtigen Früchte, die Xylostein und Gerbstoffe enthalten, werden durch Vögel verbreitet. Für den Menschen besteht Vergiftungsgefahr nur bei Aufnahme größerer Mengen.

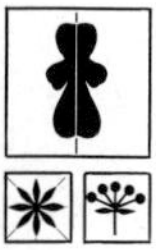

Wiesen-Augentrost *Euphrasia rostkoviana* Hayne.

Braunwurzgewächse, Scrophulariaceae. **Merkmale:** ✳ VI–X; 5–25 cm. Blüten 10–15 mm lang, weiß mit mehr oder weniger violetter Oberlippe und gelbem Unterlippenfleck. Staubblätter 4; Kelch 4zähnig. Blätter knapp 1 cm, ungestielt, eiförmig-länglich, wie der gesamte Blütenstand dicht drüsenhaarig. Stengel unterhalb der Mitte verzweigt. **Standort:** Magerrasen, Berg-, Heide- und Moorwiesen, Schafweiden; bis 2300 m. **Verbreitung:** Schwerpunkt im mittel-, west- und südeuropäischen Raum.
Der Wiesen-Augentrost gehört zu den Hemiparasiten (Halbschmarotzern), die die Wurzeln anderer Pflanzen anzapfen, um in den Besitz von Wasser und Nährsalzen zu gelangen. Die Heilwirkung der Pflanze wird auch heute noch bei Augenleiden genutzt (Name!).

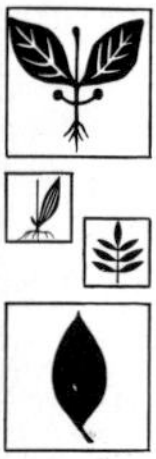

Weiße Taubnessel *Lamium album* L.

Lippenblütengewächse, Lamiaceae. **Merkmale:** ✳ IV–X; 20–60 cm. Mehrjährige Pflanze mit 20–25 mm langen, weißen Blüten. Kronröhre länger als der Kelch, innen mit schrägem Haarring; gekrümmt. Oberlippe mit langen Haaren. Blätter lang zugespitzt, scharf gesägt, gestielt, 3–7 cm lang. Unterirdische Ausläufer. **Standort:** Wegränder, Zäune, Mauern, Gräben, Hecken, Viehläger, Schuttplätze; bis 1800 m. **Verbreitung:** Eurasiatisch.
Die Weiße Taubnessel ist ein Kriechpionier und Stickstoffzeiger; ihre Blüten werden vorwiegend von Hummeln bestäubt, daneben tritt auch Selbstbestäubung auf. Die Blüten wurden schon im Mittelalter zu Heilzwecken verwendet (Tuberkulose, Infektionen der Atmungswege usw.).

Immenblatt *Melittis melissophyllum* L.

Lippenblütengewächse, Lamiaceae. **Merkmale:** ✳ V–VII; 20–50 cm. Blüten weiß oder rosa, rotgefleckt, 20–45 mm lang(!), zu 2–6 in den Achseln laubartiger Hochblätter, mehr oder weniger einseitswendig. Blütenkrone mit breiten, abstehenden Lappen, trichterförmig geöffnet; Kelch groß, glockig, 2lippig, häutig, mit 4–5 stumpfen Zipfeln, Kronröhre weit aus dem Kelch hervorragend. Stengelblätter gestielt, eiförmig, am Grund abgerundet, grob gekerbt, 5–8 cm lang. Blattstiele, Blätter und Stengel meist dicht und weich behaart. Fruchttyp: Bruchfürchte (»Klausen«). **Standort:** Gebüsche, Waldränder, lichte Laub- und Nadelwälder; auf kalkhaltigen Böden. **Verbreitung:** Mitteleuropa, westliches Osteuropa und nördlicher Teil Südeuropas.
Insektenbestäubung (Name!). Die Samen keimen nur bei Dunkelheit.

Gewöhnlicher Wolfstrapp *Lycopus europaeus* L.

Lippenblütengewächse, Lamiaceae. **Merkmale:** ✳ VII–IX; 20–100 cm. Blätter grob gezähnt bis fiederlappig, höchstens an der Basis fiederteilig, mit stumpfen Abschnitten und Buchten; meist unter 4 cm breit. Stengel ästig. Blüten quirlartig in den Blattachseln der oberen Blattpaare sitzend; Kelchzähne länger als Kelchröhre, 1,6–2,5 mm lang, behaart. Krone weiß, 4–6 mm lang. **Standort:** Gräben, Ufer, Röhrichte, Großseggenrieder, Erlenbrüche. **Verbreitung:** Europa, Westasien. Nach Nordamerika verschleppt.
Die Blüten sind vormännlich und werden meist von Fliegen bestäubt; neben Wasser- und Klettverbreitung kommt Selbstverbreitung durch Ausläufer vor. Auf Äckern ist die Art ein Nässezeiger. Die Pflanze enthält den Bitterstoff Lycopin; sie findet bei Schilddrüsenerkrankungen (Behandlung von Basedow-Krankheit) und allgemeiner Nervosität Verwendung.

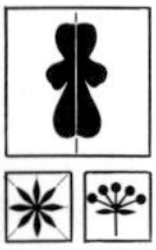

Weißer Steinklee *Melilotus alba* Med.

Schmetterlingsblütengewächse, Fabaceae. **Merkmale:** ✳ V–VIII; 30–120 cm. 1–2jährige, aufrechte Pflanze mit weißen Blüten in langen endständigen Trauben. Blüten 4–5 mm lang; Fahne länger als die Flügel. Hülse 3–5 mm lang, stumpf, schwärzlich, netznervig, kahl. Fiederblätter mit 6–12 Paaren von Seitennerven und ebenso vielen, oft etwas undeutlichen Zähnen; in der Mitte gewöhnlich am breitesten. Nebenblätter ganzrandig. **Standort:** Wegränder, Äcker, Bahndämme, Schuttplätze, Kiesgruben (Ruderalpflanze). **Verbreitung:** Fast ganz Europa; im Norden möglicherweise nur eingebürgert.
Praktische Bedeutung kommt dieser Art als Heil- und Nutzpflanze, als Bienenweide und Gründüngung zu.

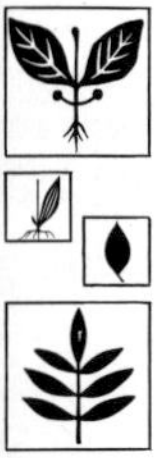

Weiß-Klee *Trifolium repens* L.

Schmetterlingsblütengewächse, Fabaceae. **Merkmale:** ✳ V–X; 5–20 (50) cm. Blütenköpfchen mit gestielten, weißen (in verblühtem Zustand hellbraunen) Einzelblüten; Kelch 10nervig. Nebenblätter trockenhäutig, mit rotvioletter und grüner Nervatur, in eine grannanrtige Spitze auslaufend. Stengel weit kriechend und an den Knoten wurzelnd. **Standort:** Fettwiesen, Parkrasen, Gärten, Grasplätze, Wegränder; bis 2200 m. **Verbreitung:** Ganz Europa; in gemäßigten Zonen weltweit.
Der Weiß-Klee ist ein alter Kulturbegleiter; er wird als Bienenweide und wintergrüne Futter- und Weidepflanze genutzt. Die kriechenden Achsen ermöglichen der Pflanze, selbst in mehrschürigen Wiesen oder sogar in Rasengesellschaften zu überleben. Die Pflanze bevorzugt gedüngte Standorte und gilt als Stickstoffzeiger.

Robinie *Robinia pseudoacacia* L.

Schmetterlingsblütengewächse, Fabaceae. **Merkmale:** ✳ V–VI; 15–25 m. Blüten weiß, in hängenden Trauben. Blätter gefiedert, mit 9–17 eiförmigen Fiederblättchen; Nebenblätter zu Dornen umgewandelt. Junge Äste anfangs kurz behaart, später verkahlend. **Standort:** An Straßen, Alleen, Parkanlagen; meist forstlich eingebracht und oft verwildert. **Verbreitung:** Die Art stammt aus dem östlichen Nordamerika, wurde 1601 durch J. Robin nach Paris eingeführt und zeigt eine submediterran-kontinentale Ausbreitungstendenz. In Süd- und Westeuropa ist sie inzwischen voll eingebürgert.
Die Blätter reagieren ähnlich wie die der Mimose auf Licht-, Berührungs- und Wundreize (nur schwächer). Abends senken sich die Blattspreiten (nyktinastische Bewegung!). Insektenbestäubung, Vögel- oder Windverbreitung.

Gewöhnliche Roßkastanie *Aesculus hippocastanum* L.

Roßkastaniengewächse, Hippocastanaceae. **Merkmale:** ✳ IV–V; bis 25 m. Kronblätter 5, weiß, gelb und rot gefleckt. Blätter gefingert; Blättchen sitzend. Knospen klebrig. Frucht derb-stachelig, bis 6 cm Durchmesser. **Standort:** Park- und Straßenbaum, auch forstlich genutzt. **Verbreitung:** Die Roßkastanie stammt aus den Schluchtwäldern des östlichen Balkans; außer im äußersten Norden wird sie (extensiv) in fast ganz Europa angepflanzt.
Hummeln bestäuben die protogynen Blüten. Die Früchte liefern ein wichtiges Heilmittel, das bei Erkrankungen der Venen und Lymphgefäße, auch bei Gastritis verwendet wird. Die grüne Fruchtschale ist giftig!

Ährige Teufelskralle *Phyteuma spicatum* L.

Glockenblumengewächse, Campanulaceae. **Merkmale:** ✳ V–VII; 20–80 cm. Pflanze mehrjährig, unverzweigt. Blütenstand anfangs eiförmig, später länglich-ährenförmig, zur Reife oft eine Länge von 12 cm erreichend. Blüten gelblichweiß; Kronzipfel oben verbunden. Grundblätter lang gestielt, herzförmig, doppelt gekerbt-gesägt; Stengelblätter ungestielt, lineal-lanzettlich. **Standort:** Laub- und Nadelmischwälder; Bergwiesen; bis 2100 m. **Verbreitung:** Fast ganz Europa; in Skandinavien eingebürgert.

Gänseblümchen *Bellis perennis* L.

Korbblütengewächse, Asteraceae. **Merkmale:** ✳ II–XI; 3–20 cm. Mehrjährige Rosettenpflanze. Blütenköpfe einzeln auf unbeblätterten Stengeln; Zungenblüten weiß, bisweilen rötlich; Röhrenblüten gelb. Hüllblätter stumpf-lanzettlich. Frucht ohne Haarkelch (Pappus). Rosettenblätter spatelförmig bis verkehrt-eiförmig, in den breiten, kurzen Stiel verschmälert. **Standort:** Weiden, Wiesen, Parkrasen, Wegränder. **Verbreitung:** Ganz Europa.
Da die Blattrosetten (einschließlich der Blütenknospen) beim Wiesenschnitt kaum geschädigt werden, vermag das Gänseblümchen auch in regelmäßig gemähten Kurzrasengesellschaften zu überleben. Hier findet oft auch eine Massenentwicklung statt, während das Gänseblümchen als wärmeliebende Lichtpflanze in (höheren) ein- bis zweischürigen Wiesen benachteiligt ist. Insektenbestäubung, Windverbreitung (»Windstreuer«, Anemochorie).

Wiesen-Wucherblume, Margerite *Leucanthemum vulgare* Lam.

Korbblütengewächse, Asteraceae. **Merkmale:** ✳ V–IX; 20–80 cm. Blütenköpfe einzeln, langgestielt, mit länglich-lanzettlichen, grünen Hüllblättern (mit bräunlichem, trockenhäutigem Rand). Zungenblüten weiß, Röhrenblüten gelb; ohne Pappus. Obere Stengelblätter kürzer als die Stengelglieder, ungeteilt, spatelförmig, gekerbt-gesägt, halbstengelumfassend; Grundblätter gestielt. **Standort:** Wiesen, Grasplätze, Wegränder, sonnige Abhänge; Felsen; bis in Höhenlagen von über 2300 m. **Verbreitung:** Ganz Europa mit Schwerpunkt in den westlicheren Gebieten.
Neben Fliegen-, Käfer- und Falterbestäubung kommt auch Selbstbestäubung vor; die Früchte werden durch den Wind ausgestreut oder durch Pflanzenfresser (Verdauungsverbreitung) verbreitet.

Zottiges Franzosenkraut *Galinsoga ciliata* (Rafin.) Blake

Korbblütengewächse, Asteraceae. **Merkmale:** ✳ V–X; 10–80. cm Pflanze 1jährig; Stengel mehr oder weniger dicht abstehend borstig bis grauzottig. Blätter gegenständig, ziemlich grob entfernt gezähnt. Köpfchenstiele lockeranliegend behaart sowie zahlreiche rote Drüsenhaare. Zungenblüten weiß, meist 5; Zunge der Randblüten mindestens so lang wie der halbe Durchmesser der Scheibe; Pappus der Zungenblüten gut entwickelt, 1reihig. Spreublätter (auf dem Köpfchenboden!) ungeteilt, lineallanzettlich. **Standort:** Äkker, Gärten (Hackkulturen), Weinberge; vor allem auf sandig-lehmigen, stickstoffreichen Böden; frische Ruderalstellen. **Verbreitung:** Diese Art stammt ursprünglich aus Mittel- und dem andinen Südamerika und zeigt eine subatlantisch-submediterrane Ausbreitungstendenz. In Mitteleuropa ist sie seit 1850 eingebürgert und tritt als Neophyt in vielen Gegenden auf. Derzeitiges Areal: Gemäßigte Zonen Ost- und Westamerikas sowie Europas. Therophyt mit Wind- oder Klettverbreitung.

Wald-Sanikel *Sanicula europaea* L.

Doldengewächse, Apiaceae. **Merkmale:** ✳ V–VII; 30–45 cm. Grundblätter immergrün, handförmig 3–5teilig, lang gestielt; Abschnitte grob gezähnt. Stengelblätter fast sitzend, deutlich kleiner. Blüten in endständiger, zusammengesetzter Dolde mit kleinen köpfchenförmigen Döldchen. Hüllblätter grünlich, unscheinbar; Krone weiß (auch gelblich), 3 mm breit. Frucht kugelig, stachelig, 4–5 mm breit. **Standort:** Schattige, krautreiche Laubwälder (vor allem Buche, Eiche); kalkhaltige Böden werden bevorzugt; bis in Höhen von 1300 m. **Verbreitung:** Tropisches und gemäßigtes Asien, Afrika, Europa (im Süden nur in Gebirgen!).
Bei dieser Art handelt es sich um ein Tertiärrelikt! Früher – vor allem im Mittelalter – galt die Pflanze als Heilpflanze: Wurzeln und Blätter enthalten Saponine, Gerbstoffe, ätherische Öle und einen Bitterstoff. Man verwendete den Extrakt als blutstillendes Mittel, für eiternde Wunden und als Gurgelwasser.

Große Sterndolde *Astrantia major* L.

Doldengewächse, Apiaceae. **Merkmale:** ✳ VI–VIII; 30–100 cm. Blüten in einfachen (!) Dolden, die von auffälligen, derben, grünlich oder hellrot gefärbten Hüllblättern umgeben sind; diese 3–5nervig, meist doppelt so lang wie die Blüten. Grundblätter tief handförmig geteilt; seitliche Abschnitte untereinander bis mindestens zu ⅓ verwachsen; mittlere Abschnitte nur am Grund mit angrenzenden Seitenabschnitten verwachsen. **Standort:** Bergwiesen, Gebüsche, krautreiche Wälder, Auen- und Schluchtwälder; kalkholde Art, die humide Klimalagen bevorzugt. Besonders im Gebirge; bis in Höhen von 1900 m. **Verbreitung:** Mitteleuropa bis Nordspanien, Mittelitalien, Bulgarien und Weißrußland.
Durch die auffälligen Hoch- oder Hüllblätter erhöht sich die optische Wirkung des Blütenstandes auf die bestäubenden Insekten. Die Fremdbestäubung wird durch Vorweiblichkeit (Proterogynie) gewährleistet.

Wald-Engelwurz, Wald-Brustwurz *Angelica sylvestris* L.

Doldengewächse, Apiaceae. **Merkmale:** ✳ VII–IX; 50–150 (200) cm. Stengel wenigstens unten stielrund, mehr oder weniger bereift, fast kahl. Blätter doppelt gefiedert, dunkelgrün; Blattabschnitte eiförmig-lanzettlich (bis elliptisch), 6–12 cm lang, fein gesägt. Blattstiel und Blattspindel oberseits rinnig. Blattscheiden groß, bauchig aufgeblasen. Dolde 20–40strahlig, Doldenstiele in ganzer Länge zottig-flaumig; Hüllblätter 0–3, Hüllchenblätter zahlreich. Kronblätter weiß (oder rötlich), vor dem Aufblühen grünlich. Frucht oval, 4–6 mm lang. **Standort:** Nährstoffreiche Feuchtwiesen, Auenwälder (Erle), Säume, Gebüsche; auch Flachmoore. **Verbreitung:** Nordisch-eurasiatisch; fast ganz Europa, bis Sibirien.
Die ganze Pflanze enthält ätherische Öle (außerdem Cumarine), deren Wirkung als Kräftigungsmittel, bei Rheumatismus (Einreibung!), bei Arthritis, Hautentzündungen und auch Magengeschwüren seit langem genutzt wird. Außerdem werden die ätherischen Öle als Inhaltsstoffe für mehrere Liköre verwendet. Bei hohen Konzentrationen können jedoch Vergiftungserscheinungen auftreten.

Kleine Bibernelle *Pimpinella saxifraga* L.

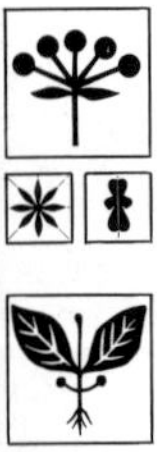

Doldengewächse, Apiaceae. **Merkmale:** ✳ VI–X; 5–75 cm. Stengel stielrund oder kantig, fein gerillt; oberwärts nur fast spreitenlose Blattscheiden tragend. Blätter einfach gefiedert; Fiedern der Grundblätter eiförmig-stumpflich, 10–15 mm lang, mattgrün; Fiedern der Stengelblätter linealisch. Blüten weiß (oder rosa); Griffel nach dem Abblühen kürzer als die junge Frucht. **Standort:** Silikat-Magerrasen, Heiden, Trockenwälder (Kiefer), Trockengebüsch. **Verbreitung:** Europa außer im extremen Süden und den meisten Inseln; Westasien.

Die bis 1,3 m tief wurzelnde Pflanze besitzt einen hohen Futterwert. Ihre (frühere) Bedeutung als Arzneipflanze geht auf in der Wurzel enthaltene ätherische Öle, Gerbstoffe und Harze zurück, die u.a. magenstärkend und diuretisch wirken. Entsprechende Tinkturen werden bei Angina, Bronchitis, auch gegen Kopfschmerzen und Nasenbluten eingesetzt.

Wiesen-Kerbel *Anthriscus sylvestris* (L.) Hoffm.

Doldengewächse, Apiaceae. **Merkmale:** ✳ IV–VIII; 60–150 cm. Blätter 2-3fach gefiedert; Fiederblättchen lanzettlich, zugespitzt; Stengel hohl, gefurcht, unten behaart, oben kahl. Pflanze mehrjährig. Blüten weiß, in 4–15strahligen Dolden; Randblüten wenig vergrößert. Hüllblätter fehlend; Hüllchenblätter 1–5 (8). Frucht 5–10 mm lang, länger als ihr Stiel, glatt, dunkelbraun. **Standort:** (Fett-)Wiesen, Hecken, Wegränder, Gebüsche, Waldränder; gern im Schatten von Obstbäumen; bis in Höhenlagen von 2400 m. **Verbreitung:** Fast ganz Europa; im Mittelmeergebiet jedoch selten.

Die relativ unspezifischen Blüten werden wie bei den meisten Doldengewächsen vorwiegend von Fliegen und Käfern bestäubt.

Wiesen-Bärenklau *Heracleum sphondylium* L.

Doldengewächse, Apiaceae. **Merkmale:** ✳ VI–X; 30–180 cm. Stengel kantig, gefurcht, rauhhaarig, bis 20 mm stark. Grundblätter im Umriß rundlich bis eiförmig, 20–50 cm lang; Stengelblätter einfach gefiedert oder fiederteilig, mit eiförmig-lanzettlichen Fiederblättchen. Blattscheiden stark aufgeblasen. Dolde groß, 15–30strahlig; Dolden- und Döldchenstrahlen weichhaarig. Blüten weiß; Randblüten der Döldchen deutlich vergrößert (sie verlieren dadurch die normale Radiärsymmetrie und werden monosymmetrisch). Hülle fehlend; Hüllchenblätter lanzettlich. Frucht 7–11 mm lang, flach, breit geflügelt, mit deutlichen Ölstriemen. Spaltfrucht (wie für die ganze Familie typisch). **Standort:** Fettwiesen, Gräben, Ufer, Gebüsche; Weg- und Waldränder; Auenwälder, Hochstaudenfluren; bis in mittlere Gebirgslagen. **Verbreitung:** Ganz Europa mit Ausnahme des äußersten Nordens und großen Teilen des Mediterrangebietes; bis in den asiatischen Raum.

Durch die doldigen Blütenstände und zusätzlich durch die vergrößerten Randblüten erhöht sich die optische Attraktivität der Blüten, die von Fliegen und Bienen bestäubt werden. Der Bärenklau gilt als Nährstoff- und Überdüngungszeiger.

Wiesen-Kümmel *Carum carvi* L.

Doldengewächse, Apiaceae. **Merkmale:** ✳ V–VII; 30–80 cm. Blätter 2–3fach gefiedert, kahl, im Umriß schmal; basale Fiederchen kreuzen sich nahe der Blattspindel (»Malteserkreuz«). Blätter beim Zerreiben aromatisch riechend. Blattscheiden häutig berandet. Wurzel spindelförmig. Dolden 5–15strahlig. Hülle fehlend (selten 1 Blättchen); Hüllchen meist fehlend oder wenigblättrig. **Standort:** Frische Fettwiesen und -weiden, Wegränder; in kühl-humider Klimalage; bis in Höhen von 1900 m. **Verbreitung:** Europa und Nordasien (bis Sibirien); fehlt im Mittelmeerraum.
Der Wiesen-Kümmel wird als Gewürz- und Arzneipflanze verwendet: Das ätherische Öl der Früchte enthält Cavon (für den Kümmelgeschmack verantwortlich) und Limonen. Das Öl wirkt u.a. krampfstillend und wird gegen Rheumatismus angewandt. Die Bestäubung erfolgt durch Fliegen und Käfer.

Wilde Möhre *Daucus carota* L.

Doldengewächse, Apiaceae. **Merkmale:** ✳ V–VIII; 50–80 cm. Dolden 3–7 cm groß, zur Blütezeit flach gewölbt. Doldenstrahlen zur Fruchtreife vogelnestartig zusammenneigend. In der Mitte der Dolde findet sich vielfach eine schwarz-purpurne »Mohrenblüte« (Name!). Blüten weiß, randständige oft vergrößert. Hüllblätter 7–13, fiederspaltig; Hüllchenblätter linealisch. Blätter 2–4fach gefiedert, behaart. Wurzeln verdickt. **Standort:** Wiesen, Äcker, Wegränder; Dämme, Steinbrüche; bis in Höhenlagen von 1100 m. **Verbreitung:** Ganz Europa; in gemäßigten Zonen weltweit verschleppt.
Die wärmeliebende Pflanze wird seit langer Zeit als Gemüse- und Heilpflanze kultiviert. Sie enthält zahlreiche Vitamine (neben C, B_1, B_2 besonders das Carotin als Provitamin A), Zucker (Glucose und Saccharose) und Pektin. Möhren haben einen hohen Nährwert. Ein Extrakt aus den Samen kann bei Blähungen verabreicht werden, Wurzelextrakte beschleunigen die Narbenbildung (Wunden, Geschwüre, vor allem Verbrennungen).

Hundspetersilie *Aethusa cynapium* L.

Doldengewächse, Apiaceae. **Merkmale:** ✳ VI–IX (X); 10–120 cm. Pflanze 2jährig. Blätter 2–3fach gefiedert, oberseits dunkelgrün, unterseits heller grün, beiderseits glänzend (im Gegensatz zur echten Petersilie!). Stengel rund kahl, oft etwas bereift, wie die Blätter beim Zerreiben unangenehm riechend. Blüten weiß; Hüllchen 3–4blättrig, zurückgeschlagen, nur auf der Außenseite der Döldchen (einseitswendig!). **Standort:** Lehmige Äcker, Weinberge, Brachflächen, Gebüschsäume, Auenwälder, frische Ruderalstellen. **Verbreitung:** Europa; verschleppt. Selten im Mediterrangebiet.
Die Hundspetersilie ist ein Nährstoffzeiger und Kulturbegleiter seit der jüngeren Steinzeit. Zu beachten ist die Giftigkeit der Pflanze: Sie enthält neben Aethusin Spuren des Schierlingsgiftes (Coniin!).

Geißfuß, Giersch *Aegopodium podagraria* L.

Doldengewächse, Apiaceae. **Merkmale:** ✳ V–IX; 30–100 cm. Stengel kantig, gefurcht, hohl; unterirdische Ausläufer. Dolden 12–20 strahlig, mit kleinen, weißen Blüten. Hülle und Hüllchen fehlend. Blätter doppelt 3zählig; Fiederblättchen 1. Ordnung einem Ziegenfuß ähnelnd (Name!). Früchte kümmelähnlich, kahl. **Standort:** Hecken, Gebüsche, Gärten, Friedhöfe; Ufer, Schluchtwälder; bis 1500 m. **Verbreitung:** Fast ganz Europa; gemäßigt-kontinentale Gebiete des eurasiatischen Laubwaldgürtels.

Gewöhnlicher Wasserfenchel *Oenanthe aquatica* (L.) Poiret

Doldengewächse, Apiaceae. **Merkmale:** ✳ VI–VIII; 30–150 cm. Pflanze 2jährig; Stengel an der Basis oft bis 8 cm verdickt, aufrecht (Landform) oder aufsteigend (Wasserform). Blätter 2–3fach gefiedert; Fiedern eiförmig-lanzettlich. Abschnitte letzter Ordnung der Überwasserblätter 2–6 mm lang; in längliche, ungeteilte bis 3spaltige Zipfel auslaufend. Unterwasserblätter haarförmig zerschlitzt oder fehlend. Dolden 5–10-(15)-strahlig, kurz gestielt; Hüllblätter meist fehlend; Hüllchenblätter zahlreich. Frucht rundlich, scharfrippig, etwa 4 mm lang. **Standort:** Flache, nährstoffreiche Gewässer (z.T. austrocknend), Ufer, Verlandungsgesellschaften; bis 50 (100) cm Wassertiefe. **Verbreitung:** Europa mit Ausnahme des äußersten Nordens; Westasien.
Die Blüten dieser Art werden von Insekten bestäubt; für die Fruchtverbreitung existieren mehrere Mechanismen: Klettverbreitung, Selbstverbreitung durch Ausläufer, Wasservogelverbreitung. Die Samen sind giftig.

Sumpf-Haarstrang *Peucedanum palustre* (L.) Moench

Doldengewächse, Apiaceae. **Merkmale:** ✳ VII–VIII; 60–150 cm. Stengel kantig gefurcht, röhrig-hohl, purpurrot. Grundblätter 3fach gegliedert, mit schmal-linealen, am Rande rauhen Fiedern. Stengelblätter 2–3fach gefiedert; Blattzipfel lineal-lanzettlich, weißspitzig. Blattstiel hohl, mit Milchsaft. Dolde 15–30strahlig; Hüll- und Hüllchenblätter breit hautrandig, erstere zurückgeschlagen. Kelch deutlich 5zähnig. **Standort:** Nasse, mesotrophe Großseggenrieder, Moorwiesen, Erlenbrüche. **Verbreitung:** Europa, fehlt im Südwesten, Süden und auf vielen Inseln (nordisch-eurasiatisch); Westasien.
Verlandungspflanze mit Wind- oder Wasserverbreitung.

Wasserschierling *Cicuta virosa* L.

Doldengewächse, Apiaceae. **Merkmale:** ✳ VII–IX; 60–120 cm. Stengel stark ausgehöhlt, kaum gerillt. Rhizom dick, hohl, durch Querwände gekammert. Blätter 2–3fach gefiedert; Blattstiele hohl; Fiederblätter scharf gesägt, lanzettlich, bis 8 cm lang. Dolden 15–25strahlig, reichblütig; Hülle fehlend; Hüllchenblätter zahlreich. **Standort:** Nasse Verlandungsbereiche an Gräben, Teichen, Seeufern; Altwässer, Tümpel, Großseggenbestände. **Verbreitung:** Nordisch-eurasiatisch, vor allem nördlich von 45° nördl. Breite.
Die proterandrischen Blüten werden von Insekten bestäubt (meist Fliegen). Der Wasserschierling gehört zu den gefährlichsten Giftpflanzen; Die gesamte Pflanze, vor allem das Rhizom, enthält Cicutoxin und Cicutol; beide Verbindungen lähmen das Nervensystem, führen zu Muskelkrämpfen und zur Atemlähmung. Schon nach einer Stunde kann der Tod eintreten.

Breitblättriger Merk *Sium latifolium* L.

Doldengewächse, Apiaceae. **Merkmale:** ✳ VII–VIII; 50–120 cm. Stengel tief gefurcht; Wurzeln fadenförmig. Überwasserblätter einfach gefiedert, mit scharf gesägten, schieflanzettlichen Abschnitten; Tauchblätter 2–3fach gefiedert, mit linealischen Zipfeln. Dolden 15–25strahlig, endständig; Kelchblätter ansehnlich; Hüllblütter weiß hautrandig, ungeteilt. Frucht länglich-eiförmig, 4 mm lang. **Standort:** Röhrichte stehender und langsam fließender Gewässer, Gräben, Schlammböden. **Verbreitung:** Europa mit Ausnahme großer Teile des Mittelmeerraumes und des Westens; Westasien.
Die Blüten werden von Fliegen bestäubt; neben Wasserverbreitung kommt Selbstverbreitung durch Wurzeladventivknospen vor.

Wiesen-Schafgarbe *Achillea millefolium* L.

Korbblütengewächse, Asteraceae. **Merkmale:** ✳ V–X; 15–80 cm. Pflanze aromatisch duftend. Blütenköpfe in dichten Doldenrispen; Röhren- und Zungenblüten weiß, oft rosa oder rötlich; Hüllblätter mit bräunlichschwarzem Rand, länglich. Blätter wechselständig, regelmäßig doppelt fiederteilig; mit kurzen, linealischen, spitzen Zipfeln. Stengel aufrecht, beblättert. **Standort:** Wiesen, Weiden, Grasplätze, Halbtrockenrasen, Acker- und Wegränder, Kulturland. **Verbreitung:** Ganz Europa; nahezu kosmopolitisch.
Die Art ist ein Wurzelkriecher und trägt zur Befestigung des Bodens bei. Bereits im Altertum wurde sie als Heil- und Nutzpflanze verwendet. Alle Teile enthalten ätherische Öle und Bitterstoffe, die antiseptisch, schleimlösend und verdauungsfördernd wirken. Blüten und Blätter werden als Tee gesammelt.

Geruchlose Kamille *Matricaria maritima* L.

Korbblütengewächse, Asteraceae. **Merkmale:** ✳ VI–X; 10–45 cm. Stengel niederliegend bis aufsteigend oder aufrecht, vom Grund an verzweigt. Blätter 2–3fach fiederteilig; mit langen, dünnen, oft etwas fleischigen Abschnitten. Blütenköpfe lang gestielt, 2–4 cm breit, mit bis zu 30 weißen Zungen- und gelben Röhrenblüten. Köpfchenboden halbkugelig, markerfüllt(!). **Standort:** Nährstoffreiche Äcker, frische bis mäßig trockene Ruderalstellen, Dünen (Archaeophyt). **Verbreitung:** Europa, besonders auch die Küsten Nord- und Westeuropas; bis Westsibirien.
Im Gegensatz zur Echten Kamille (mit hohlem, kegelförmigem Köpfchenboden) ist die vorliegende Art fast geruchlos (Name!).

Echte Kamille *Chamomilla recutita* (L.) Rauschert

Korbblütengewächse, Asteraceae. **Merkmale:** ✳ V–VIII (IX); 15–40 cm. Pflanze aromatisch riechend; Blätter 2–3fach fiederteilig; mit schmal-linealischen Zipfeln. Blütenköpfe 10–25 mm breit, lang gestielt; mit weißen, zuletzt zurückgeschlagenen Zungenblüten; Röhrenblüten 5zähnig; Köpfchenboden kegelförmig, hohl(!), ohne Spreublätter (im Gegensatz zur Hundskamille, *Anthemnis*). **Standort:** Sandig-lehmige, meist etwas saure Äcker, Getreidefelder; frische Ruderalstellen, an Wegen; Archaeophyt. **Verbreitung:** Fast ganz Europa, aber nur im Süden und Osten heimisch, sonst eingebürgert.
Die Echte Kamille ist bereits seit der jüngeren Steinzeit ein Kulturbegleiter; seit der Antike wird sie als Arzneipflanze verwendet. Der Blütenextrakt enthält Flavonderivate und Cumarin (u. a.) und wirkt krampflösend, wundheilend, magenstärkend sowie gegen Allergien.

Silberdistel *Carlina acaulis* L.

Korbblütengewächse, Asteraceae. **Merkmale:** ✳ VII–IX; 3–30 cm. Stengel meist 1köpfig; Köpfchen 4,5–10 cm breit. Innere Blütenhüllblätter silberweiß, 3–4 cm lang (Name!); nur Röhrenblüten (weißlich oder rosa); Pappus 10–15 mm lang, doppelt so lang wie die Frucht. Laubblätter 8–30 cm lang, rosettig gehäuft, deutlich buchtig-fiederteilig, dornig. **Standort:** Magerrasen, submediterrane Halbtrockenrasen, Silikatmagerrasen, Böschungen, lichte Wälder; bis 2300 m. **Verbreitung:** Europa: Zentralfrankreich bis Weißrußland und Zentralspanien bis Nordgriechenland sind die Arealgrenzen.
Die Silberdistel gehört zu den Weidepflanzen und Weideanzeigern (Extensivweiden); die Bestäubung erfolgt durch Bienen, Hummeln und Käfer, die Fruchtverbreitung durch den Wind oder durch Vögel.

Zottiges Weidenröschen *Epilobium hirsutum* L.
Nachtkerzengewächse, Onagraceae. **Merkmale:** ✻ VI–IX; 50–150 cm. Stengel stielrund, ästig; abstehend bis zottig, z.T. drüsig behaart. Blätter 6–12 cm lang, halbstengelumfassend, scharf gezähnt-gesägt, schwach herablaufend, weichhaarig. Krone 15–23 mm breit, tiefrosa, Kronblätter 10–20 mm lang; Narbe 4spaltig; Kelchblätter stachelspitzig. **Standort:** Nasse, nährstoffreiche Staudenfluren an Bächen, Gräben, Quellen, Flüssen; auf feuchten Wiesen. **Verbreitung:** Gemäßigte Regionen Eurasiens; teilweise in Afrika; verschleppt.

Berg-Weidenröschen *Epilobium montanum* L.
Nachtkerzengewächse, Onagraceae. **Merkmale:** ✻ VI–IX; 10–80 cm. Pflanze ohne Ausläufer; Stengel aufrecht, stielrund. Blätter 4–7 cm lang, 1,5–3,5 cm breit, grasgrün, eiförmig-lanzettlich, mit abgerundetem, schwach herzförmigem Grund; dicht ungleich gezähnt. Mittlere Stengelblätter fast sitzend. Blüten 8–12 mm lang; Narbe 4spaltig; Kelch und junge Kapsel drüsenhaarig. **Standort:** Waldschläge und -säume, krautreiche Laub- und Nadelmischwälder, Waldwege, Gärten, Parkanlagen; von der Ebene bis in die subalpine Region. **Verbreitung:** Europa, Asien.
Selbstbestäubung; Windverbreitung.

Weg-Malve, Kleine Käsepappel *Malva neglecta* Wallr.
Malvengewächse, Malvaceae. **Merkmale:** ✻ VI–X; 10–50 cm. Pflanze 1jährig; Stengel niederliegend bis aufsteigend. Blätter rundlich, mit 3–5 abgerundeten Lappen. Kronblätter 8–12 mm lang, etwa 2–3fach so lang wie der Kelch, tief ausgerandet, blaßrosa bis weißlich; Kelchzipfel flach. Teilfrüchte – es handelt sich um Spaltfrüchte! – glatt, gelegentlich schwach runzelig, am Rand abgerundet; Fruchtstiele abwärts gebogen. **Standort:** Stickstoffreiche Ruderalstellen, Hackäcker, Gärten, Weinberge; Unkrautfluren, Weg- und Ackerränder. **Verbreitung:** Gemäßigt-kontinentale Regionen Europas und Westasiens; in kühl-gemäßigten Zonen inzwischen weltweit.
Die Weg-Malve (aufgrund der Früchte auch Kleine Käsepappel genannt) gilt als Stickstoffzeigerpflanze.

Gewöhnlicher Seidelbast *Daphne mezereum* L.
Seidelbastgewächse, Thymelaeaceae. **Merkmale:** ✻ II–V; 40–125 cm. Blüten rosa bis purpurrosa, lange vor den Laubblättern erscheinend, stark duftend; meist in 3ergruppen seitenständig am Stengel über den Narben der vorjährigen Blätter. Kelch 4zipflig, blumenblattartig entwickelt (die vermeintlichen Blüten werden nur von den gefärbten, zylindrischen Achsenbechern bzw. Kelchröhren gebildet – hier übernimmt der Kelch die Anlockungsfunktion!). Beerenfrüchte scharlachrot (selten gelblichweiß), erbsengroß. Blätter 4–9 cm lang, am Grund keilförmig verschmälert. **Standort:** Mischwälder, Laubwälder; Hochstaudenfluren, Felsschutt; auf kalkhaltigen, nährstoffreichen Böden; bis in Höhenlagen von 2000 m. **Verbreitung:** Eurasiatisch; in Europa mit Ausnahme der äußersten westlichen und nördlichen Gebiete.
Der Seidelbast gehört zu den ersten Frühjahrsblühern, die als Bodenpflanzen die günstige Lichtperiode vor dem Laubaustrieb der Bäume nutzen. Die leuchtend roten Früchte werden von Vögeln verbreitet; die Beeren sind – wie Blätter und Rinde – für den Menschen giftig und wirken brecherregend.

Glockenheide *Erica tetralix* L.

Heidekrautgewächse, Ericaceae. **Merkmale:** ✳ VI–IX; 15–50 cm. Blätter zu 3–4 in Scheinquirlen, nadelförmig, steifhaarig bewimpert, stumpf; Blattränder nach unten eingerollt. Blütenstand kopfigdoldig, 5–15blütig. Krone rosa (-rot); Staubblätter in der Krone eingeschlossen; Kelch kürzer als die Krone, ohne Außenkelch. **Standort:** Feuchtheiden, Wiesen, Heidemoore, Gebüsche und Moorwälder; auf Torf- und Gleypodsolböden; kalkmeidend. **Verbreitung:** Bei der Glockenheide handelt es sich um eine eu- bis subatlantische Art, die an ozeanisches Klima gebunden ist; demnach kommt sie von Portugal bis Südnorwegen und in Großbritannien in küstennahen Gebieten vor, bei uns vor allem in den nordwestdeutschen Heidegebieten.
Hautflügler, insbesondere Bienen, bestäuben die Blüten; die winzigen Samen (»Staubsamen«) werden durch den Wind verbreitet.

Rosmarinheide *Andromeda polifolia* L. 3

Heidekrautgewächse, Ericaceae. **Merkmale:** ✳ V–VIII; 5–30 cm. Zwergstrauch mit weit kriechender Grundachse. Blätter lineal-lanzettlich, unterseits weißlich; Rand nach unten umgerollt; wintergrün. Blüten 2–8, nickend, lang gestielt; Krone kugelig-eiförmig, rosa (selten weiß). Fruchtknoten oberständig; Frucht: Kapsel. **Standort:** Hochmoore und Zwischen- (Übergangs-) Moore; besonders auf Bulten; bis in Höhenlagen von 2000 m. **Verbreitung:** Nordisch-kontinental, zirkumpolar.
Die vorliegende Art ist ein Eiszeitrelikt, das meist mit Torfmoosen (Gattung *Sphagnum*) vergesellschaftet vorkommt. Blätter und Blüten enthalten ein giftiges Glykosid, das in der Pharmazie als blutdrucksenkendes Mittel eingesetzt wird. Selten kommt es zu Vergiftungen durch Rosmarinheide-Honig, da auch die Pollenkörner giftig sind. Meist werden die Blüten von Hautflüglern bestäubt; ferner kommt Selbstbestäubung vor.

Strand-Milchkraut *Glaux maritima* L.

Primelgewächse, Primulaceae. **Merkmale:** ✳ V–VIII; 3–20 cm. Stengel kriechend bis aufsteigend. Blätter fleischig-dicklich, lanzettlich, 4zeilig angeordnet, dachziegelig dichtstehend; gegenständig, 4–12 mm lang. Blüten blattachselständig, sitzend; Kronblätter fehlend; Kelch kronartig, rosa, glockig, 5teilig. **Standort:** Meeresküsten, feuchte Salzwiesen, Ufer(promenaden); auch Salzstellen im Binnenland. **Verbreitung:** Nordisch-eurasiatisch, zirkumpolar; litoral!
Die vorweiblichen (protogynen) Blüten werden durch Insekten bestäubt, auch Autogamie ist möglich. Früher wurde diese Art als Arzneipflanze genutzt.

Echtes Seifenkraut *Saponaria officinalis* L.

Nelkengewächse, Caryophyllaceae. **Merkmale:** ✻ VI–IX; 30–70 cm. Stengel aufrecht, feinflaumig, Ausläufer bildend. Blätter elliptisch, 3nervig, bis 10 cm lang. Blüten groß, endständig, dicht büschelig gehäuft, blaßrosa bis weiß; Kronblätter schwach ausgerandet, mit 2 Schlundschuppen. **Standort:** Mäßig trockene bis frische Ruderalstellen (Schuttplätze, Wegränder, Dämme, Ufer, Kiesbänke); Unkrautfluren, Auenlandschaften. Stromtalpflanze! **Verbreitung:** Europa bis Westsibirien.

Bei dieser Art handelt es sich um eine alte Nutz- und Heilpflanze: Ein Wurzelauszug wurde als Seife verwendet (Name!), Blätter und Wurzel kamen beim Wäschewaschen zur Anwendung. Der Wurzelstock enthält Saponine, die Blätter Saponarin und Vitamin C. Sowohl bei Erkrankungen der Luftwege, als auch bei Hauterkrankungen und Furunkulosen kann die Heilwirkung dieser Art genutzt werden. Die Blüten werden von Nachtfaltern bestäubt; die Fruchtkapseln öffnen sich durch einen (Ent-)Quellungsmechanismus.

Kuckucks-Lichtnelke *Lychnis flos-cuculi* L.

Nelkengewächse, Caryophyllaceae. **Merkmale:** ✻ V–VIII; 30–90 cm. Mehrjährige, verzweigte Pflanze. Blüten rosa bis fleischrot, 3–4 cm breit; Kronblätter 5, bis über die Mitte in je 4 Zipfel gespalten. Kelch 6–10 mm lang, meist rötlich gefärbt. Blütenstand locker, mit dichasialer Verzweigung. Stengelblätter schmal-lanzettlich, glatt; Grundblätter spatelförmig, oft bewimpert, gestielt. Stengel angedrückt behaart. **Standort:** Fett-, Sumpfwiesen, Flachmoore, Ufer, feuchte Gebüsche; bis in Höhen von 1400 m. **Verbreitung:** Fast ganz Europa, im Süden seltener; Westasien. Humide Gebiete werden bevorzugt.

Die Kuckucks-Lichtnelke gilt als Feuchtezeiger. Die Blütenform entspricht wie bei den meisten Vertretern der Familie dem sogenannten »Stielteller-Typus«: Die Bestäubung erfolgt hauptsächlich durch Tagfalter, die mit ihrem 2–4 cm langen Rüssel den Nektar am Grund der Blütenröhre erreichen können. Der Artname ist auf die speichelartigen »Schaumnester« an den Stengeln zurückzuführen, die früher als »Kuckucksspeichel« aufgefaßt wurden, in Wirklichkeit jedoch der Larve der Schaumzikade Schutz vor Freßfeinden bieten. Der Schaum entsteht aus mit Luft vermischten Körperausscheidungen.

Vogel-Knöterich *Polygonum aviculare* L.

Knöterichgewächse, Polygonaceae. **Merkmale:** ✻ V–XI; 5–50 cm. 1jährige Pflanze; Stengel niederliegend bis aufgerichtet, dunkel gestreift. Blätter wechselständig, kurz gestielt, elliptisch-lanzettlich. Blüten zu 1–5 blattachselständig (kleine Büschel) oder einzeln, rosa bis grünlich. Nußfrucht 1,5–3 mm lang, kaum länger als die Blütenhülle, rot-schwarzbraun, matt oder glänzend. **Standort:** Mäßig trockene bis frische Ruderalstellen (Trittstellen, Schutt, zwischen Straßenpflaster, Kies), Äcker, Gärten. **Verbreitung:** Zirkumpolar; in gemäßigten Zonen inzwischen weltweit.

Der Vogel-Knöterich gehört bereits seit der jüngeren Steinzeit zu den Kulturbegleitern; er zählt zu den Pionierpflanzen und Stickstoffzeigern. Die Blüten bestäuben sich meist selbst, die Fortpflanzungseinheiten werden durch Klebverbreitung verfrachtet. Bereits in der Antike war die Heilwirkung (adstringierend, antidiarrhöisch, wundheilend) bekannt. Besonders bei Bronchitis, Lungentuberkulose sowie Diarrhöen fand die Pflanze immer wieder Verwendung.

Gewöhnliche Grasnelke *Armeria maritima* (Mill.) Willd.

Bleiwurzgewächse, Plumbaginaceae. **Merkmale:** ✳ V–XI; 5–30 (50) cm. Pflanze mit Polsterwuchs. Blätter linealisch, 1–3 (4) mm breit, oft gewimpert, meist 1nervig, im unteren Teil gelegentlich 3nervig; etwas fleischig. Blütenschaft blattlos; Blüten in Köpfchen; äußere Hüllblätter den Blütenkopf meist nicht überragend, bleich, eilänglich, 4–7 mm lang. Scheide 1–2 cm lang. Krone rosa (manchmal auch rot oder purpurn). **Standort:** Graudünen, bodensaure Sand- und Silikattrockenrasen, Serpentinfelsfluren; Schwermetallhalden (jedoch nur bestimmte Unterarten!); Salzwiesen, Trockenwälder. **Verbreitung:** Zirkumpolar in der Nordhemisphäre; antarktisches Amerika.
Die Pflanze enthält in größeren Mengen Jod, Fluor und Brom sowie Plumbagin mit antibiotischer Wirkung. Die von Insekten bestäubten Blüten weisen Heterostylie (Verschiedengriffeligkeit) auf.

Acker-Winde *Convolvulus arvensis* L.

Windengewächse, Convolvulaceae. **Merkmale:** ✳ V–X; 30–60 cm. Mehrjährige, windende Pflanze mit zum Teil niederliegendem Stengel und spieß- bis pfeilförmigen, fast kahlen Blättern. Blüten einzeln, blattachselständig, lang gestielt, rosa bis weißlich; Krone mit 5 blaßpurpurnen Streifen, 15–25 mm lang, bis 30 mm im Durchmesser. Narbe 2teilig; Fruchtknoten und -kapsel 2fächerig. Kelch ohne Vorblätter. **Standort:** Äcker, Gärten, Weinberge; Wegränder, Schuttplätze, Zäune; bis in Höhenlagen von 1200 m. **Verbreitung:** Europa mit Ausnahme des extremen Nordens; in warm-gemäßigten Zonen inzwischen weltweit.
Die Blüten werden von Bienen und Fliegen bestäubt. Die Acker-Winde ist ein typischer Kulturbegleiter und eine Pionierpflanze in Ackerunkrautgesellschaften.

Europäische Seide *Cuscuta europaea* L.

Seidegewächse, Cuscutaceae. **Merkmale:** ✳ VI–IX; 20–150 cm. Ganze Pflanze bleich; Stengel ästig, meist rötlich, ohne echte Blätter, nur winzige Blattschüppchen vorhanden! Blütenknäuel 10–15 mm breit; Krone rosa, rötlich oder weißlich; Griffel so lang wie die Krone. Schlundschuppen die Kronröhre nicht verschließend, 2teilig, aufrecht. **Standort:** Feuchte, nährstoffreiche Ufer, Äcker; Hecken. Auf Stauden und Gehölzen. Stromtalpflanze! **Verbreitung:** Ganz Europa mit Ausnahme des äußersten Nordens und einiger Inseln; im Süden nur in Gebirgen; weite Bereiche Asiens.
Bei dieser Art handelt es sich um einen 1jährigen Holoparasiten: Die Sproßachse weist nur noch einen ganz geringen Chlorophyllgehalt auf, die stark reduzierte Wurzel stirbt frühzeitig ab. Der Keim streckt sich zu einem langen, dünnen Faden, dessen freies Ende kreisförmige »Suchbewegungen« (Nutationen) ausführt. Er vermag dabei kurze Strecken vorwärts zu kriechen, indem er am hinteren Ende abstirbt und sich am Vorderende verlängert. Trifft er bei den Bewegungen auf eine Wirtspflanze, z. B. Brennessel (»Nesselseide«), Zaunwinde, Beifuß, Klee, Kartoffel, Hopfen (»Hopfenseide«), Weiden-Arten, so rankt er sich als Schlingpflanze zunächst an dieser empor, bildet dann Saugorgane (Haustorien) aus, die mit Hilfe besonderer Enzyme die Mittellamellen auflösen, die Zellwände durchbrechen und das eigene Gewebe an das Leitgewebe des Wirtes anschließen und diesem Wasser und alle erforderlichen organischen und anorganischen Bestandteile entziehen (chemotropische Reaktion!).

Hunds-Rose *Rosa canina* L.

Rosengewächse, Rosaceae. **Merkmale:** ✻ VI; 1–3 m. Blüten in mehrblütigen Doldenrispen, duftend; Griffelköpfchen länglich, nur wenig aus dem Blütenbecher ragend, mehr oder weniger behaart. Blütenstiele kahl, bis 3mal so lang wie der Blütenbecher. Blätter 5–7zählig; Fiederblättchen beiderseits kahl (oder höchstens auf der Mittelrippe behaart), drüsenlos, gezähnt. Stengel mit hakig-gebogenen Stacheln. Frucht: Hagebutte (Sammelnußfruchtstand, bei dem die Nüßchen in den fleischigen Achsenkrug eingesenkt sind). **Standort:** Wärmeliebende Laubwälder, Gebäusch, Waldränder, Lichtungen, Hecken. **Verbreitung:** Europa und Westasien.
Die Blüten gehören zu den Pollenblumen, die für Insekten mit beißenden Mundwerkzeugen Pollen als Nahrung bereitstellen. Aus den Vitamin-C-haltigen Früchten, die durch Vögel oder Wild verbreitet werden, kann Marmelade, Likör, Sirup oder Gelee gewonnen werden; ferner enthalten die Hagebutten organische Säuren, Carotinoide (besonders das Provitamin A!) und Gerbstoffe und stellen ein wichtiges Stärkungs- und Anregungsmittel dar. Aus den Samen läßt sich ein diuretisch wirkender Heiltee gewinnen.

Stinkender Storchschnabel, Ruprechtskraut
Geranium robertianum L.

Storchschnabelgewächse, Geraniaceae. **Merkmale:** ✻ V–IX; 15–45 cm. Blüten rosa, 3–10 mm lang; Blütenkronblätter nicht ausgerandet; Kelch nur halb so lang, drüsenhaarig, oben einwärts gekrümmt. Blätter 3–5zählig gefiedert, mit doppelt fiederspaltigen, gestielten Fiederblättchen. Stengel und Blätter oft rötlich, drüsig behaart. Ganze Pflanze mit widrigem (Fuchs-)Geruch (Name!). **Standort:** Wälder, Schluchten, schattige Mauern, Felsen; Hecken, Waldsäume; bis in Höhenlagen von 1700 m. **Verbreitung:** Europa mit Ausnahme des extremen Nordens; in gemäßigten Zonen inzwischen weltweit.
Der Stinkende Storchschnabel ist eine Schattenpflanze, deren Blüten durch Insekten oder auf dem Wege der Autogamie bestäubt werden. Die Fruchtverbreitung erfolgt wie bei allen *Geranium*-Arten durch einen besonderen Schleudermechanismus.

Sigmarskraut, Spitzblättrige Malve *Malva alcea* L.

Malvengewächse, Malvaceae. **Merkmale:** ✻ VI–X; 40–125 cm. Blüten in den Blattachseln büschelig gehäuft, vor allem gegen die Stengelspitze hin; geruchlos; Kronblätter 2–4 cm lang, tief ausgerandet, rosa (selten lila). Außenkelchblätter eiförmig-lanzettlich, am Grunde verbreitert, 3–5 mm lang. Stengelblätter gelappt, bis fast zum Grund handförmig geteilt. Stengel oberwärts wie Blätter und Kelch anliegend sternhaarig. **Standort:** Frische, nährstoffreiche Unkrautfluren, Wege, Böschungen, trockene Hügel, Gebüsch; oft in Siedlungsnähe. **Verbreitung:** In Europa nördlich bis Südschweden, selten im Mittelmeerraum; gemäßigt-kontinental; verschleppt.
Früher hatte die Art als Zier- und Heilpflanze gewisse Bedeutung.

Schwanenblume *Butomus umbellatus* L.

Schwanenblumengewächse, Butomaceae. **Merkmale:** ✳ VI–VIII; 50–150 cm. Blütenschaft unbeblättert, rund, mit einfacher Scheindolde als Blütenstand. Blüten rosa bis rötlichweiß, ungleich lang gestielt; Blütenhüllblätter 6, kronblattartig, auf der Außenseite mit dunklem Mittelnerv; Staubblätter 9; Fruchtblätter 6, mit zahlreichen Samenanlagen. Jedes Fruchtblatt entwickelt sich zu einer Balgfrucht. Blätter grundständig, linealisch-grasartig, 3kantig-rinnig, bis 10 mm breit und etwa 1 m lang. **Standort:** Gräben, Ufer; an stehenden oder langsam fließenden Gewässern mit hohem Nährstoffgehalt (eutroph) und schlammigem Grund. **Verbreitung:** Eurasiatisch; ganz Europa mit Ausnahme mehrerer Inseln sowie weite Teile Asiens.

Die inzwischen sehr selten gewordene Schwanenblume gehört zu den Pionierpflanzen auf Schlammböden. Sie bildet als Flachwasserpflanze größere Bestände im Verlandungsbereich der Uferzone; in der Sukzessionsabfolge entspricht dies etwa dem Schilf-Stadium. Die fleischigen Rhizome (kriechende Erdsprosse), aus denen sich Blätter und Blütenschäfte erheben, sind eßbar. Die Blüten dieser wärmeliebenden Art werden vorwiegend von Insekten bestäubt.

Gemüse-Lauch, Roß-Lauch *Allium oleraceum* L.

Liliengewächse, Liliaceae. **Merkmale:** ✳ VI–VIII; 25–80 cm. Zwiebel 1–1,5 cm im Durchmesser. Blätter an der Basis rinnig-halbstielrund, zur Spitze hin flach; oberseits deutlich rinnig, bis 4 mm breit und 25 cm lang. Stengel rund, unten beblättert. Blütenstand meist wenigblütig, mit rötlichen Brutzwiebeln, von 2 ungleich langen Hüllblättern umgeben, die den Blütenstand weit überragen. Blüten glockig, grünlichweiß, rosa getönt oder rötlich; lang gestielt (jedoch ungleich). Staubblätter die Blütenblätter kaum überragend. **Standort:** Sonnige Abhänge, Wegböschungen, Saumgesellschaften; ruderal beeinflußte Xerothermstandorte. **Verbreitung:** Fast ganz Europa mit Ausnahme einiger Randbereiche und der Alpen; in südlichen Regionen seltener.

Die Blüten dieser Lauchart, die auch Kohl- oder Roß-Lauch genannt wird, sind vormännlich und werden von Insekten bestäubt. Interessant ist – wie bei vielen anderen Laucharten – die Ausbildung von Brutzwiebeln zur vegetativen Fortpflanzung im Blütenstandsbereich!

Gekielter Lauch *Allium carinatum* L. 3

Liliengewächse, Liliaceae. **Merkmale:** ✳ VI–VII; 30–60 cm. Blätter fast flach, schwach rinnig, 2–4 mm breit. Scheindolde manchmal ohne Blüten, jedoch fast stets mit Brutzwiebeln. Perigonblätter 5–7 mm lang; Staubblätter fast doppelt so lang wie das Perigon, rosa bis hellpurpurn. Blütenstiele 4–6mal so lang wie das Perigon. **Standort:** Halbtrocken- und Trockenrasen, Heiden, Moorwiesen, steinige Orte; bis in Höhenlagen von 2000 m. **Verbreitung:** Süd- und Mitteleuropa; die nördliche Verbreitungsgrenze verläuft von Südschweden bis Estland; im nordwestlichen Europa teilweise eingebürgert.

Als Zwiebelpflanze gehört diese Art zu den Geophyten. Die Blüten sind vormännlich (proterandrisch) und werden von Insekten bestäubt; die Verbreitung der Samen erfolgt mit Hilfe des Windes.

Rotes Waldvögelein *Cephalanthera rubra* (L.) L. C. Rich.

Knabenkrautgewächse, Orchidaceae. **Merkmale:** ✻ V–VII; 20–50 cm. Blüten rosa oder purpurn, zu 3–15 in lockerer Ähre; Perigonblätter 15–20 mm lang, zur Blütezeit deutlich abstehend, sonst glockenförmig zusammenneigend, die Lippe meist verdeckend, spitz. Vorderes Lippenglied zugespitzt, oval bis 3eckig, länger als breit. Fruchtknoten weichhaarig. Tragblätter meist länger als der Fruchtknoten, jedoch kürzer als die Blüten. Blätter lanzettlich bis eiförmig, spitz, 6–12 cm lang. Stengel oberwärts dicht drüsenhaarig. Verzweigte Rhizome. **Standort:** Buchen-, Eichen-, gelegentlich Fichtenmischwälder auf kalkreichen, lehmigen Böden; bis in Höhenlagen von 1500 m. **Verbreitung:** Fast ganz Europa ausschließlich der nördlichen Bereiche (nördliche Arealgrenze verläuft von Südengland bis Südfinnland); im Südwesten weit nach Asien vordringend.
Das Rote Waldvögelein ist eine wärmeliebende Art auf schattigen bis halbschattigen Standorten. Die Blüten werden vor allem von Bienen bestäubt. Zur Überwinterung dienen verzweigte Rhizome.

Mücken-Händelwurz *Gymnadenia conopsea* (L.) R. Br.

Knabenkrautgewächse, Orchidaceae. **Merkmale:** ✻ VI–VIII; 20–60 cm. Blüten rosa bis purpurviolett (selten weiß), in zylindrischer, verlängerter, vielblütiger Ähre. Tragblätter so lang wie der Fruchtknoten; Sporn nahezu doppelt so lang wie der Fruchtknoten; Lippe mit 3 stumpflichen, ovalen Lappen; äußere Blütenhüllblätter weit abstehend. Blüten schwach nelkenartig bis unangenehm duftend. Stengelblätter 6–9, aufrecht abstehend, lanzettlich, 5–15 cm lang. **Standort:** Magerrasen, trockene Wiesen, Sandgruben; lichte Wälder, Böschungen; Flachmoore. Besonders auf kalkhaltigen Lehmböden; bis in Höhenlagen von 2200 m. **Verbreitung:** In weiten Bereichen Europas mit Ausnahme einiger Gebiete im Südwesten und Südosten; ferner in gemäßigten Breiten Asiens.
Der Name der Pflanzengattung Händelwurz rührt von den handförmig geteilten Wurzelknollen her, die der Überwinterung dienen (Geophyt). Die Wurzelknollen entstehen jedes Jahr neu in der Achsel eines Niederblattes; aus ihnen entwickelt sich der Sproß des folgenden Jahres, während die alte Knolle abstirbt. Die Bestäubung der roten, langgespornten Blüten erfolgt vor allem durch Tagfalter.

Helm-Knabenkraut *Orchis militaris* L. 3

Knabenkrautgewächse, Orchidaceae. **Merkmale:** ✻ V–VI; 20–45 cm. Blütenstand oval, dichtblütig; Blütenhüllblätter außen meist blaßrosa, helmartig zusammenneigend (Name!). Lippe blaßpurpurn, in der Mitte weißlich; mit dunkelroten, behaarten Papillen. Mittellappen der Lippe an der Basis fast doppelt so breit wie die sehr langen, schmalen Seitenlappen, an der Spitze sich plötzlich verbreiternd und in 2 Zipfel aufspaltend. Sporn zylindrisch, nur halb so lang wie der Fruchtknoten, Laubblätter elliptisch bis länglich, nach oben hin etwas schmaler werdend. **Standort:** Grasige, trockene Hänge (bevorzugt werden Südwesthänge), Magerrasen, Trockenwiesen, lichte Wälder; kalkliebend; bis in Höhen von 1800 m. **Verbreitung:** Schwerpunkt in Mittel- und Südeuropa; in Skandinavien und im äußersten Westen fehlend. Das Areal erstreckt sich bis zum Kaukasus und über Süd- und Mittelrußland bis Sibirien.

Geflecktes Knabenkraut *Dactylorhiza maculata* (L.) Soó.

Knabenkrautgewächse, Orchidaceae. **Merkmale:** ✳ V–VIII; 15–50 cm. Blütenstand (Abb. oben links) pyramidenförmig bis zylindrisch, reichblütig. Blüten (Abb. oben rechts) hell lilafarben bis weißlich; seitliche Blütenhüllblätter abstehend; Sporn dünn, bis 8 mm lang. Lippe mit 2 breiten, abgerundeten seitlichen und einem deutlich kleineren mittleren Lappen. Gesamte Blüte, besonders die Lippe purpurn gefleckt (manchmal auch mit Linienzeichnung oder feiner Punktierung). Hochblätter grün, kaum die Länge der Blüten erreichend. Laubblätter 6–10, lanzettlich-länglich (untere) bis schmal-linealisch (obere), spitz, meist braun gefleckt (Name!). Stengel markig. **Standort:** Lichte Wälder, Waldwiesen; Magerrasen, Flachmoore, Moorheiden; auf feuchten, sauren, nährstoffarmen Böden; bis in Höhenlagen von 2000 m. **Verbreitung:** Weite Teile Europas, nur im Südosten fehlend; Asien, Nordafrika.
Wie für die Orchideen charakteristisch, liegt auch hier eine endotrophe Mykorrhiza vor, also eine Symbiose zwischen Samenpflanzen und Pilzen, bei der der Pilz bis ins Innere der Rindenzellen der Wurzeln vordringt, dort parasitiert (und von der Wirtspflanze auch teilweise »verdaut« wird), im übrigen aber meist funktionell die Wurzelhaare ersetzt und die Wirtspflanze mit Wasser und Nährsalzen versorgt.

Eine **Unterart** des Gefleckten Knabenkrautes *(Dactylorhiza maculata* ssp. *elodes* (Griseb.) Soó.) – Abb. unten rechts – weist in ihren Merkmalen deutliche Unterschiede zur oben beschriebenen Form auf: Der Blütenstand ist deutlich kürzer, pyramidal bis zylindrisch, die Lippe breiter als 13 mm, der Sporn dünner (fadenförmig) und nur halb so lang wie der Fruchtknoten. Die Pflanze besitzt 4–8 schmallineale Blätter (mit oder ohne Fleckung) und wird selten mehr als 30 cm hoch. **Standort:** Moorwiesen. **Verbreitung:** Nordisch-subatlantisch; große Teile Europas, im Südosten fehlend.

Fuchs' Knabenkraut *Dactylorhiza fuchsii* (Druce) Soó. (Abb. unten links)

Knabenkrautgewächse, Orchidaceae. **Merkmale:** ✳ VI–VII; 10–80 cm. Unterste Blätter breit-elliptisch oder verkehrt-eiförmig, meist stumpflich. Blätter im allgemeinen mit deutlich quer verlängerten, dunklen Flecken, diese bisweilen blaß oder auch fehlend. Übergangsblätter 2–6. Stengel oft hohl. Blütenähre verlängert. Lippe meist tief 3spaltig, ihr Mittellappen zugespitzt vorgezogen, etwa so lang wie die rautenförmigen Seitenlappen. Sporn dünn. **Standort:** Anspruchsvolle Wälder, Moore, Wiesen. **Verbreitung:** Weite Teile Europas, jedoch kaum im Süden; in Asien bis Sibirien.
Diese Art wurde früher als Unterart des Gefleckten Knabenkrautes *(Dactylorhiza maculata)* geführt, gilt inzwischen aber als eigenständige Art.

Dost *Origanum vulgare* L.

Lippenblütengewächse, *Lamiaceae.* **Merkmale:** ✳ VII–IX; 30–60 cm. Aromatisch duftende, mehrjährige Pflanze mit end- oder seitenständigen Teilblütenständen (Doldenrispen). Blütenkrone rosa; Oberlippe aufrecht, ausgerandet; Unterlippe 3teilig. Kronröhre länger als der Kelch; Hoch-, Tragblätter und Kelchzähne oft purpurn überlaufen. Blätter 15–45 mm lang, eiförmig, ganzrandig oder schwach gezähnt, gestielt. Pflanze meist etwas behaart. **Standort:** Trockenrasen, lichtes Gebüsch, Wald- und Heckenränder; Böschungen; bis in Höhenlagen von 1800 m. **Verbreitung:** Ganz Europa außer Island; weite Teile des westlichen Asiens. In Nordamerika weit verschleppt.

Der Dost hat als Bienenfutterpflanze, als Heil- und Gewürzpflanze praktische Bedeutung. Die Pflanze enthält ätherische Öle und Gerbstoffe mit krampflösender, magenstärkender, windtreibender, hustenstillender und schleimlösender Wirkung; infolgedessen verwendet man den Aufguß bei Erkrankungen der Luftwege (heftiger Husten, Bronchitis, Keuchhusten), äußerlich in Form von beruhigenden und stärkenden Bädern. Eine Unterart ist der als Gewürzpflanze bekannte Majoran; der Dost wird mancherorts auch Wilder Majoran genannt.

Sumpf-Ziest *Stachys palustris* L.

Lippenblütengewächse, Lamiaceae. **Merkmale:** ✳ VI–IX; 30–100 cm. Blütenkrone kräftig rosa bis hellpurpurn, doppelt so lang wie der Kelch; Oberlippe ganzrandig; Unterlippe 3teilig mit dunklen Zeichnungen. Blüten an 4–11 in Scheinquirlen, diese bilden zusammen einen nahezu blattlosen, ährenartigen Blütenstand. Blätter länglich-lanzettlich, klein gekerbt, mit herzförmigem Grund sitzend oder sehr kurz gestielt, locker anliegend behaart oder fast kahl. Pflanze mit Ausläufern. **Standort:** Gräben, Ufer, feuchte Äcker, Sümpfe; auf wechselnassen Ton- und Lehmböden; bis in Höhen von 1200 m. **Verbreitung:** Fast ganz Europa; selten im Mittelmeerraum; auf einigen Inseln fehlend.

Im Gegensatz zur vorhergehenden Art handelt es sich beim Sumpf-Ziest um eine ausgesprochene Lichtpflanze.

Schuppenwurz *Lathraea squamaria* L.

Braunwurzgewächse, Scrophulariaceae. **Merkmale:** ✳ III–V; 10–25 cm. Pflanze ohne grüne Blätter. Blüten wie die ganze Pflanze rosa bis weißlich, gelegentlich blaßviolett, in einseitswendiger, nickender Traube. Kelch glokkenförmig, 4spaltig. Blätter schuppenförmig, Rhizom mit fleischigen Niederblättern. **Standort:** Krautreiche Wälder (besonders Auen- und Schluchtwälder), Gebüsche; sehr anspruchsvoll; bis in Höhenlagen von 1600 m. **Verbreitung:** Fast ganz Europa und Westasien; im Norden und Süden jedoch sehr zerstreut und teilweise fehlend.

Die Färbung der Pflanze weist darauf hin, daß es sich um einen Vollparasiten (Holoparasiten) handelt: Wahrscheinlich ernährt sich die Schuppenwurz aus dem Blutungssaft der Wirtspflanze, der im Holzteil (Xylem) der Gefäßbündel nach oben strömt. Sie parasitiert auf den Wurzeln folgender Gehölze: Erle *(Alnus),* Hasel *(Corylus),* Weißbuche *(Carpinus),* Rotbuche *(Fagus)* und Pappel *(Populus).* Die vorweiblichen Blüten werden durch den Wind oder durch Insekten (Hummeln) bestäubt, die unterirdischen Blüten sind kleistogam, d.h. sie bleiben geschlossen und bestäuben sich »zwangsläufig« selbst. Die Früchte werden durch Wind, Wasser oder Ameisen verbreitet.

Dornige Hauhechel *Ononis spinosa* L.

Schmetterlingsblütengewächse, Fabaceae. **Merkmale:** ✻ VI–VIII; 20–60 (100) cm. Stengel aufrecht oder aufsteigend, nicht liegend, an der Basis holzig; 1- oder 2reihig, oben oft ringsum behaart. Blätter meist 3zählig, kahl; Fiedern eiförmig, gezähnt, nicht ausgerandet. Blüten einzeln (oder bis zu 3), in den Blattachseln oder an den Zweigspitzen gehäuft, kurz gestielt. Blütenkelche nur gering behaart, drüsig. Hülse so lang wie der Kelch oder länger. Eine Unterart (ssp. *spinosa*) ist stark dornig (Sproßdornen!). **Standort:** Halbtrocken- und Kalkmagerrasen, wechseltrockene Wiesen und Weiden, trokkene Ruderalstellen (Wegränder, Böschungen usw.); bis in mittlere Gebirgslagen. **Verbreitung:** Mittel- und Südeuropa; im Norden bis Südnorwegen, im Osten bis in die Nordwestukraine; z. T. Westasien.

Bunte Kronwicke *Coronilla varia* L.

Schmetterlingsblütengewächse, Fabaceae. **Merkmale:** ✻ V–IX; 30–60 (120) cm. Stengel niederliegend bis aufsteigend, kantig, hohl. Blätter gefiedert, kurz gestielt, mit 4–12 Paaren von ovalen Fiederblättchen. Fahne rosa; Schiffchen weiß mit violetter Spitze, geschnäbelt; Flügel weiß. Hülse 2,5–5 (8) cm lang, 4kantig, mit hakig gebogenem Schnabel und 3–6 Einschnürungen. **Standort:** Trockene Wiesen, Wald- und Gebüschsäume, Raine, Steinbrüche; vor allem auf Kalk. **Verbreitung:** Mittel- und Südeuropa; mit gemäßigt-kontinentaler Tendenz (nordöstlicher Mittelmerraum, Balkan!). In West- und Nordeuropa z. T. als Futterpflanze kultiviert und eingebürgert.

Diptam *Dictamnus albus* L. 3

Rautengewächse, Rutaceae. **Merkmale:** ✻ V–VI; 50–100 cm. Blüten in endständiger, aufrechter, eiförmiger Traube; weißrötlich, purpurn geadert. Kronblätter 20–25 mm lang, ungleich, die 4 oberen aufrecht stehend, das untere zurückgebogen (dorsiventral = monosymmetrisch!). Blütenstiele drüsig; Staubfäden purpurn, aus der Blüte weit herausragend. Kapselfrucht. Blätter unpaarig gefiedert; mit 7–11 eiförmig-lanzettlichen, am Rand fein gesägten Fiederblättern. **Standort:** Trockenhänge, felsige, lichte Gebüsche; Steppenheiden; ausschließlich auf Kalkböden! **Verbreitung:** Südliches Mitteleuropa und Südeuropa; bis 54° nördl. Breite; Westasien.
In besonderen Sekretbehältern im Blatt- und Blütenbereich - mit dem unbewaffneten Auge als durchscheinende Punkte zu erkennen - werden ätherische Öle produziert und gespeichert. Der ausströmende, intensiv zitronenartige Duft steht in unmittelbarem Zusammenhang mit der Insektenbestäubung der Pflanze. Die Früchte werden durch einen Schleudermechanismus verbreitet, der auf hygroskopischen Bewegungen beruht. Giftig (Alkaloide).

Echter Baldrian *Valeriana officinalis* L.

Baldriangewächse, Valerianaceae. **Merkmale:** ✻ VI–VIII; 50–150 cm. Kräftige Pflanze mit stark gefurchtem, glänzendem, kahlem Stengel. 6–9 Blattpaare. Obere Blätter sitzend, untere gestielt, alle gefiedert, mit 7–13 (schmal-) lanzettlichen, gesägten oder ganzrandigen Fiederblättern. Blüten zwittrig, weiß-rötlich, leicht asymmetrisch; Staubblätter 3. Frucht länglich-oval, kahl, weniger als 5 mm lang, mit Pappus. **Standort:** (Feuchte) Waldränder, Gebüsche, Waldverlichtungen, Grasplätze, Gräben, Ufer; bis etwa 2000 m. **Verbreitung:** Eurasiatisch-Kontinental.
Heilpflanze; Wirkung beruhigend, krampflösend und magenstärkend.

Wasser-Knöterich *Polygonum amphibium* L.

Knöterichgewächse, Polygonaceae. **Merkmale:** ✳ VI–IX; 30–100 (Wasserform bis 300) cm. Pflanze mit kriechendem Rhizom, in 2 Formen auftretend: Wasserform mit länglich-eiförmigen, am Grund gestutzten bis herzförmigen, sehr lang gestielten, kahlen Schwimmblättern; Landform aufrecht, mit länglich-lanzettlichen, am Grund abgerundeten, behaarten Blättern. Blattspreite an der Basis nie verschmälert; Blattstiel über der Mitte der Ochrea (= Blattscheide, Tute) abzweigend. Blüten oft 1geschlechtig; Staubblätter meist 5; Griffel 2; Perigon stets rosa, drüsenlos. **Standort:** Stehende und langsam fließende Gewässer, Ufer, Röhricht, Naßwiesen, feuchte Äcker; oft mit Seerosen vergesellschaftet. **Verbreitung:** Nordisch-eurasiatisch, zirkumpolar; Europa mit Ausnahme des äußersten Südens.
In der Regel erfolgt die Fruchtverbreitung durch das Wasser. Kommt die Landform auf Äckern vor, so weist dies auf Vernässung des Unterbodens hin.

Schlangen-Knöterich, Wiesen-Knöterich
Polygonum bistorta L.

Knöterichgewächse, Polygonaceae. **Merkmale:** ✳ V–VII; 30–80 cm. Blüten in verlängerten, dicht-walzlichen, 3–5 cm langen Scheinähren. Blütenhülle 4–5 mm lang, rosa. Spreite der Grundblätter eirund bis länglich, zugespitzt, bis 15 cm lang, in den wellig-geflügelten Stiel verschmälert; Oberseite dunkelgrün, Unterseite bläulichgrün. Obere Stengelblätter mit herzförmigem Grund sitzend. Stengel unverzweigt; Grundachse zylindrisch, dick, schlangenartig (Name!), gedreht. **Standort:** Feuchte Wiesen, Auenwälder, Ufer; Hochstaudenfluren der montanen Region; bis in Höhenlagen von 1800 m. **Verbreitung:** Nahezu zirkumpolar; fast ganz Europa, in Skandinavien jedoch weitgehend fehlend; im Süden nur in Gebirgen.
Der Schlangen-Knöterich spielt als Bienenweide und Futterpflanze eine gewisse Rolle. Der Wurzelstock enthält vor allem Gerbstoffe mit stärkender, antidiarrhöischer und adstringierender Wirkung.

Gewöhnliches Katzenpfötchen *Antennaria dioica* (L.) Gaertn. 3

Korbblütengewächse, Asteraceae. **Merkmale:** ✳ V–VII; 5–15 (25) cm. Pflanze mit oberirdischen, beblätterten Ausläufern. Blätter in grundständiger Rosette, stumpf-spatelig, 1nervig, oberseits mehr oder weniger kahl, unterseits weißwollig-filzig. Blütenköpfe zu 3–12 in endständigen Schirmrispen; 5–8 mm breit. Hüllblätter der weiblichen Köpfchen rosa, die der männlichen meist weiß. Ein Teil der Köpfchen nur mit fädigen weiblichen Blüten mit mehrreihigem Pappus, die anderen mit scheinbar zwittrigen Blüten (zwar sind Griffel vorhanden, die Fruchtknoten jedoch unfruchtbar!) mit einreihigem Pappus. **Standort:** Silikatmagerrasen, Heiden, Kiefernwälder, Magermatten; bis in Höhen von 2400 m; kalkmeidend. **Verbreitung:** Eurasiatisch; im Süden nur in Gebirgen.
Das Gewöhnliche Katzenpfötchen gilt als Magerkeits- und Weidezeiger; bei Düngung wird seine Konkurrenzkraft geschwächt und es verschwindet sehr rasch. Die Blüten werden von Faltern bestäubt; neben der Selbstverbreitung durch Ausläufer spielt noch die Windverbreitung der Früchte eine Rolle. Früher fand die Pflanze als Heilmittel gegen Bronchitis und Gallenerkrankungen Verwendung.

Rauhhaariger Kälberkropf *Chaerophyllum hirsutum* L.

Doldengewächse, Apiaceae. **Merkmale:** ✻ V–VII; 40–100 cm. Stengel unter den Knoten nicht verdickt; Blätter 3–4fach fiederschnittig, mehr oder weniger borstlich behaart, unterseits glänzend. Oberste Blattscheiden 10–60 mm lang. Dolde 10–20strahlig; Hüllblätter fehlend; Hüllchenblätter 5–10, lanzettlich, lang gewimpert. Kronblätter am Rand deutlich bewimpert, rosa oder weiß(lich); Griffeläste fast parallel, aufrecht, starr. Frucht ungeschnäbelt, 8–12 mm lang. **Standort:** Staudenfluren, Bachsäume, feuchte Bergwälder, Ufergebüsche. **Verbreitung:** Mittel- und Südeuropa.
Die vormännlichen Blüten werden von Insekten bestäubt; die Früchte durch Klettverbreitung ausgebreitet.

Gewöhnlicher Wasserdost, Wasserhanf, Kunigundenkraut
Eupatorium cannabinum L.

Korbblütengewächse, Asteraceae. **Merkmale:** ✻ VII–IX; 50–150 cm. Stengel einfach, reich beblättert, oft etwas rötlich. Blätter gegenständig, handförmig 3(–7)teilig; mit gezähnten, elliptischen Lappen. Köpfchen klein, in dichten Schirmrispen, 4–6blütig (nur Röhrenblüten!). Krone rosa; Narben weit aus der Blütenkrone hervorragend. **Standort:** Ufer, Gräben, Verlichtungen von Auenwäldern (Erlen); an Wegen, feuchten Waldstellen; bis in Höhenlagen von 1200 m. **Verbreitung:** Fast ganz Europa, nördliche Verbreitungsgrenze in Finnland bei 63° nördl. Breite; Asien und Amerika.
Die Art, die auch Wasserhanf oder Kunigundenkraut genannt wird, ist ein Nitrifizierungs- und Feuchtezeiger. Auf den Blüten trifft man fast ständig Tagfalter an, die als Bestäuber fungieren. Die Fruchtverbreitung erfolgt durch den Wind. Die Heilwirkung dieser Pflanze wird bei Erkältungen, Rheumatismus und Leberschwellungen genutzt. Verantwortlich dafür sind Gerbstoffe, Bitterstoffe und ätherische Öle, die die Pflanze vor allem in Wurzeln und Zweigspitzen enthält.

Purpur-Fetthenne *Sedum telephium* L.

Dickblattgewächse, Crassulaceae. **Merkmale:** ✳ VI–IX; 25–60 cm. Pflanze kahl; Stengel aufrecht, beblättert. Blätter meist wechselständig, länglich-lanzettlich bis verkehrt-eiförmig, mit keilförmig verschmälertem Grund, obere sitzend, dickflüssig (Blattsukkulenz!). Blüten 5zählig, in doldenartigen, vielblütigen, dichten Blütenständen; Kronblätter über der Mitte zurückgekrümmt, 4–5 mm lang, rot bis rosarot. Wurzelstock rübenförmig. **Standort:** Steinwälle, Fels- und Schotterfluren, Gebüschsäume, Trockenwälder, extensiv genutzte Äcker. **Verbreitung:** Eurasiatisch; im Norden Neophyt.

Blut-Weiderich *Lythrum salicaria* L.

Weiderichgewächse, Lythraceae. **Merkmale:** ✳ VI–IX; 50–120 cm. Pflanze behaart; Stengel aufrecht. Blätter meist gegenständig oder zu je 3 quirlständig, am Grund abgerundet oder herzförmig, lanzettlich. Blüten quirlig, in langer Ähre, purpurrot; Kronblätter 6, 8–12 mm lang; Staubblätter 12 (6 lang, 6 kurz). **Standort:** Nasse Staudenfluren an Ufern, Gräben; Moorwiesen, Seggenrieder; bis in Höhen von 1400 m. **Verbreitung:** Eurasien; in Europa mit Ausnahme des äußersten Nordens fast überall; Australien.
Bemerkenswert ist die trimorphe Heterostylie dieser Pflanze: Die Fremdbestäubung wird durch 3 verschiedene Griffellängen der Blüten gewährleistet. Die schleimhaarigen Samen werden meist von Vögeln verfrachtet.

Rostblättrige Alpenrose *Rhododendron ferrugineum* L.

Heidekrautgewächse, Ericaceae. **Merkmale:** ✳ V–VIII; 30–150 cm. Zwergstrauch mit wintergrünen, derben, elliptisch-lanzettlichen Blättern; diese oberseits kahl, dunkelgrün-glänzend, unterseits von gelbgrünen, später rostbraunen Drüsenschuppen besetzt (Name!), am Rande umgerollt. Kelchblätter breit-eiförmig, nur die Kelchzipfel bewimpert; Krone dunkelrot. **Standort:** Subalpine Gebüsche, Kieferngehölze (Legföhren, Zirbel-Kiefern); kalkmeidend, humide Klimalage; etwa zwischen 1500 und 2700 m. **Verbreitung:** Alpen, Jura, Pyrenäen; Westjugoslawische Gebirge.
Die proterandrischen (vormännlichen) Blüten bestäuben sich selbst oder werden von Hummeln bestäubt. In den Kapseln, die sich aus dem oberständigen Fruchtknoten entwickeln, entstehen staubfeine Samen, die durch den Wind verbreitet werden.

Acker-Gauchheil *Anagallis arvensis* L.

Primelgewächse, Primulaceae. **Merkmale:** ✳ VI–X; 5–30 cm. Stengel beblättert, 4kantig; Blätter gegenständig, eiförmig-stumpflich, 5–20 mm lang. Blüten lang gestielt; Krone mennigrot (seltener blau, lila, fleischfarben oder weiß); Kronzipfel etwa 7 mm lang, 6 mm breit, verkehrt-eiförmig, in der unteren Hälfte sich deckend, vorn ganzrandig, am Rand mit je 35–70 Drüsenhaaren. Kelchblätter ganzrandig, bei geöffneten Blüten nur die Spitzen sichtbar. Frucht: Deckelkapsel mit 20–22 Samen. **Standort:** Nährstoffreiche, gehackte Äcker, Gärten, Weinberge, Getreidefelder; Ruderalstellen; bis 1600 m. **Verbreitung:** Ursprünglich in den ozeanisch beeinflußten Gebieten Europas; inzwischen weltweit verschleppt.
Die Pflanze gilt als Lehm- und Nährstoffzeiger. Ihre Blüten sind Pollenblumen, die überschüssigen Pollen als Nahrung für die bestäubenden Insekten liefern; mitunter kommt auch Selbstbestäubung vor. Arzneipflanze.

Karthäuser-Nelke *Dianthus carthusianorum* L.

Nelkengewächse, Caryophyllaceae. **Merkmale:** ✳ VI–IX; 15–45 cm. Pflanze kahl; Blätter linealisch, am Grund scheidig verwachsen; Scheide bis 15 mm lang (ca. 4mal so lang wie die Blattbreite). Blüten 2–2,5 cm breit, in 4–15blütigen Köpfchen; Krone purpurn, Kronblätter vorn gezähnt. Hochblätter trockenhäutig, braun, gelbbraun begrannt. **Standort:** Kalk- und Silikattrockenrasen, sonnige Hänge, Böschungen, Heiden, sandige Wälder. **Verbreitung:** Süd-, West- und Mitteleuropa.
Die Blüten dieser Art zeigen den charakteristischen Aufbau von Tagfalterblumen: aufrechte Stellung, kräftig rote Färbung, enger Röhrenbau und tief verborgener Nektar.

Heide-Nelke *Dianthus deltoides* L.

Nelkengewächse, Caryophyllaceae. **Merkmale:** ✳ VI–IX; 10–40 cm. Stengel flaumig kurz behaart, ebenso die Blätter. Grundblätter länglich-spatelförmig, stumpf. Blüten 1,5–2 cm breit, zu 1–3, rot mit weißen Punkten und dunklem Ring. Hochblätter 2, grün, am Kelchgrund, mit der grannenartigen Spitze halb so lang wie die Kelchröhre. **Standort:** Silikatmagerrasen, bodensaure Sandtrockenrasen, Kiefernwälder. **Verbreitung:** Eurasiatisch mit kontinentaler Tendenz (bis Westsibirien); im Mittelmeerraum sehr selten, sonst im größten Teil Europas.
Die Blüten werden durch (Tag-)Falter bestäubt.

Rote Lichtnelke, Rotes Leimkraut *Silene dioica* (L.) Clairv.

Nelkengewächse, Caryophyllaceae. **Merkmale:** ✳ IV–IX; 30–80 cm. Pflanze 2- bis mehrjährig, dicht drüsig behaart. Blätter eiförmig, spitz, sitzend. Blüten 2–3 cm lang, rot, 1geschlechtig-2häusig, in lockeren Blütenständen, nur tagsüber geöffnet. Kronblätter 5, tief 2lappig; Griffel 5. Kelch 10nervig, stark behaart, leicht bauchig. Kapsel kugelig mit 10 nach außen gekrümmten Zähnen. **Standort:** Feuchte Wiesen, Laubwälder (Ränder!), Hecken, Kahlschläge; in den Alpen bis in Höhenlagen von 2400 m. **Verbreitung:** Eurasiatisch mit Schwerpunkt in den mittleren und westlichen Bereichen; in Europa nur im Südosten (z. B. Südbalkan) fehlend.
Ebenso wie die vorher beschriebenen beiden Nelkenarten hat auch die Rote Lichtnelke den Blütentypus einer »Stieltellerblüte«, deren Bestäuber fast ausschließlich Tagfalter (selten auch Hummeln) sind. Die Zweihäusigkeit, also die räumliche Verteilung der Geschlechter auf unterschiedliche Pflanzen, sichert die Fremdbestäubung.

Pechnelke *Lychnis viscaria* L.

Nelkengewächse, Caryophyllaceae. **Merkmale:** ✳ V–VII; 20–60 cm. Stengel unter den Knoten stark klebrig; grundständige Blattrosette und Stengelblätter (schmal-lanzettlich, dunkelgrün) vorhanden. Blütenstand traubig-rispig, fast quirlig; Kronblätter (purpur)rot, vorn gestutzt oder schwach ausgerandet, mit Schlundschuppen. Griffel 5; Kelch kahl, rötlich, 10rippig. **Standort:** Bodensaure Felsfluren, Trockenrasen, -gebüsche und deren Säume, Heiden, steinige Abhänge; kalkmeidend. **Verbreitung:** Größter Teil des kontinentalen Europas, im Südwesten selten; das Areal erstreckt sich bis Westsibirien.
Die Blüten werden fast nur von Tagfaltern bestäubt.

Klatsch-Mohn *Papaver rhoeas* L.

Mohngewächse, Papaveraceae. **Merkmale:** ✻ V–VIII; 20–80 cm. Pflanze mit weißem Milchsaft. Blätter und Stengel meist abstehend borstig behaart; Blätter stark fiederteilig, mit schmalen, grob gesägten Abschnitten. Blüten einzeln, endständig, scharlachrot; Kronblätter 2–4 cm lang, häufig mit schwarzem Fleck an der Basis; Narbenstrahlen 8–18. Fruchtkapsel kugelig-eiförmig (Streufrucht, aus mehreren Fruchtblättern verwachsen), weniger als doppelt so lang wie breit, an der Basis abgerundet. **Standort:** (Getreide-) Äcker, Ödland, Schuttplätze, Bahngelände; bis in Höhenlagen von 1000 m. **Verbreitung:** Eurasiatisch; inzwischen weltweit verschleppt.
Der Klatsch-Mohn ist einer der ältesten Kulturbegleiter (seit der Jungsteinzeit) und fand lange Zeit als Heil- und Nutzpflanze Verwendung. Die Pflanze enthält Isochinolin-Alkaloide wie viele Hahnenfußgewächse; der Milchsaft ist schwach giftig (Alkaloide); in der Blüte findet sich neben Anthocyanen Schleim. Der Blütensirup kann als erweichendes und schmerzstillendes Mittel gegen Husten verwendet werden. Früher wurden ferner die Kronblätter zur Herstellung roter Tinte genutzt. Die Blüten sind typische Pollenblumen, die keinen Nektar, dafür Pollen im Überschuß als Lock- und Nahrungsmittel für die bestäubenden Insekten produzieren. Die Samenverbreitung erfolgt mit Hilfe des Windes nach einer Art »Streudosenprinzip«.

Bach-Nelkenwurz *Geum rivale* L.

Rosengewächse, Rosaceae. **Merkmale:** ✻ IV–VII; 20–60 cm. Stengel locker verzweigt, mehrblütig, abstehend behaart. Blüten nickend; Kronblätter außen rötlich, innen gelb; Kelch braunrot, mit Außenkelch. Staubblätter mehr als 10; Griffel 2gliedrig. Grundblätter lang gestielt, unterbrochen gefiedert, mit großer Endfieder; obere Blätter einfach oder gelappt, Lappen grob gezähnt. Nebenblätter klein. Frucht mit hakigen Griffeln. **Standort:** Naß- und Moorwiesen, Gräben, Ufer; Auenwälder, Hochstaudenfluren; bis 2000 m. **Verbreitung:** Zirkumpolar; in Europa nur im Mittelmeerraum fehlend.
Die Art gilt als Nährstoffzeiger, bevorzugt kühl-humide Klimate und wird von Insekten bestäubt. Bemerkenswert ist die Verbreitung der Teilfrüchte: Die Griffel bleiben als Widerhaken an den Früchten erhalten und ermöglichen eine Klettverbreitung!

Blutroter Storchschnabel *Geranium sanguineum* L.

Storchschnabelgewächse, Geraniaceae. **Merkmale:** ✻ V–IX; 15–60 cm. Pflanze mehrjährig, niederliegend oder aufsteigend; Stengel meist gabelig verzweigt, abstehend behaart. Blätter gegenständig, im Umriß rundlich-nierenförmig (zumindest die unteren); Spreite bis zum Grund in 5–7 lineal-lanzettliche Abschnitte geteilt. Blüten einzeln, 25–30 mm groß, (purpur-)rot; Blütenkronblätter meist ausgerandet, doppelt so lang wie der Kelch. Im Herbst verfärbt sich das gesamte Sproßsystem blutrot! **Standort:** Waldränder; sonnige, trockene Gebüsche und Wälder, exponierte Hänge, Steppenheiden; wärmeliebend. **Verbreitung:** Fast ganz Europa, im Norden bis 60° nördl. Breite; bevorzugt werden gemäßigt-kontinentale Bereiche.
Bei der gesamten Gattung existiert ein besonderer Mechanismus zur Verbreitung der Fortpflanzungseinheiten: Die inneren Teile der Fruchtblätter bleiben als Säule im Zentrum stehen, die Außenwände des Fruchtknotens, die an ihrer Basis je einen Samen umschließen, lösen sich (nur an der Basis) ab und katapultieren die Samen aus dem Fruchtstand.

Türkenbund-Lilie *Lilium martagon* L.

Liliengewächse, Liliaceae. **Merkmale:** ✻ VI–VIII; 30–120 cm. Blütenstand (Abb. oben links) traubig, mit 3–12 nickenden Blüten (Abb. oben rechts). Blütenhüllblätter stets zurückgerollt, fleischrot bis hell braunrot (sehr selten weiß), dunkel gefleckt. Griffel und Narben aus den etwa 4 cm breiten Kronen herausragend. Kapselfrüchte. Blätter elliptisch-lanzettlich, zumindest in der Stengelmitte zu 3–9 quirlig angeordnet, sonst wechselständig. Zwiebeln gelb; Geophyt. **Standort:** Krautreiche Laub- und Nadelmischwälder, Bergwälder und -wiesen, Hochstaudenfluren, Gebüsche; bis in Höhenlagen von 2000 m. Nährstoffreiche, kalkhaltige Böden werden bevorzugt. **Verbreitung:** Eurasiatisch mit kontinentaler Tendenz. Fast im gesamten europäischen Raum bis in die südsibirische Taiga. In Skandinavien nur eingebürgert.
Die Bestäubung der Blüten dieser Halbschattenpflanze erfolgt durch Insekten, im wesentlichen durch Schwärmer, die Verbreitung der Samen vor allem durch den Wind. Viele Pflanzen kommen überhaupt nicht zur Blüte, da bereits die Blütenknospen sowohl von Rehen als auch von einer Käferart, dem Lilienhähnchen *(Lilioceris),* verzehrt werden.

Schachblume *Fritillaria meleagris* L. 2

Liliengewächse, Liliaceae. **Merkmale:** ✻ IV–V; 15–35 cm. Blüten meist einzeln, selten zu 2–3, dunkel purpurrot bis braunviolett (selten weiß), 3–5 cm lang. Perigonblätter schachbrettartig gefleckt. Blätter meist 4–5, wechselständig, linealisch, rinnig, graugrün, selten mehr als 5 mm breit. Zwiebel (Geophyt!). **Standort:** Feuchte bis nasse Wiesen, Auenwiesen, die zeitweise überschwemmt sind; vorzugsweise auf nährstoffreichen Ton- und Lehmböden. **Verbreitung:** Das Areal dieser Art erstreckt sich von England und Mittelrußland südwärts bis Mitteljugoslawien und zu den Südalpen. In Skandinavien teilweise eingebürgert.
Die Schachblume gilt als typischer Nässezeiger. Da viele Fließgewässer begradigt, zahlreiche Tal- und Sumpfwiesen trockengelegt werden und der Grundwasserstand damit gesenkt wird, entzieht man dieser Pflanze, die bei uns ohnehin fast ausgerottet ist, die letzten Lebensgrundlagen! Die Blüten werden vor allem von Bienen bestäubt. Die gesamte Pflanze enthält Giftstoffe (Alkaloide), diese sind besonders in den Zwiebeln angereichert.

Fleischfarbenes Knabenkraut *Dactylorhiza incarnata* (L.) Soó. 3

Knabenkrautgewächse, Orchidaceae. **Merkmale:** ✳ V–VII; 20–60 (80) cm. Stengel weitlumig, kantig; Blätter 3–6, hellgrün, steif aufrecht, ungefleckt, an der Spitze kapuzenartig oder zumindest rinnig zusammengezogen. Blattspreite an der Basis am breitesten; oberstes Blatt erreicht oder überragt den gesamten Blütenstand. Hoch- (bzw. Trag-)blätter krautig (wie für die gesamte Gattung typisch!), kräftig ausgebildet, länger als die fleischfarbenen Blüten (Name!). Infloreszenz reichblütig, zylindrisch, bis 20 cm lang. Lippe bis 8 mm breit, abgerundet, meist ungeteilt, mit oft undeutlicher Punktierung. Sporn zylindrisch, kürzer als der Fruchtknoten. **Standort:** Feuchte, sumpfige Wiesen, Flachmoore, Bruchwälder; vorzugsweise auf nassen, kalkhaltigen Böden. **Verbreitung:** Nordisch-eurasiatisch; fast ganz Europa, im Mittelmeerraum selten; gemäßigte Regionen Asiens.

Breitblättriges Knabenkraut *Dactylorhiza majalis* Hunt & Summerh. 3

Knabenkrautgewächse, Orchidaceae. **Merkmale:** ✳ V–VII; 15–60 cm. Blüten purpurrot bis lila, selten weiß, in dichtem Blütenstand. Lippe breit-keilförmig, deutlich 3teilig, mit intensiv dunkelroter Zeichnung; Seitenlappen im allgemeinen herabgeschlagen. Untere und mittlere Tragblätter oft etwas gefärbt, länger als die Blüten. Blätter 4–7, trüb-dunkelgrün, kurzscheidig, schlaff abstehend. Blattspreite der unteren Blätter in der Mitte am breitesten; obere Blätter lanzettlich und zugespitzt. Stengel hohl, weitlumig. **Standort:** Feuchte Wiesen, Quellsümpfe, Flachmoore, Gräben. **Verbreitung:** West- und Mitteleuropa, Baltikum und weite Teile des westlichen Asiens.

Männliches Knabenkraut *Orchis mascula* L. 3

Knabenkrautgewächse, Orchidaceae. **Merkmale:** ✳ IV–VI; 20–50 cm. Blüten purpurrot, selten auch ganz weiß; locker in ovaler, reichblütiger Infloreszenz stehend. Perigonblätter keinen Helm bildend; seitliche, äußere fast rechtwinklig zurückgeschlagen, die beiden innersten nicht so lang wie das mittlere äußere Blütenhüllblatt. Lippe tief 3lappig, mit gezähnten, breiten Lappen; dunkel gefleckt. Sporn zylindrisch; Tragblätter häutig, rötlich überlaufen, wie der Sporn etwa so lang wie der Fruchtknoten. Blätter lanzettlich, untere mit abstehender Spreite, obere den kräftig grün gefärbten Stengel scheidig umfassend; Blätter oft schwarzpurpurn punktiert oder gefleckt. **Standort:** Buschige Wiesen, Magerrasen, Schafweiden, Heiden, lichte Wälder; besonders auf kalkreichen Lehmböden in Südwest-Hanglagen; bis in Höhen von 1900 m. **Verbreitung:** Weite Teile Europas, Vorderasiens und Nordafrikas.

Kleines Knabenkraut, Salep-Knabenkraut *Orchis morio* L. 2

Knabenkrautgewächse, Orchidaceae. **Merkmale:** ✳ IV–VII; 8–30 cm. Blüten purpurrot, selten weiß, in kurzer, ovaler Traube; Blütenhüllblätter helmartig zusammengeneigt, stumpflich, grün längsgestreift. Lippe 3lappig, mit breiten Seitenlappen (dadurch breiter als lang!). Sporn keulig-dick, bis 11 mm lang, horizontal abstehend oder etwas aufsteigend. Tragblätter häutig, oft gefärbt, etwa so lang wie der Fruchtknoten; Laubblätter breit- bis länglich-lanzettlich, in der Mitte am breitesten, stumpf, ungefleckt. Stengel kantig. **Standort:** Magerrasen, trockene Wiesen (ungedüngt!), Gebüsche, lichte Wälder, Wiesenmoore; auf kalkhaltigen Böden; bis in Höhen von 1400 m. **Verbreitung:** Nahezu im gesamten europäischen Raum; Vorderasien.

Schmalblättriges Weidenröschen *Epilobium angustifolium* L.

Nachtkerzengewächse, Onagraceae. **Merkmale:** ✳ VI–VIII; 20–150 cm. Stengel stumpfkantig; Blätter wechselständig, lanzettlich, 10–20 (25) mm breit, bis 12 cm lang, weich; unterseits blaugrün, mit hervortretenden Seitennerven, am Rande etwas zurückgerollt. Blüten purpurrot oder rosa, 2–3 cm breit, in verlängerten, aufrechten Trauben; Kronblätter mit kurzem Nagel; Narbe 4spaltig. **Standort:** Waldschläge, Gebüsche, Nadelholzforsten, Heiden; an Waldwegen, auf Schuttplätzen; subalpine Hochstaudenfluren bis 2400 m. **Verbreitung:** Nordisch-eurasiatisch, zirkumpolar.

Die Blüten werden durch Insekten bestäubt (Bienenweide), die Samen, die eine enorm lange Keimfähigkeit besitzen, durch den Wind verbreitet. Ein Wurzelextrakt mit Gerbstoffen, Pektin und Pflanzenschleimen als Inhaltsstoffen wirkt antidiarrhöisch und kann bei Verdauungsbeschwerden verabreicht werden; in jungem Zustand wird die Pflanze gelegentlich als Gemüse gegessen; früher wurde auch die Samenwolle geerntet und verwendet.

Roter Fingerhut *Digitalis purpurea* L.

Braunwurzgewächse, Scrophulariaceae. **Merkmale:** ✳ VI–VIII; 50–150 cm. Stengel unverzweigt, graufilzig. Blüten nickend in einseitswendigen, stark verlängerten Trauben, purpurrot oder weiß, 3–6 cm lang, außen kahl, innen bärtig; die dunkelroten, weiß umrandeten Flecken stellen wahrscheinlich Staubbeutelattrappen dar! Kelchzipfel breit-oval, spitz; Deckblätter etwa so lang wie die Blütenstiele. Laubblätter 15–30 cm lang, eiförmig-lanzettlich, gekerbt; oberseits grün und flaumig behaart, unterseits graufilzig. Untere Blätter lang gestielt, obere sitzend. **Standort:** Waldschläge, an Waldwegen, auf Waldlichtungen, Bergwälder; vorzugsweise auf kalkarmen Lehmböden. **Verbreitung:** Subatlantische Art mit Schwerpunkt des Areals in West- und Mitteleuropa; die östliche Arealgrenze liegt im Südwesten Polens.

Der Rote Fingerhut benötigt zur Entwicklung humide, wintermilde Klimate. Die röhrigen Blüten sind typische Hummelblüten; die Samen werden durch den Wind verbreitet, sie keimen nur im Licht. Schon seit geraumer Zeit ist der Rote Fingerhut als Arzneipflanze von Bedeutung: Aus den Blättern wird das Digitalin, ein Herz- und Kreislaufmittel gewonnen. Giftig!

Gewöhnlicher Thymian *Thymus pulegioides* L.

Lippenblütengewächse, Lamiaceae. **Merkmale:** ✳ VI–X; 5–15 cm. Pflanze kriechend oder aufsteigend, ohne Ausläufer, aromatisch riechend. Stengel scharf 4kantig, 4zeilig an den Kanten behaart. Blätter kahl, höchstens oberseits behaart, von unten nach oben kaum an Größe zunehmend, oval. Blütenstand zylindrisch oder kugelig; Blüten hell- bis dunkelpurpurn, in relativ lokker angeordneten Quirlen. Obere Kelchzähne lang gewimpert. **Standort:** Magerrasen, Heiden, Wald- und Wegränder, Böschungen, Ameisenhaufen, Kiesgruben; Felsen; Dünen; bis in Höhenlagen von 2300 m. **Verbreitung:** Fast ganz Europa.

Der spezielle Kleinbiotop »Ameisenhaufen« ist auf die Fruchtverbreitung durch diese Tiere zurückzuführen. Die Verwendung der Art erstreckt sich von der Imkerei (Bienenweide/Bestäubung) bis zur Heilwirkung, die von den Inhaltsstoffen (ätherische Öle, vor allem Thymol) ausgeht. Insbesondere als Hustenmittel, aber auch als Badezusatz u.a. werden Thymian-Extrakte schon seit Jahrhunderten verabreicht.

Weicher Hohlzahn *Galeopsis pubescens* Bess.

Lippenblütengewächse, Lamiaceae. **Merkmale:** ✻ VI–X; 20–60 cm. Pflanze 1jährig; Stengelknoten nur wenig verdickt und nur spärlich mit abstehenden Haaren und lang gestielten Drüsen besetzt; mehr oder weniger anliegend kurzhaarig. Blätter oberseits anliegend, unterseits abstehend weichhaarig (Name!). Krone dunkelrot, 18–25 mm lang; Kronröhre mehr als doppelt so lang wie der Kelch, mit gelbem Schlund. Unterlippe mit 2 kegelförmigen Ausstülpungen an der Basis (Gattungsmerkmal und -name!). **Standort:** Weg- und Ackerränder, Gebüsch, Waldlichtungen, Kahlschläge; auf nährstoffreichen Ton- und Lehmböden; bis in Höhenlagen von 1600 m. **Verbreitung:** Fast ganz Europa; Schwerpunkt in Mitteleuropa; im Süden bis ins südliche Zentralfrankreich, Mittelitalien, Albanien und zur Ukraine.

Stechender Hohlzahn *Galeopsis tetrahit* L.

Lippenblütengewächse, Lamiaceae. **Merkmale:** ✻ VI–X; 10–30 (80) cm. 1jährige Pflanze; Stengel an den Knoten stark verdickt, 4kantig, abstehend behaart. Blätter bis 10 cm lang, eiförmig-lanzettlich, gezähnt. Krone 15–20 mm lang, kaum doppelt so lang wie der Kelch, rot (selten weiß); Unterlippe gelb und purpurn gefleckt, hell gesäumt; ihr Mittellappen fast quadratisch, gezähnelt. Drüsenhaare des Blütenstands schwarzköpfig. **Standort:** Frische bis feuchte, nährstoffreiche Äcker und Ruderalstellen, Waldschläge, Gebüsche, Brachflächen; bis in Höhenlagen von 2000 m. **Verbreitung:** Fast ganz Europa, sehr selten im Südosten; weit verschleppt.

Bei dieser Art handelt es sich um einen alten Kulturbegleiter, einen Stickstoffzeiger und Humuszehrer. Die Blüten werden durch Insekten, vorwiegend durch Hummeln bestäubt; vielfach kommt auch Selbstbestäubung vor. Die Bruchfrüchte werden mittels Klettverbreitung verfrachtet. Die Pflanze enthält Saponine, Gerbstoffe und überdurchschnittlich viel Siliziumdioxid; sie fand bei Milzbeschwerden, Lungentuberkulose und chronischer Bronchitis als Heilpflanze Verwendung.

Wald-Ziest *Stachys sylvatica* L.

Lippenblütengewächse, Lamiaceae. **Merkmale:** ✻ VI–IX; 30–100 cm. Ganze Pflanze dicht abstehend behaart. Beim Zerreiben entsteht ein widerlicher Geruch. Stengel aufrecht, oben drüsig. Blätter herzeiförmig zugespitzt, grob und spitz gezähnt, nesselartig; untere Blätter lang gestielt. Blüten dunkelpurpurn bis schmutzigviolett, 12–15 mm lang; jeweils zu 4–10 (meist 6) in Scheinquirlen stehend, die eine blattlose Scheinähre bilden. Kelch halb so lang wie die Blüten (4–7 mm), dicht behaart. **Standort:** Feuchte Laubmischwälder, Gebüsche, Auenwälder; an Ufern und Waldwegen; bis in Höhen von 1700 m. **Verbreitung:** Fast ganz Europa; auf einigen Inseln fehlend; selten im Mediterrangebiet.

Die Pflanze ist ein Dunkelkeimer und bevorzugt für ihre Entwicklung schattige bis halbschattige Standorte.

Rote Taubnessel *Lamium purpureum* L.

Lippenblütengewächse, Lamiaceae. **Merkmale:** ✳ III–XI; 10–30 cm. Pflanze mit unangenehmem Geruch, oft rot überlaufen. Blätter herz-eiförmig, ungleich gekerbt, kurz gestielt, weichhaarig; Tragblätter eiförmig-3eckig. Blüten purpurn, 10–15 mm lang, doppelt so lang wie der Kelch; Kronröhre innen mit querlaufendem Haarkranz. **Standort:** Unkrautgesellschaften in Äckern, Gärten, Weinbergen, auf Schuttplätzen und an Wegen; ausgesprochene Ruderalpflanze; bis in Höhenlagen von 1800 m. **Verbreitung:** Eurasiatisch; in Europa nur auf wenigen Inseln fehlend.

Die Rote Taubnessel ist seit der Bronzezeit ein Kulturbegleiter; sie gilt als charakteristischer Stickstoffzeiger, ist eine ausgesprochene Lichtpflanze und einer der wenigen Winterblüher der heimischen Flora.

Gefleckte Taubnessel *Lamium maculatum* L.

Lippenblütengewächse, Lamiaceae. **Merkmale:** ✳ IV–XI; 20–80 cm. Mehrjährige Pflanze; Blüten purpurrot, 20–30 mm lang, mit dunkel gefleckter Unterlippe; Kronröhre gekrümmt mit geradem, purpurnem Haarring. Blätter herzförmig, gesägt, bis 8 cm lang; Blattstiel bis 4 cm lang. **Standort:** Unkrautsäume, Waldränder, Hecken, Straßengräben; (Auen-)Wälder; Hochstaudenfluren; bis in Höhenlagen von 2000 m. **Verbreitung:** Kontinentale Bereiche Eurasiens; in Europa jedoch nur bis 54° nördl. Breite in Norddeutschland, in Osteuropa auch weiter nördlich.

Die Gefleckte Taubnessel ist eine Halbschattenpflanze, außerdem ein Kriechpionier. Die Bestäubung erfolgt durch Insekten, die Fruchtverbreitung wie bei den anderen Taubnessel-Arten vor allem durch Ameisen.

Gewöhnlicher Erdrauch *Fumaria officinalis* L.

Erdrauchgewächse, Fumariaceae. **Merkmale:** ✳ V–X; 10–30 cm. Pflanze 1jährig; Blätter gefiedert, graugrün (von weitem wirkt ein Bestand »rauchähnlich« (Name!)). Blüten (10)20–40, in anfangs dichter Traube, purpurrot, an der Spitze dunkelrot mit grünem Kiel. Krone 6–9 mm lang; Kelchblätter 2,5–3,5 mm lang und 1–1,5 mm breit. Nußfrucht breiter als hoch, an der Spitze mit deutlichem, flachem Grübchen. **Standort:** Lehmige, nährstoffreiche Äcker, Gärten, Weinberge, Unkrautfluren; bis in mittlere Gebirgslagen. **Verbreitung:** Beinahe ganz Europa mit Ausnahme einiger Inseln. Archaeophyt.

Bei dieser Art handelt es sich um einen Kulturbegleiter seit der jüngeren Steinzeit. Plinius erwähnte bereits diese Pflanze; sie war in allen bekannten Kräuterbüchern des Mittelalters berücksichtigt worden. Ihre Heilwirkung beruht auf 7 verschiedenen Alkaloiden, von denen das Fumarin besonders wichtig ist. Extrakte kamen äußerlich bei Flechten und anderen Hautkrankheiten zur Anwendung; ferner verabreichte man diese Heilpflanze als appetit- und verdauungsförderndes Mittel, gelegentlich auch als Abführmittel. Die Blüten werden vorwiegend durch Bienen bestäubt; Ameisen tragen wesentlich zur Verbreitung der Art bei. Die Pflanze ist schwach giftig.

Hohler Lerchensporn *Corydalis bulbosa* (L.)DC. in Lam. & DC.

Erdrauchgewächse, Fumariaceae. **Merkmale:** ✳ III–V; 10–35 cm. Pflanze aufrecht; Stengel am Grund ohne Niederblätter; mit kugeliger, im Alter hohler Knolle. Blätter doppelt 3zählig, blaugrün; Tragblätter eiförmig, ganzrandig. Blüten 18–28 mm lang, purpurrot oder weiß, zu (4) 6–20 in aufrechten Trauben. Äußere Kronblätter 2; oberes nach hinten gespornt und nach vorn verbreitert (Oberlippe); unteres vorn verbreitert (Unterlippe); innere Kronblätter 2, an der Spitze verwachsen (Blüten transversal-zygomorph). **Standort:** Buchen-, Eichenwälder, Schluchtwälder, Auenwälder, Gebüsche; Gärten, Weinberge; auf Lehm- und Kalkböden. **Verbreitung:** Europa außer Norwegen, Finnland und großen Teilen des Mediterrangebietes.

Der Hohle Lerchensporn ist ein Nährstoff- und Lehmzeiger. Die Blüten werden von Bienen und Hummeln bestäubt, die Samen von Ameisen verbreitet. Die Knolle enthält mehrere giftige Alkaloide. Das Bulbocapnin – ein Hypnoticum und Spasmolyticum – wirkt auf das Zentralnervensystem.

Wiesen-Klee *Trifolium pratense* L.

Schmetterlingsblütengewächse, Fabaceae. **Merkmale:** ✳ V–IX; 10–40 cm. Blütenköpfe kugelig bis eiförmig, meist zu 2, mit 2 Tragblättern; Einzelblüten rot bis hellpurpurn, ungestielt. Kelch 10nervig, außen behaart. Blätter 3zählig; Fiederblättchen 1–3 cm lang, eiförmig-länglich, ganzrandig, meist gefleckt. Nebenblätter eiförmig, scharf zugespitzt; Grannenspitze bewimpert. **Standort:** Fettwiesen, Weiden, Felder, lichte Wälder, Moorwiesen; bis in Höhenlagen von 2300 m. **Verbreitung:** Ganz Europa außer einigen Gebieten im äußersten Norden und Süden; in kühlgemäßigten Zonen inzwischen weltweit verbreitet.

Die bis in 2 m Tiefe wurzelnde Kulturpflanze bevorzugt wintermilde Klimate. Für eine optimale Entwicklung sind mehr als 500 mm Jahresniederschlag erforderlich. Hummeln bestäuben die Blüten, Ameisen und pflanzenfressende Säuger verbreiten die Samen. Dem Wiesen-Klee kommt als Nährstoffzeiger, Bodenverbesserer (Anreicherung von Luftstickstoff mittels Bakteriensymbiose) und hochwertige Futterpflanze große wirtschaftliche Bedeutung zu.

Futter-Esparsette *Onobrychis viciifolia* Scop.

Schmetterlingsblütengewächse, Fabaceae. **Merkmale:** ✳ V–VII; 30–60 cm. Stengel aufrecht bis bogig aufsteigend, mit verlängerten Internodien; Blätter gefiedert, mit 5–12 Paaren von eilänglichen, selten linealischen Fiedern (4–9 mm breit). Blütentrauben vor dem Aufblühen eiförmig-länglich, zur Blütezeit 1,5–2 cm breit; Blütenstiele 1 mm lang. Tragblätter 3,5–4 mm lang; Kelch 5,5–8 mm lang, Kelchzähne 2–4mal so lang wie die Kelchröhre. Krone hellrot, 10–14 mm lang. Frucht 6–8 mm lang, am Kamm mit 6–8 dicken, bis 1 mm langen Stacheln (Klettverbreitung!). **Standort:** Halbtrocken- und Kalkmagerrasen; trockene Wiesen. Oft als Trockenfutterpflanze angebaut, teils verwildert und als Neophyt auftretend. **Verbreitung:** Die Art ist möglicherweise in Mitteleuropa heimisch; sie wurde (seit dem 16. Jh.) weithin kultiviert und vielfach eingebürgert. Ursprünglich wohl aus Südosteuropa stammend. Die Futter-Esparsette ist ein Tiefwurzler und Bodenverbesserer; ihre Blüten werden von Insekten bestäubt (Bienenweide!).

Futter-Wicke *Vicia sativa* L.

Schmetterlingsblütengewächse, Fabaceae. **Merkmale:** ✳ IV–VII; 30–80 cm. Stengel kantig, wie die Blätter angedrückt behaart. Blätter mit 4–7 Fiederblattpaaren und verzweigter Endranke; Fiederblättchen mehr als 5 mm breit, eiförmig bis linealisch. Blüten zu 1–2 blattachselständig, kurz gestielt; Fahne hellrotviolett bis rosa, Flügel dunkelkarmin. Kelchzähne gleich. Reife Hülse aufrecht, meist kurzhaarig, zur Reife braun. **Standort:** Getreidefelder, nährstoffreiche Äcker, frische Ruderalstellen, Wegränder; vielfach auf Lehmböden. Kulturpflanze: zerstreut als Futterpflanze angebaut und vielfach verwildert; auch Neophyt. **Verbreitung:** Ganz Europa und Westasien, in Rußland bis 69° nördl. Breite. Ursprünglich aus dem Mittelmeergebiet stammend.

Bienen und Falter sind die Hauptbestäuber dieser Art, die als hochwertige Futterpflanze gilt (oft mit Hafer und Klee als Grünfutter).

Knollen-Platterbse *Lathyrus tuberosus* L.

Schmetterlingsblütengewächse, Fabaceae. **Merkmale:** ✳ VI–VIII; 20–100 cm. Pflanze mit Wurzelknollen (Name!), niederliegend oder mit Ranken kletternd. Blätter mit 1 Paar laubiger Fiedern (elliptisch, netznervig, fein zugespitzt) und Endranke; Nebenblätter halbpfeilförmig. Blüten zu 2–5, karminrot, 12–16 mm lang, wohlriechend. **Standort:** Lehmig-tonige Äcker, Getreidefelder (besonders Winterweizen), Wegränder, Bahndämme; kalkhold. **Verbreitung:** Eurasiatisch mit kontinentaler Tendenz; fast ganz Europa mit Ausnahme des äußersten Nordens und Südens. Archaeophyt.

Auch diese Art wurde (und wird) teilweise als Futterpflanze angebaut; sie gilt als Kulturbegleiter. Die Bestäubung der Blüten erfolgt durch Insekten (Bienen); die Wurzelknollen sind genießbar.

Filzige Klette *Arctium tomentosum* Mill.

Korbblütengewächse, Asteraceae. **Merkmale:** ✳ VII–IX; 50–120 cm. Blätter herzeiförmig, ohne verlängerte Spitze, unterseits dicht grauweiß filzig. Stiele der Grundblätter markig, oft braun-rötlich gefärbt. Blütenköpfe kugelig, dicht spinnwebig-wollig, 1,5–3 cm breit; höchstens äußere Hüllblätter mit hakenförmiger Spitze (Widerhaken!); innere Hüllblätter stumpflich, mit aufgesetzter, kurzer, gerader Stachelspitze, rötlich. Nur Scheibenblüten purpurn. Frucht 5–6 mm lang. **Standort:** Frische bis trockene Ruderalstellen (Wegränder, Schutt, Zäune, Ufer). **Verbreitung:** Fast ganz Europa und Westasien; selten im Norden und Westen; oft verschleppt.
Fruchtverbreitungsmechanismen: Entweder werden die Fruchtstände durch Epizoochorie transportiert oder die Hüllblätter verhaken sich an vorbeistreifenden Tieren und katapultieren beim Zurückschnellen die Früchte aus den Köpfchen (»Tierballisten«); zusätzlich ist Windverbreitung möglich.

Rote Pestwurz *Petasites hybridus* (L.) G. M. Sch.

Korbblütengewächse, Asteraceae. **Merkmale:** ✳ III–V; 30–120 cm. Blütenstengel im Frühjahr vor der Blättern erscheinend. Blütenstand traubig, eiförmig; zahlreiche dichtstehende, rötlichweiße bis rotviolette Blütenköpfe (= Teilblütenstände!). Nur Röhrenblüten vorhanden. Männliche Blütenköpfe 7–12 mm lang, etwa doppelt so groß wie die weiblichen. Hüllblätter rötlich, kahl und stumpf. Laubblätter bis 1,2 m lang und 0,6 m breit, grundständig und lang gestielt. Blattspreite herzförmig, mit abgerundeten basalen Lappen, gezähnt; Blattoberseite grün, kurzhaarig; Unterseite grauwollig, jedoch allmählich verkahlend. Blattstiel oberseits tief gefurcht. **Standort:** Naßwiesen, Ufer kühler, rasch fließender Gewässer, feuchte Wälder und Schluchten; Erlen- und Weidengebüsch. **Verbreitung:** Europa, nördlich bis Schottland, Norddeutschland; in Skandinavien und im baltischen Raum eingebürgert.
Die Rote Pestwurz ist als Schwemmlandfestiger von Bedeutung. Für eine optimale Einwirkung ist eine hohe Luftfeuchtigkeit erforderlich. Die Art gehört zu den ersten Frühjahrsblühern, Bienen fungieren als Bestäuber. Die zylindrischen, behaarten Früchte werden durch den Wind verbreitet. In der Wurzel findet sich eine Fülle von wirksamen Inhaltsstoffen, die als Wundheilmittel, Diureticum, bei Genick- und Kopfschmerzen usw. genutzt werden.

Wiesen-Flockenblume *Centaurea jacea* L.

Korbblütengewächse, Asteraceae. **Merkmale:** ✳ VI–X; 20–80 cm. Stengel aufrecht, kantig, rauh. Obere Stengelblätter sitzend, lanzettlich, ungeteilt; untere in den Stiel verschmälert, manchmal gelappt bis gefiedert. Blütenköpfe meist einzeln, groß, purpurrötlich; Randblüten deutlich strahlig vergrößert. Die deutlich abgesetzten Hüllblattanhängsel überdecken die nachfolgenden Hüllblätter vollständig; sie sind schwarzbraun bis weißlich, ganzrandig oder zerschlitzt-gefranst und rundlich. Pappus fehlend. **Standort:** Wiesen, Weiden, Magerrasen, Wegränder, Gebüsche. **Verbreitung:** Eurasiatisch mit Schwerpunkt in den mittleren und südöstlichen Gebieten.
Die Staubblattstiele sind durch den Innendruck (Turgor) ihrer Zellen nach außen gekrümmt. Eine Berührung derselben bewirkt eine rasche, elastische Kontraktion, so daß die verwachsene Staubbeutelröhre nach unten gezogen wird und der im Inneren stehende Griffel den Pollen oben aus der Röhre herauspreßt und am Körper der bestäubenden Insekten abstreift.

Gewöhnliche Kratzdistel, Lanzett-Kratzdistel

Cirsium vulgare (Savi) Ten.

Korbblütengewächse, Asteraceae. **Merkmale:** ✻ VII–IX; 60–150 (200) cm. Blütenköpfe 2–4 cm breit, 4–8 cm lang, einzeln oder zu 2–3, purpurrot oder rötlich-violett. Frucht länglich, flach, mit federigem Pappus (Haarkelch). Blätter tief fiederspaltig, am Stengel herablaufend; Fiederabschnitte deutlich stachelig gezähnt, in einen langen gelben Stachel auslaufend (»Lanzett-Kratzdistel«). Blätter unterseits graufilzig, oberseits durch feine Stacheln rauh. **Standort:** Unkrautgesellschaften an Wegen, Ufern, auf Schuttplätzen und Waldschlägen; bis in Höhenlagen von 1400 m. **Verbreitung:** Fast ganz Europa; die Massenverbreitung liegt im europäischen Westen, das Areal umfaßt jedoch auch Bereiche Westasiens.

Die Gewöhnliche Kratzdistel gehört zu den Zeigerpflanzen für Nitrat. Die Bestäubung der Blüten erfolgt durch Käfer und Hummeln, daneben ist Selbstbestäubung durchaus üblich. Der federige Pappus ermöglicht eine wirkungsvolle Windverbreitung der Früchte.

Krause Distel *Carduus crispus* L.

Korbblütengewächse, Asteraceae. **Merkmale:** ✻ VII–IX; 60–130 cm. Zweijährige Pflanze mit breit kraus geflügelten Stengeln und Ästen (Name!). Entweder alle Blätter fiederspaltig oder die obersten auch nur buchtig-doppeltgezähnt; mehr oder weniger weichdornig. Die Blattunterseite ist meist spinnwebig-filzig. Blütenköpfe meist gehäuft am Ende der Stengel. Äußere Hüllblätter kürzer als die inneren, oft spinnwebig miteinander verbunden. Hüllblätter kürzer als die Blüten. **Standort:** Feuchte Ruderalstellen, Auenwälder, Bachufer, Gräben, auch Wegränder. **Verbreitung:** Eurasiatisch, vor allem in den gemäßigten Regionen. Von der Ebene bis in mittlere Gebirgslagen.

Die Art tritt oft in Gesellschaft mit Brennesseln (*Urtica dioica,* s. S. 258) und Kletten-Labkraut (*Galium aparine,* s. S. 78) auf. Zahlreiche Insektensippen kommen als Bestäuber in Frage. Die Fruchtverbreitung erfolgt durch den Wind.

Stachel-Distel *Carduus acanthoides* L.

Korbblütengewächse, Asteraceae. **Merkmale:** ✻ VI–X; 30–100 cm. Stengel und Blütenkopfstiele dornig geflügelt; Blätter alle tief fiederspaltig, beiderseits grün, mit 6–7 mm langen, derben, weißlichen Dornen besetzt. Blütenköpfe einzeln oder zu 2–3, hellrot bis hellpurpurn, 1–2 cm breit, auf kurzen, kraus geflügelten Köpfchenstielen. **Standort:** Trockene Ruderalstellen, Weiden, Schuttanger, Wegränder (offene Unkrautgesellschaften). **Verbreitung:** Gemäßigt-kontinentale Bereiche Europas; im Südwesten fehlend, im Norden meist nur eingeschleppt.

Die Stachel-Distel zählt zu den Kulturbegleitern und Pionierpflanzen. Ihre Blüten werden vorwiegend von Bienen und Hummeln bestäubt, die Verbreitung der Früchte (Pappus vorhanden!) erfolgt durch den Wind.

Wildes Silberblatt *Lunaria redivia* L.

Kreuzblütengewächse, Brassicaceae. **Merkmale:** ✻ V–VII; 30–140 cm. Blüten blaßviolett, wohlriechend, 4zählig. Kronblätter 12–20 mm lang, Kelchblätter 5–6 mm lang. Fruchttyp: Schötchen!; sehr groß, flach, elliptisch-lanzettlich, an beiden Enden kurz zugespitzt, 3–5 cm lang und 2–3 cm breit. Alle Blätter herzförmig, gestielt, gezähnt; untere fast gegenständig. – **Standort:** Feucht-schattige Schlucht- und Hangwälder (Laubwälder) der montanen Stufe, oft steile Waldhänge! – **Verbreitung:** Fast ganz Europa mit Ausnahme des extremen Nordens und Südens.

Die Blüten dieser Pflanze sind typische Nachtfalterblumen, werden jedoch auch von anderen Insekten, beispielsweise Bienen bestäubt; auch Selbstbestäubung kommt vor. An der Verbreitung der Fortpflanzungseinheiten ist der Wind maßgeblich beteiligt.

Gewöhnliche Nachtviole *Hesperis matronalis* L.

Kreuzblütengewächse, Brassicaceae. **Merkmale:** ✻ V–VII; 40–100 cm. Blätter und Stengel langborstig. Blätter eiförmig bis lanzettlich, gezähnt, dunkelgrün, nach oben hin kleiner werdend; Grundblätter eiförmig, mehr oder weniger ungeteilt, hinfällig. Blüten violett, lila oder selten weiß, bis 2 cm breit, wohlriechend, in relativ dichtem, traubigem Blütenstand. Fruchttyp: Schote(!); aufrecht, bogig gekrümmt, 3–10 cm lang, höckerig. – **Standort:** Ruderalstellen, Bauerngärten, Auenwälder, feuchte Gebüsche; Zierpflanze, oft verwildert und dann als Neophyt auftretend. – **Verbreitung:** Zerstreut im zentralen und südlichen Europa, im äußersten Süden und im Westen jedoch fehlend; häufig verschleppt.

Die Blüten der Gewöhnlichen Nachtviole werden besonders von Nachtfaltern, aber auch auf dem Wege der Selbstbestäubung bestäubt, die Fruchtverbreitung geschieht mit Hilfe des Windes.

Gewöhnliches Heidekraut *Calluna vulgaris* (L.) Hull.

Heidekrautgewächse, Ericaceae. **Merkmale:** ✻ VII–X; 20–50 (100) cm. Immergrüner Zwergstrauch mit hellvioletten Blüten in bis 15 cm langen, einseitswendigen, dichten Trauben. Blüten nickend, 4 mm lang; Kelch blütenblattartig, länger als die Krone, mit grünem Außenkelch. Staubblätter 8, Staubbeutel mit je 2 langen Hörnern, sich mit Poren öffnend. Kapselfrucht. Blätter lineal-lanzettlich, 1–3,5 mm lang, 4zeilig angeordnet. – **Standort:** Heiden, Magerweiden, lichte, trockene Wälder (Kiefern-, Eichenwälder), Moore; auch felsiger Untergrund. Insbesondere auf nährstoff- und basenarmen, sauren Böden; bis in Höhenlagen von mehr als 2500 m. – **Verbreitung:** Ganz Europa mit Ausnahme der südöstlichen Gebiete; Massenverbreitung in den mittleren, westlichen und nördlichen eurasiatischen Regionen.

Gewöhnliches Alpenglöckchen *Soldanella alpina* L.

Primelgewächse, Primulaceae. **Merkmale:** ✻ IV–VII; 5–15 (20) cm. Blätter grundständig, 1,5–3,5 cm breit, dicklich, rundlich-nierenförmig, meist ganzrandig. Blütenschaft 1–3blütig, blattlos; Blütenstiele mit sitzenden Drüsen, später verkahlend. Krone 8–15 mm lang, glockig-trichterförmig, mit fein zerschlitztem Saum, blauviolett, selten weißlich. – **Standort:** Nährstoffreiche, kalkhaltige Schneeböden, Riesenfluren, feuchte Mulden der alpinen Stufe (1000–2900 m), Schneetälchen. – **Verbreitung:** Europäisch-alpine Art (Pyrenäen, Appennin, Alpen und Dalmatinische Gebirge); nördlich bis zum Schwarzwald, südlich bis Calabrien.

Gewöhnlicher Strandflieder *Limonium vulgare* Mill.

Bleiwurzgewächse, Plumbaginaceae. **Merkmale:** ✳ VIII–IX; 20–50 cm. Stengel verzweigt; Blätter verkehrt-eiförmig, kahl, etwas stachelspitzig, ganzrandig-knorpelrandig, immergrün. Blütenstand doldenrispig, dichtblütig; Blüten blauviolett, 5zählig, einseitswendig, mit häutigen Hüllblättern. **Standort:** Salzwiesen, Schlickböden der Küsten. **Verbreitung:** Küsten Süd- und Westeuropas; nordöstlich bis Südwest-Schweden.
Der Strandflieder ist ein ausgesprochener Halophyt mit besonderen Anpassungen an das salzhaltige Milieu, das die Wasseraufnahme erschwert. Die »Lösung« des Problems besteht darin, daß die Zellsaftkonzentration enorm erhöht wird; bei manchen Vertretern der Gattung *Limonium* wurden osmotische Werte im Zellsaft von 160 atm gemessen! Die Blüten sind heterostyl und begünstigen damit die Fremdbestäubung durch Insekten.

Deutscher Enzian *Gentianella germanica* Willd. E. F. Warb. 3

Enziangewächse, Gentianaceae. **Merkmale:** ✳ VIII–X; 5–30 cm. Stengel meist nur oberwärts ästig. Grundständige Blätter, verkehrt-eiförmig-spatelig; allmählich in spitze, eiförmig-lanzettliche Stengelblätter übergehend. Blüten rötlichviolett; Kronröhre 25–35 mm lang, bis 10 mm breit, fast doppelt so lang wie der Kelch. Kronzipfel 5, nicht gefranst, Schlund der Krone deutlich bärtig; Fruchtknoten gestielt. Kelch mit 5 fast gleichen Zipfeln, Ränder durch Papillen rauh. **Standort:** Schafweiden, Heideflächen, Kalkmagerrasen, Waldränder der kollinen bis montanen Region. **Verbreitung:** West- und Mitteleuropa; von Südengland bis zu den Südalpen und Ostkarpaten.
Gelegentlich trifft man auch schon im Mai bis Juli auf blühende Exemplare. Es handelt sich dann um die Sommerform, die wie die später blühende Herbstform meist als eigene Unterart geführt wird. Die Sommerform besitzt weniger Internodien und stumpfe Stengelblätter.

Echtes Lungenkraut *Pulmonaria officinalis* L.

Rauhblattgewächse, Boraginaceae. **Merkmale:** ✳ III–V; 15–30 cm. Blüten zunächst rot, später blau. Kronröhre mit 5 Haarbüscheln, länger als der Kelch. Spreite der Grundblätter nichtblühender Triebe herzförmig abgerundet, plötzlich in den Stiel verschmälert; obere Stengelblätter oval, stengelumfassend. Stengel und Blütenstiele mit Borsten- und Drüsenhaaren besetzt. **Standort:** Krautreiche Laubmischwälder, Gebüsche, Waldränder; bis 1700 m. **Verbreitung:** Das Areal erstreckt sich von den Niederlanden und Südschweden im Norden bis Norditalien und Bulgarien im Süden.
Bienen und Hummeln (Hautflügler) bestäuben die Blüten. Die Verbreitung der 1samigen Bruchfrüchte (Klausen) erfolgt durch Ameisen.

Gewöhnlicher Beinwell *Symphytum officinale* L.

Rauhblattgewächse, Boraginaceae. **Merkmale:** ✳ V–IX; 30–100 cm. Blüten rotviolett oder gelblichweiß, in Doppelwickeln. Krone 1,5 cm lang mit sehr langen Schlundschuppen. Blätter lanzettlich, bis 25 cm lang, weit am Stengel herablaufend. Stengel aufrecht, ästig, steifhaarig. **Standort:** Feuchte Wiesen, Ufer, Gräben, Auenwälder, Moorwiesen. **Verbreitung:** Europa, Asien; in Südeuropa selten, im Norden vielfach nur eingebürgert.
Früher verwendete man die Wurzeln des Beinwells zur Behandlung von Wunden, Krampfadern, Knochenbrüchen und Knochenhautentzündungen.

Bittersüßer Nachtschatten *Solanum dulcamara* L.

Nachtschattengewächse, Solanaceae. **Merkmale:** ✻ VI–VIII; 30–200 cm. Pflanze halbstrauchig; Stengel am Grund verholzt, niederliegend und oft kletternd. Blätter meist ungeteilt, eiförmig-lanzettlich, die obersten meist spießförmig oder geöhrt. Blüten (dunkel-)violett, in doldig-traubiger Infloreszenz; Krone 5teilig, flach ausgebreitet, 1 cm breit; Staubbeutel gelb, zu kegelförmiger Röhre verwachsen. Beeren eiförmig, glänzend scharlachrot. **Standort:** Ufer, Weidengebüsch, Erlenwälder, Auenwälder, Gräben, Hecken (Schleiergesellschaften); bis 1700 m. **Verbreitung:** Fast ganz Europa.
Die Pflanze wurde schon im 16. Jh. verwendet (Blutreinigungsmittel, Ekzeme, Asthma). Die Heilwirkung beruht auf Saponinen und meist giftigen Alkaloiden.

Tollkirsche *Atropa belladonna* L.

Nachtschattengewächse, Solanaceae. **Merkmale:** ✻ VI–VIII; Pflanze krautig; Blätter eiförmig, zugespitzt, ganzrandig, in den Blattstiel herablaufend, bis 20 cm lang. Blüten einzeln, scheinbar blattachselständig, violettbraun, innen schmutziggelb. Krone glockenförmig, 25–30 mm lang, mir kurzem 5lappigem Saum. Kelch zur Fruchtzeit etwas vergrößert. Fruchttyp: Beere; glänzend schwarz, kugelig, saftig. Oft sind an einer Pflanze gleichzeitig Blüten, grüne und reife Früchte zu beobachten. **Standort:** Kahlschläge, Waldlichtungen, in Laub- und Mischwäldern, an Waldwegen, auf Brandflächen; bis 1700 m; auf Kalk-, Porphyr- und Gneisböden. **Verbreitung:** Mittel-, West- und Südeuropa; nördlich bis Nordengland, östlich bis zur Ukraine.
Für die Verbreitung der lackartig glänzenden Beeren sorgen Vögel, auf die offenbar die gefährliche Giftwirkung der Pflanze keinen Einfluß hat. Die gesamte Pflanze enthält die Alkaloide Atropin, Hyoscyamin und Hyoscin, die beim Menschen Pupillenerweiterung und Lähmungserscheinungen hervorrufen und meist zum Tode führen. In geringeren Dosen werden diese Stoffe heute noch in großem Maßstab als Anregungsmittel medizinisch verwendet.

Wiesen-Glockenblume *Campanula patula* L.

Glockenblumengewächse, Campanulaceae. **Merkmale:** ✻ V–VIII; 20–60 cm. Blütenstand locker schirmrispig bis armblütig; Seitenäste schlaff, mehr oder weniger gebogen, dadurch Blüten nickend. Krone lila, trichterförmig; Kronzipfel 5, bis zur Mitte gespalten. Kapselfrucht. Seitliche Blütenstiele über der Mitte mit 2 Hochblättern; Grundblätter kurz gestielt, länglich, von Stengelblättern kaum verschieden. **Standort:** Frische, nährstoffreiche Fettwiesen, Gebüsche und ihre Säume; bis in Höhen von 1400 m. **Verbreitung:** Nahezu ganz Europa; im Nordwesten und Süden nur örtlich auftretend.
Die Blüten wenden sich dem Licht zu (sonnenwendig, Lichtpflanze!); sie sind proterandrisch und werden hauptsächlich von Bienen bestäubt.

Acker-Glockenblume *Campanula rapunculoides* L.

Glockenblumengewächse, Campanulaceae. **Merkmale:** ✻ VI–IX; 30–80 cm. Blüten in einseitswendiger, aufrechter Traube, 1–3 cm lang, nickend, kurz gestielt. Krone hellviolett, am Rande meist gewimpert; Kelchzipfel zuletzt zurückgeschlagen. Kapselfrucht. Hochblätter nach oben hin deutlich verkleinert. Untere Blätter herzeiförmig-3eckig, spitz, gekerbt, unterseits grün, kurzhaarig. Pflanze mit unterirdischen Ausläufern. **Standort:** Lehmig-tonige Äcker, Trockenwälder und ihre Säume, Gebüsche, Wegränder; bis 1600 m. **Verbreitung:** Europa und Westsibirien; weit verschleppt.

Gewöhnliche Kuhschelle, Echte Küchenschelle
Pulsatilla vulgaris Mill. 3

Hahnenfußgewächse, Ranunculaceae. **Merkmale:** ✻ III–V; 5–15 (zur Fruchtzeit bis 40) cm. Pflanze vollkommen seidenhaarig. Grundblätter erst nach der Blütezeit erscheinend, 2-3fach gefiedert; Hochblätter 3, in schmale Abschnitte zerteilt, eine Art Hülle (Involucrum) bildend. Blüten 55–80 mm lang, violett. Blütenhüllblätter 6, als Perigon ausgebildet. Blütenschaft zur Fruchtzeit stark verlängert, ebenso die Griffel, die zottige Haare ausbilden. **Standort:** Sonnige Hänge, Kalkmagerrasen, Wiesen, Heiden, trockene Wälder. **Verbreitung:** West- und Mitteleuropa; in Schweden bis 60° nördl. Breite, östlich bis zur Ukraine.

Die Blüten werden von Bienen und Hummeln bestäubt. Die Verbreitung der Nußfrüchte erfolgt durch den Wind: Aufgrund der zottig ausgebildeten verlängerten Griffel kann man von »Haarfliegern« sprechen. Der alkoholische Extrakt der frischen Pflanze wird wegen seiner Heilwirkung (schmerzstillend, diuretisch, schweißtreibend, krampflösend) verwendet. Giftig.

Zwiebel-Zahnwurz *Cardamine bulbifera* (L.) Crantz

Kreuzblütengewächse, Brassicaceae. **Merkmale:** ✻ IV–VI; 30–60 cm. Blüten hellviolett (gelegentlich auch rosa oder weiß), in verlängerten Trauben. Schoten lanzettlich-linealisch, allmählich in den Fruchtgriffel verschmälert. Grundblätter 2–3paarig gefiedert; obere Stengelblätter einfach, lanzettlich, gekerbt-gesägt. Rhizom fleischig, mit zahnartigen Niederblattschuppen (Name!). In den Blattachseln finden sich meist kleine, bräunlich-violette, knospenartige Zwiebeln (Bulbillen). **Standort:** Krautreiche, montane Buchen-Ahorn-Mischwälder; kalkliebend. **Verbreitung:** Gemäßigt-kontinentale Art; Europa mit Ausnahme des Südwestens und des äußersten Nordens.

Neben Insekten- ist auch Selbstbestäubung möglich. Dennoch ist die Pflanze quasi steril, die sexuelle Fortpflanzung wird durch vegetative Vermehrung ersetzt. Dazu dienen die Bulbillen (»Brutzwiebeln«), die z. T. durch Ameisen, aber auch durch die Pflanze selbst verbreitet werden.

Wald-Storchschnabel *Geranium sylvaticum* L.

Storchschnabelgewächse, Geraniaceae. **Merkmale:** ✻ VI–VIII; 20–70 cm. Blütenstiele 2blütig, nach dem Verblühen aufrecht bleibend. Blütenkronblätter rotviolett, 12–18 mm lang, am Grund bärtig; Staubfäden lanzettlich. Blätter 7lappig, bis über die Hälfte eingeschnitten und etwa bis zur Mitte grob unregelmäßig gezähnt; Blattabschnitte breit-rhombisch. Pflanze behaart. **Standort:** Wiesen, Wälder, Gebüschsäume; Hochstaudenfluren; vorzugsweise im Gebirge; bis 2200 m. **Verbreitung:** Fast ganz Europa.

Insektenbestäubung, Schleuderverbreitung.

Weicher Storchschnabel *Geranium molle* L.

Storchschnabelgewächse, Geraniaceae. **Merkmale:** ✻ V–X; 10–30 cm. Stengel meist aufrecht, abstehend weich-zottig behaart, oberwärts auch mit Drüsenhaaren (Moschusgeruch). Kronblätter blaßviolett bis rosarot, 4–8 mm lang, tief eingeschnitten, länger als der Kelch. Fruchtklappen querrunzelig, kahl; Fruchtschnabel schwach flaumig. Blattspreite 7–9lappig, beiderseits abstehend weichhaarig. **Standort:** Mäßig trockene Ruderalstellen (Schutt, Wege, Dämme); sonnige Unkrautfluren, Sandtrockenrasen, Heiden. **Verbreitung:** Europa ; Westasien; weltweit verschleppt.

Herbst-Zeitlose *Colchicum autumnale* L.

Liliengewächse, Liliaceae. **Merkmale:** ✻ VIII–XI; 2–20 cm. Pflanze zur Blütezeit (Herbst) ohne grüne Blätter. Blüten einzeln, blaßviolett; Perigonblätter länglich, zu einer bis zu 20 cm langen Blütenröhre verwachsen. Griffel 3, ebenfalls bis 20 cm lang. Fruchtkapseln im Frühjahr zusammen mit den Blättern erscheinend. Blätter meist zu 3, breit-lanzettlich, glänzend grün, 15–20 cm lang, die basale Fruchtkapsel teilweise einhüllend. Unterirdische Sproßknolle, bis 7 cm lang. **Standort:** Feuchte Wiesen, Auenwälder; bis in Höhen von 2000 m. **Verbreitung:** Zentraleuropäische Art mit Verbreitungsschwerpunkt in West- und Mitteleuropa sowie im nördlichen Mediterrangebiet; östlich bis Weißrußland und zur Ukraine.

Aufgrund der extrem langen Griffel, die von den Pollenschläuchen durchwachsen werden müssen (da der Fruchtknoten unter der Erde liegt!), vergeht eine relativ lange Zeitspanne zwischen Bestäubung und Befruchtung. Die Pollenkörner müssen vom Griffelgewebe ernährt werden, um überleben zu können. In jedem Herbst entsteht seitlich neben der alten Sproßknolle eine neue, aus der sich der Blütensproß des kommenden Jahres bildet. Während des Frühjahres und Sommers werden Reservestoffe gebildet, die für die nächste Vegetationsperiode zur Verfügung stehen. Durch die seitliche Knollenbildung wird eine stets gleiche Tiefenlage im Boden gewährleistet. Bemerkenswert ist ferner, daß die Herbst-Zeitlose mit ihrem abnormen Entwicklungszyklus sehr gut an den Mahdrhythmus der Wiese angepaßt ist.

Insbesondere in der Knolle findet sich das stark giftige Colchicin, das zu den Alkaloiden gehört und aus den Aminosäuren Phenylalanin und Tyrosin synthetisiert wird. Medizinisch wird Colchicin zur Behandlung von Gicht und Rheuma verwendet. Der Pflanzenzüchter benötigt es zur Herstellung polyploider Pflanzen (mit mehrfachem Chromosomensatz), da durch die Giftwirkung die Verteilung der Chromosomen unterbunden wird; eine Zellteilung erfolgt nicht mehr.

Wald-Veilchen *Viola reichenbachiana* Jord. ex Bor.

Veilchengewächse, Violaceae. **Merkmale:** ✻ IV–VI; 10–30 cm. Grundblätter in den Achseln beblätterter Stengel. Blätter herzeiförmig, nur zerstreut behaart; Nebenblätter kammartig gefranst. Blüten rötlichviolett, kleiner als 2 cm; Kronblätter sich nicht überdeckend; Sporn schlank, dunkelviolett, meist abwärts gebogen, 4–6 mm lang. **Standort:** Laub- (Buche) und Nadelmischwälder, Gebüsche; bis in Höhenlagen von 1600 m. **Verbreitung:** Das Wald-Veilchen ist eine zentraleuropäische Art mit Schwerpunkt im europäischen Laubwaldgürtel; nördlich bis 60° nördl. Breite in Schweden, östlich bis Estland und zur Ukraine, im Süden vor allem in Gebirgen.
Falls die Bestäubung durch Insekten nicht gewährleistet ist, kann auch Selbstbestäubung erfolgen. Die Samen werden durch Ameisen verbreitet.

Rauhhaariges Veilchen *Viola hirta* L.

Veilchengewächse, Violaceae. **Merkmale:** ✻ III–V; 5–10 (25) cm. Blüten geruchlos; Kronblätter alle ausgerandet, violett bis hellblau, am Grund weiß. Sporn rötlich-violett, dünn. Vorblätter 2, unterhalb der Mitte des Blütenstiels. Blätter grasgrün, beiderseits behaart (Name!); Blattspreite 1,5–2mal so lang wie breit, am Grund schwach herzförmig mit seichter, weiter Bucht, am Rand regelmäßig gekerbt. Nebenblätter ganzrandig oder gefranst, kahl; Fransen deutlich kürzer als die Breite der Nebenblätter. **Standort:** Trockenwälder, -gebüsche und ihre Säume, Halbtrockenrasen, wechseltrockene Moorwiesen; Kalkgebiete; bis in Höhen von 1200 m. **Verbreitung:** Fast ganz Europa; Westasien.
Die Blüten bestäuben sich meist selbst bereits in der Blütenknospe (Kleistogamie); als Mechanismus zur Verbreitung der Samen tritt eine »Quetsch-Schleuder« in Erscheinung. Auch Ameisen sind an der Verbreitung beteiligt.

Wohlriechendes Veilchen *Viola odorata* L.

Veilchengewächse, Violaceae. **Merkmale:** ✻ III–V; 5–10 cm. Pflanze mit oberirdischen, wurzelnden Ausläufern und grundständiger Blattrosette, ohne oberirdischen Stengel. Blattspreite rundlich-nierenförmig bis herzeiförmig, fein behaart, unterseits oft glänzend. Nebenblätter eiförmig, 3–5 mm breit, zugespitzt, meist ganzrandig oder kurz gefranst. Krone dunkelviolett, selten rosa oder weiß; Sporn gerade, gleichfarbig. **Standort:** Waldränder, Gebüsche und deren Säume, Feldulmenwälder, Obstgärten, Bachufer. Oft aus Gärten verwildert und eingebürgert. **Verbreitung:** Europa mit Ausnahme des äußersten Nordens und Teilen des Mediterrangebietes.
Das Wohlriechende Veilchen bildet nur im Frühjahrs-Kurztag normale Blüten, die von Insekten (vor allem von Bienen) bestäubt werden; im sommerlichen Langtag entstehen kleistogame Blüten. Sehr wirkungsvoll ist die Selbstverbreitung durch Ausläufer. Die Art ist als Heilpflanze schon seit langem bekannt (Hippocrates!): Sie enthält das Alkaloid Odoratin, das u. a. gegen Erkrankungen der Luftwege verwendet wird; Extrakte der Wurzel, die vor allem Saponine enthält, wirken brecherregend.

Mauer-Zimbelkraut *Cymbalaria muralis* G. M. Sch.

Braunwurzgewächse, Scrophulariaceae. **Merkmale:** ✳ VI–IX; 30–60 cm. Pflanze kahl, kriechend; Stengel fadenförmig. Blätter lang gestielt, rundlich-nierenförmig, 3–7lappig, fingernervig, kürzer als ihr Stiel; unterseits oft purpurviolett. Krone hellviolett, mit gelbem Gaumen, 6–8 mm lang (ohne Sporn); Sporn stumpf, kaum halb so lang wie die übrige Krone. Blüten lang gestielt, einzeln in den Blattachseln. **Standort:** Schattige, luftfeuchte, kalkhaltige Mauern (Mörtelfugen!) und Felsspalten. Alte Zierpflanze, oft eingebürgert (Neophyt!). Bis in Höhen von 800 m. **Verbreitung:** Die Art stammt aus dem (Nord-)Mediterrangebiet (Südalpen, Westjugoslawien, Mittel- und Süditalien). Sie weist eine subatlantische Ausbreitungstendenz auf und kommt – nachdem sie als Zierpflanze oft angebaut und eingebürgert wurde – fast überall in Süd-, West- und Mitteleuropa vor.

Die Blütenstiele dieses »Spaltenkriechers« sind zunächst positiv phototropisch, sie wenden sich dem Licht zu. Nach der Bestäubung durch Insekten (meist Bienen) und der Befruchtung erfolgt eine Umorientierung: Die Fruchtstiele reagieren negativ phototropisch, sie wenden sich vom Licht ab, verlängern sich und bringen so die reifenden Früchte in dunkle Mauerritzen, wo die Samen die für ihre Keimung und Entwicklung erforderlichen Bedingungen vorfinden (Dunkelkeimer!).

Echter Ehrenpreis, Wald-Ehrenpreis *Veronica officinalis* L.

Braunwurzgewächse, Scrophulariaceae. **Merkmale:** ✳ V–VIII; 10–30 cm. Stengel rauhhaarig, niederliegend-wurzelnd, nur Blütenstand aufrecht. Blüten hellviolett, in reichblütiger Traube; nur 2 fertile Staubblätter vorhanden. Blütenstiele deutlich kürzer als die Fruchtkapsel. Kapsel 3eckig bis verkehrtherzförmig, spitzenwärts sich verbreiternd. Alle Blätter sehr kurz gestielt, derb, glänzend dunkelgrün, verkehrt-eiförmig oder elliptisch, meist mehr oder weniger regelmäßig stumpf gesägt-gekerbt, ca. 4 cm lang, behaart. **Standort:** Mäßig trockene Magerrasen, Heiden, Laub- und Nadelwälder, Schläge, Säume; bis 1800 m. **Verbreitung:** Europa; Nordamerika.

Die nässescheue, düngerfeindliche Art gilt als Säurezeiger. Ihre Blüten werden durch Insekten oder auf dem Wege der Autogamie bestäubt. Früher kam der Art große Bedeutung als Arzneipflanze zu: Ihre Bitter- und Gerbstoffe wirken stimulierend, appetitanregend und hustenstillend.

Gewöhnliches Fettkraut *Pinguicula vulgaris* L. 3

Wasserschlauchgewächse, Lentibulariaceae. **Merkmale:** ✳ V–VII(VIII); 5–15 (20) cm. Blätter in grundständiger Rosette, verkehrt-eiförmig bis elliptisch, klebrig-drüsig, hellgrün, ungeteilt, am Rand nach oben umgerollt. Blüten einzeln, grundständig, lang gestielt, gespornt, 16–22 mm lang (mit Sporn). Krone violett, 2lippig, mit offenem Schlund und schlankem, pfriemlichem Sporn; Schlundfleck weiß. **Standort:** Sickerrasen, Rieselfluren, Quell- und Flachmoore; vor allem im Gebirge; bis 1900 m (in der Ebene vielfach ausgestorben!). **Verbreitung:** Arktisch, zirkumpolar; Nord-, West- und Mitteleuropa; östlich bis zur Westukraine.

Das Fettkraut gehört zu den insektenfressenden Pflanzen (Insektivoren): Kleine Tiere (meist Insekten) bleiben an den klebrigen Drüsenköpfchen der Haare auf der Blattoberseite haften. Die löslichen Körpersubstanzen der »Opfer« werden von verdauenden Drüsensekreten chemisch aufgeschlossen und von besonderen Absorptionshaaren aufgenommen.

Gundermann, Gundelrebe *Glechoma hederacea* L.

Lippenblütengewächse, Lamiaceae. **Merkmale:** ✻ III–VI; 15–60 cm. Mehrjährige Pflanze; Stengel niederliegend, an den Knoten wurzelnd. Blätter rundlich-nierenförmig, gekerbt, oberseits glänzend, unterseits mattgrün bis rötlich. Blüten zu 2–3 in Halbquirlen, blattachselständig, blauviolett, gestielt. Staubblätter und Griffel länger als die Kronröhre; Oberlippe gerade, vorn ausgerandet; Unterlippe 3lappig, mit größerem Mittellappen. Kelch regelmäßig 5zähnig. **Standort:** Wiesen, Weiden, Hecken, Wegränder, Mauern, Auenwälder; gern am Fuß von Bäumen; bis in Höhenlagen von 1400 m. **Verbreitung:** Ganz Europa und Teile Asiens; nur auf wenigen Inseln fehlend.
Die auch Gundelrebe genannte Pflanze wird meist von Insekten bestäubt. Die Verbreitung der Früchte erfolgt durch Klebverbreitung oder Ameisen (Myrmekochorie). Bereits in der Antike wurde die Art zu Heilzwecken verwendet, auch heute nutzt man die hustenstillende und stärkende Wirkung noch gelegentlich.

Kleine Brunelle, Kleine Braunelle *Prunella vulgaris* L.

Lippenblütengewächse, Lamiaceae. **Merkmale:** ✻ VI–IX; 5–30 cm. Pflanze mit kurzen, kriechenden, oberirdischen Ausläufern. Blätter 15–40 mm lang, länglich-eiförmig, gestielt, schwach behaart. Stengel aufrecht oder aufsteigend, ebenfalls schwach behaart. Blüten blauviolett, 7–15 mm lang, in einer kopfartigen Infloreszenz. Blütenröhre gerade; Oberlippe mit 3 kurzen, ungleichen, stachelspitzigen Zähnen; Unterlippe mit 2 begrannten Zähnen; Kelch ungleich, 2lippig. Tragblätter purpurn. **Standort:** Wiesen, Schaf- und Fettweiden, Waldwege, Ufer, Moorwiesen; bis in Höhen von 2200 m. **Verbreitung:** Fast ganz Europa, auch weite Teile Asiens; in gemäßigten Zonen weltweit (verschleppt).
Hinsichtlich der Fruchtverbreitung gehört die Prunelle oder Braunelle zu den Regenballisten (s. unten). Aufgrund ihrer Inhaltsstoffe (Gerbstoffe, Bitterstoffe, ätherische Öle) wird die Pflanze als Heilpflanze verwendet.

Großblütige Brunelle, Großblütige Braunelle
Prunella grandiflora (L.) Scholler

Lippenblütengewächse, Lamiaceae. **Merkmale:** ✻ VI–IX; 10–30 cm. Krone blauviolett, 20–25 mm lang, mit gekrümmter Röhre, 2–3mal so lang wie der Kelch. Oberlippe des Kelches mit gleichen, 3eckig zugespitzten Zähnen. Blätter länglich-eiförmig, 2–6 cm lang, locker behaart; obere Blätter gelegentlich fiederspaltig. **Standort:** Halbtrockenrasen, Trockenwaldsäume, Heiden, Ränder von Gehölzen; kalkliebend; bis in Höhenlagen von 2000 m. **Verbreitung:** Europa mit Ausnahme weiter Gebiete im Norden und vieler Inseln.
Die Bestäubung der vormännlichen Blüten erfolgt meist durch Hummeln; auch Selbstbestäubung ist möglich. Der Verbreitung der Art dienen mehrere Mechanismen: Neben Klettverbreitung kommt die Selbstverbreitung durch Ausläufer vor; Huftiere tragen durch Verdauungsverbreitung bei. Schließlich kann auch diese Art als Regenballist eingestuft werden; durch auftreffende Regentropfen werden die Klausen (Bruchfrüchte) aus den Kelchen geschleudert.

Quirlblütiger Salbei *Salvia verticillata* L.

Lippenblütengewächse, Lamiaceae. **Merkmale:** ✳VI–IX; 30–60 cm. Stengel krautig; Blattspreite herzeiförmig, zugespitzt, am Blattstiel oft mit einem Paar öhrchenförmiger Fiederblättchen. Scheinquirle 15–30blütig, zu 4–10 übereinanderstehend; Krone etwa 10 mm lang, hellviolett. Blütenkronröhre mit Haarring; Oberlippe gerade; Staubblätter unbeweglich. **Standort:** Ruderal beeinflußte Halbtrockenrasen, Wegränder, Böschungen, Dämme; bis in Höhenlagen von 1250 m. **Verbreitung:** Die Art stammt ursprünglich aus Südosteuropa und dem Gebiet bis zum Kaukasus; inzwischen ist sie stark in Ausbreitung begriffen. Derzeit gehören zum Areal auch Süd-, Ost- und östliches Mitteleuropa. Weiter nördlich ist sie zum Teil (schon) eingebürgert.
Vorwiegend Bienen und Hummeln bestäuben die proterandrischen Lippenblüten. Neben der Klebverbreitung spielt die Selbstverbreitung durch Ausläufer eine entscheidende Rolle für die vergleichsweise rasche Ausbreitung der Art.

Wasser-Minze *Mentha aquatica* L.

Lippenblütengewächse, Lamiaceae. **Merkmale:** ✳ VII–X; 20–80 cm. Pflanze mehr oder weniger aufrecht; Blätter eiförmig bis eilanzettlich, am Grund abgerundet oder mehr oder weniger herzförmig, gesägt. Scheinquirle meist am Stengelende kopfartig; in der Regel 1 endständiger Kopf, darunter noch 1–2 entfernte, kleinere und kürzer gestielte Scheinquirle. Krone 5–7 mm lang, lila (gelegentlich rosa); Kelch trichterförmig; Kelchzähne lanzettlich, deutlich länger als breit. **Standort:** Röhrichte, Ufer, Großseggenrieder, Gräben, Naß- und Moorwiesen, Bruchwälder. **Verbreitung:** Europa mit Ausnahme des äußersten Nordens; subtropisches Afrika.
Ähnlich wie die Pfefferminze ist auch die Wasser-Minze als Teepflanze von Bedeutung; sie enthält ebenfalls ätherische Öle, jedoch kein Menthol. Die Tees sind windtreibend, in ihrer Wirkung günstig auf die Leber und werden besonders bei Diarrhöen und Krämpfen verwendet.

Acker-Minze *Mentha arvensis* L.

Lippenblütengewächse, Lamiaceae. **Merkmale:** ✳ VI–X; 10–45 cm. Pflanze niederliegend bis aufsteigend; Blätter eiförmig oder elliptisch, 3–8 cm lang, schwach gesägt bis gekerbt. Scheinquirle größtenteils in den Achseln laubartiger Tragblätter, entfernt stehend. Kelch glockig, kaum gefurcht, gleichmäßig 5zähnig; Zähne breit-3eckig-eiförmig, höchstens so lang wie breit. Krone lila, 5–8 mm lang. **Standort:** Feuchte, nährstoffreiche Äcker, Naßwiesen; bis in Höhenlagen von 1900 m. **Verbreitung:** Nordisch-eurasiatisch; größter Teil Europas, jedoch auf vielen Inseln fehlend; ferner auf dem amerikanischen Kontinent.
Die Acker-Minze gilt als Vernässungszeiger und ist aufgrund ihrer unterirdischen Ausläufer ein Kriechpionier. Die Blüten werden von Insekten bestäubt.

Zaun-Wicke *Vicia sepium* L.

Schmetterlingsblütengewächse, Fabaceae. **Merkmale:** ✳ V–VIII; 30–60 cm. Blätter mit 8–18 Fiederblättchen, vorn meist mit geteilter Ranke; Fiederblättchen eiförmig, gewimpert. Blätter und Stengel kurz weichhaarig. Blüten zu 2–5 in kurz gestielten, kurzen Trauben, schmutzigviolett; Krone 12–15 mm lang; Kelchzähne ungleich groß. Hülsen anfangs kurzhaarig, später kahl, breit-lineal, reif glänzend schwarz. **Standort:** Säume, Gebüsche, Wegränder, Ackerränder, Fettwiesen, krautreiche Wälder; bis 2000 m. **Verbreitung:** Fast ganz Europa; Westsibirien.
Nährstoffzeiger und gutes Futterkraut. Die Blüten werden im wesentlichen von Insekten bestäubt, die Nebenblattnektarien von Ameisen besucht.

Vogel-Wicke *Vicia cracca* L.

Schmetterlingsblütengewächse, Fabaceae. **Merkmale:** ✳ VI–VIII; 20–150 cm. Pflanze niederliegend, aufsteigend oder kletternd; Stengel kantig, weitkriechende Bodenausläufer. Blätter mit 6–10 Paaren schmal-linealer, bis 5 mm breiten Seitenfiedern und verzweigter Ranke. Nebenblätter ganzrandig, pfeil- bis spießförmig. Blüten blauviolett, in dichten 10–40blütigen Trauben. Krone 8–12 mm lang; Platte der Fahne etwa so lang wie ihr Nagel. Hülse 10–25 mm lang. **Standort:** Raine, Wiesen, Getreideäcker, Waldränder, (Ufer-) Gebüsch; bis in Höhenlagen von 1200 m. **Verbreitung:** Eurasien.
Die Blüten werden von Bienen bestäubt; die Fruchtverbreitung erfolgt über Schleudermechanismen oder als Verdauungsverbreitung durch Pflanzenfresser. Die Art ist seit der jüngeren Steinzeit Kulturbegleiter.

Frühlings-Platterbse *Lathyrus vernus* (L.) Bernh.

Schmetterlingsblütengewächse, Fabaceae. **Merkmale:** ✳ IV–V; 20–40 cm. Mehrjährige Pflanze mit aufrechtem, unverzweigtem, ungeflügeltem Stengel. Blätter mit 4–6 breit-eiförmigen Fiederblättchen; diese sind lang zugespitzt, weich, unterseits glänzend, 3–7 cm lang, 1–3 cm breit. Blüten anfangs rotviolett, später blau bis grünblau, 15–20 mm lang. Hülse braunschwarz, 4–6 cm lang. **Standort:** Buchen-, Eichen-, Tannen- oder Nadelmischwälder; Gebüsche; bis 1000 m. **Verbreitung:** Größter Teil Europas mit Ausnahme einiger Regionen im Süden und Westen.
Die zur »zweiten Generation« der Frühjahrsblüher gehörende Art ist eine kalkliebende Schatten- bis Halbschattenpflanze und wird hauptsächlich von Hummeln bestäubt.

Gewöhnliches Stiefmütterchen *Viola tricolor* L.

Veilchengewächse, Violaceae. **Merkmale:** ✳ V–X; 10–25 cm. Pflanze sehr variabel; Stengel ästig, im allgemeinen kahl. Blätter herzförmig bis lanzettlich, länger als breit. Nebenblätter variabel, meist fiederspaltig mit verlängertem, gekerbtem Endzipfel. Seitliche Blütenkronblätter aufwärts gerichtet, ungleich groß. Blüten 15–25 mm groß; obere Kronblätter meist violett, sonst gelblich bis blaugelb. Sporn höchstens halb so lang wie die Blütenkronblätter und fast 2mal so lang wie die Kelchanhängsel. **Standort:** Äcker, Wiesen, Wegränder, Schuttplätze, Dünen; bis 1000 m. **Verbreitung:** Fast ganz Europa; in kühl-gemäßigten Zonen weltweit verschleppt.
Die in 3 Klappen aufspringende Kapselfrucht verbreitet die Samen durch den »Quetsch-Schleuder-Mechanismus«. Ameisen verschleppen die Samen.

Wilde Karde *Dipsacus fullonum* L. (= *D. sylvestris* Huds.)

Kardengewächse, Dipsacaceae. **Merkmale:** ✻ VII–VIII; 70–150 cm. 2jährige Pflanze. Stengel stachelig; Blätter am Rande kahl oder zerstreut stachelig, alle ungeteilt, bis 30 cm lang, gegenständig. Blüten in walzen- bis kegelförmigen, länglichen Ähren in den Achseln stacheliger Tragblätter; Köpfe 3–8 cm lang, mit ungleich großen, bogig aufgerichteten Hüllblättern, die längeren die Ähren überragend. Spreublätter borstig, mit gerader Spitze, länger als die Blüten; Krone lila, 1 cm lang. **Standort:** Frische bis feuchte Ruderalstellen, Wegränder, Gräben, Ufer, Dämme, Auenwälder; bis 1000 m. **Verbreitung:** Süd-, West- und Mitteleuropa, östlich bis in die Nordostukraine.

Die vormännlichen (proterandrischen) Blüten, die zonenweise am Blütenstand aufblühen, werden von Hummeln, Fliegen und Bienen bestäubt. Hinsichtlich der Fruchtverbreitung gehört die Art zu den Tierballisten: Die Versteifung und zum Teil hakenförmige Verlängerung der Tragblätter ermöglicht zusammen mit dem distelartigen, federnden Bau der Pflanze beim Vorbeistreifen von Tieren ein effektives Katapultieren der Nußfrüchte. Die am Grund tütenförmig verwachsenen Stengelblätter bilden kleine Wasserreservoirs. Die Verwendung der Pflanze reicht von Trockensträußen bis zur Heiltinktur zur Behandlung von Hautkrankheiten.

Gewöhnlicher Alpenlattich *Homogyne alpina* (L.) Cass.

Korbblütengewächse, Asteraceae. **Merkmale:** ✻ V–VIII; 15–30 (40) cm. Pflanze mit beblätterten Ausläufern; Stengel fast blattlos, 1köpfig, Grundblätter lang gestielt, unterseits kahl, nur auf den Nerven weichhaarig, herznierenförmig, seicht gekerbt-gezähnt. Blüten hellviolett; Hüllblätter wollig, vorn braunrot; Pappus (Haarkrone) schneeweiß. **Standort:** Subalpine Magerrasen, Zwergstrauchheiden, quellige Orte, (feuchte) Gebüsche, auch Nadelwälder; in Höhenlagen zwischen 500 und 2400 m. **Verbreitung:** Gebirge und Mittelgebirge von West-, Mittel- und Südeuropa.

Insektenbestäubung (Fliegen, Falter); Windverbreitung.

Alpen-Aster *Aster alpinus* L.

Korbblütengewächse, Asteraceae. **Merkmale:** ✻ VI–VIII; 5–15 cm. Pflanze behaart; Stengel beblättert, meist 1köpfig (selten wenigköpfig). Köpfchen 3–5 cm breit; Hülle 8–12 mm lang, mehrreihig; Zungenblüten violettblau, 1reihig; Scheibenblüten gelb. Rosettenblätter spatelig, in den kurzen Stiel verschmälert; Stengelblätter sitzend, lanzettlich, stumpf. **Standort:** Submontane bis alpine Kalk- und Silikatfelsfluren, Magermatten, Triften, Felsen; bis 2750 m. **Verbreitung:** Eurasien, Westamerika (alpin-altaisch-arktisch).

Insektenbestäubung (Falter); Windverbreitung.

Strand-Aster *Aster tripolium* L.

Korbblütengewächse, Asteraceae. **Merkmale:** ✻ VII–IX (X); 15–60 cm. Pflanze 2jährig; Stengel mehrköpfig, kahl oder fast kahl, oft rot überlaufen. Blätter länglich-lanzettlich, ziemlich fleischig (Halophyt!), meist ganzrandig, bis 12 cm lang. Zungenblüten zartlila bis hellblau (selten weiß); Röhrenblüten orangefarben; Hüllblätter 1,5–3 mm breit, länglich-stumpf, angedrückt, fast 2reihig. Blütenköpfe 1–3 cm breit. **Standort:** Nasse Salzwiesen, Strandwiesen, Salzsümpfe der Küsten; Salinen des Binnenlandes. **Verbreitung:** Eurasiatisch; fast an allen Küsten Europas mit Ausnahme einiger Inseln.

Akeleiblättrige Wiesenraute *Thalictrum aquilegifolium* L.

Hahnenfußgewächse, Ranunculaceae. **Merkmale:** ✳ V–VII; 50–150 cm. Blätter 2–3fach gefiedert, akeleiartig; Fiederblätter rundlich, blaugrün, grob stumpf gezähnt. Blütenrispe relativ dicht, stark verzweigt; Blütenhüllblätter unscheinbar, blaßgrün oder schwach violett, hinfällig; Staubblätter nach oben hin verdickt, auffällig violett gefärbt (selten weiß). Früchtchen 3kantig geflügelt, an langen Stielen hängend. **Standort:** Feuchtstandorte, Gebüsche, Waldwiesen, Auenwälder; Hochstaudenfluren; vorzugsweise auf kalkhaltigen Böden; bis in Höhenlagen von 1900 m. **Verbreitung:** Gemäßigtkontinentale Art; Mittel- und Osteuropa, in Südeuropa gelegentlich in Gebirgen.

Die starke farbliche Betonung der Staubblätter weist zum einen auf die gesteigerte Pollenproduktion (»Pollenblume«) als attraktive Nahrungsquelle für bestäubende Insekten hin, zum anderen scheinen die Staubblätter aufgrund ihrer Färbung die Anlockungsfunktion der Blütenhüllblätter übernommen zu haben. Andererseits sprechen eben diese Merkmale (große Mengen an Pollen, vergrößerte, freistehende Staubblätter, Reduktion der Blütenhülle) auch für eine Windblütigkeit. Beide Bestäubungsformen sind zu beobachten.

Acker-Witwenblume *Knautia arvensis* (L.) Coult.

Kardengewächse, Dipsacaceae. **Merkmale:** ✳ V–X; 30–120 cm. Stengel kurzhaarig bis borstig-zottig, einfach oder verzweigt. Grundblätter eiförmig-lanzettlich, gestielt, ganzrandig oder gezähnt, meist einfach. Stengelblätter sitzend, graugrün, matt, vor allem die mittleren tief fiederspaltig. Blüten in lang gestielten, 2–4 cm breiten, flachen Köpfen; Krone 4zipfelig, blauviolett; Randblüten deutlich vergrößert, strahlend. Blütenkopfboden ohne Spreublätter (im Gegensatz zur Gattung *Scabiosa*). Hüllblätter 2reihig, behaart, eiförmig bis lanzettlich. **Standort:** Wiesen, Äcker, Raine, Weg- und Waldränder; bis in Höhenlagen von 1500 m. **Verbreitung:** Fast ganz Europa, große Teile Asiens; Schwerpunkt in den westlichen Gebieten; in vielen Bereichen des Mittelmeerraumes fehlend.

Die Acker-Witwenblume (oder Wiesen-Knautie) gehört zu den tief wurzelnden Pflanzen. Die Bestäubung erfolgt durch Bienen und Falter (Widderchen!); die Samen tragen ein nährstoffreiches Anhängsel (Elaiosom), das den Ameisen als Nahrung dient. Diese sorgen damit für eine wirksame Fruchtverbreitung.

Wald-Knautie *Knautia dipsacifolia* Kreutz.

Kardengewächse, Dipsacaceae. **Merkmale:** ✳ VI–IX; 30–100. Nur 1 Stengel in der Mitte der Blattrosette entspringend, meist borstig, selten kahl. Blätter ungeteilt, lebhaft grün, länglich-elliptisch, entfernt gesägt. Blüten violett, in flachen, 3–4 cm breiten Köpfen; Randblüten wenig vergrößert; Kelch mit 8 Borsten, diese mehr oder weniger spreizend. Kopfboden ohne Spreublätter; Köpfe mit grüner Hochblatthülle. **Standort:** Schattige Waldränder, Gebüsche, krautreiche Wälder, buschige Abhänge; vor allem in der montanen Stufe; bis in Höhenlagen von 2100 m. **Verbreitung:** Gebirge Mitteleuropas bis Ostbelgien und südliches Zentralfrankreich.

Die vormännlichen Blüten werden durch Bienen und Falter bestäubt; wie bei der vorhergehenden Art liegt Myrmekochorie (Fruchtverbreitung durch Ameisen) vor.

Tauben-Skabiose *Scabiosa columbaria* L.

Kardengewächse, Dipsacaceae. **Merkmale:** ✳ VII–XI; 20–60 (80) cm. Stengel meist ästig, mehrköpfig; Stengelblätter fein kraushaarig, glanzlos, 1–2fach fiederspaltig. Blütenköpfe 1,5–3 cm breit, Köpfchenboden mit Spreublättern (Gattungsmerkmal!); Randblüten strahlend; Krone 5spaltig, blauviolett oder lila. Kelchborsten stielrund, ohne Hautsäume, 3–4mal so lang wie der Saum des Außenkelches. **Standort:** Trocken- bis Halbtrockenrasen, trockene bis wechseltrockene Wiesen und Gebüsche; Steppenheideelement; bis in Höhen von 1800 m. **Verbreitung:** Europa von Südschottland und Estland südwärts; auf den meisten Inseln fehlend.
Die Art ist ausgesprochen düngerfeindlich und verschwindet aus gedüngten (Trocken-)Wiesen sehr rasch. Bienen, Falter und Fliegen bestäuben die proterandrischen Blüten. Der hautartig vergrößerte Außenkelch dient bei der Windverbreitung als Fallschirm.

Acker-Kratzdistel *Cirsium arvense* (L.) Scop.

Korbblütengewächse, Asteraceae. **Merkmale:** ✳ VII–IX; 50–120 cm. Stengel nicht dornig geflügelt (!); Blätter nicht oder kaum am Stengel herablaufend, tief gelappt bis ungeteilt-buchtig, stachelig gewimpert bis dornig bespitzt, unterseits graugrün, kaum wollig. Blütenköpfe 1,5–3 cm lang, schmutzig-lilafarben, in doldenartigen Rispen. Blüten z. T. 1geschlechtig, bis zum Grund 5teilig. Pappus (Haarkrone) zuletzt eine Länge von 2–3 cm erreichend. Hülle dunkelviolett, spinnwebig behaart. **Standort:** Unkrautgesellschaften auf Schutt, Äckern, Waldschlägen, an Wegen und Ufern; im Gebirge bis in Höhen von 2000 m. **Verbreitung:** Ganz Europa mit Ausnahme einiger Inseln; auf der nördlichen Hemisphäre weit verschleppt.
Die vorliegende Art zählt aufgrund ihrer weit kriechenden Wurzelstöcke (bis in 3 m Tiefe vordringend!) zu den Wurzelkriechpionieren. Sie gilt als Zeigerpflanze für Stickstoff sowie für Lehmböden, ist einer der ältesten Kulturbegleiter und ein überaus lästiges Ackerunkraut. Die Flugfrüchte werden durch den Wind verbreitet.

Alpen-Milchlattich *Cicerbita alpina* (L.) Wallr.

Korbblütengewächse, Asteraceae. **Merkmale:** ✳ VII–IX; 60–140 cm. Stengel einfach, aufrecht, oben violett überlaufen; ganze Pflanze oberwärts stark drüsig behaart. Blätter unregelmäßig fiederteilig; Endabschnitt 3eckig-spießförmig, groß; oberseits dunkel-, unterseits blaugrün, fast kahl. Blütenkopfstand rispig-traubig; Krone blauviolett; Frucht ungeflügelt mit 5 Hauptrippen. **Standort:** Subalpine Hochstaudenfluren, Gebüsche, Wälder, Waldschluchten; Grünerlengebüsch (!); sehr anspruchsvoll. Höhere (Mittel-)Gebirge; bis in Höhen von 2200 m. **Verbreitung:** Skandinavien; europäische Gebirge südwärts bis zu den Pyrenäen, zum Nordappennin und bis Bulgarien.
Die Bestäubung der Blüten erfolgt durch Insekten, insbesondere durch Käfer und Hummeln, die Fruchtverbreitung durch den Wind.

Leberblümchen *Hepatica nobilis* Mill.

Hahnenfußgewächse, Ranunculaceae. **Merkmale:** ✳ III–IV; 8–15 cm. Blüten blauviolett, selten rosa oder weiß, langgestielt, 15–30 mm Durchmesser; Kronblätter 6–9. Kelchartige Hülle mit 3 eiförmigen, grünen Hochblättern (Involucrum). Blätter langgestielt, 3lappig, unterseits oft purpurn, nach der Blüte erscheinend. Stengel behaart. **Standort:** Lichte Buchen- oder Eichenwälder, Mischwälder; vor allem auf Kalk; bis in Höhenlagen von 1500 m. **Verbreitung:** Stark disjunktes Areal in den Laubwaldgebieten der nördlichen Hemisphäre (verschiedene geographische Rassen in Ostasien, Europa und Nordamerika).

Das Leberblümchen gehört zu den ersten Frühjahrsblühern. Die Bestäubung erfolgt durch Insekten; die Samen werden wegen ihres nährstoffreichen Anhängsels (Elaiosom) von Ameisen aufgesucht und durch diese verbreitet (Myrmekochorie).

Gefranster Enzian, Fransen-Enzian
Gentianella ciliata (L.) Borkh. 3

Enziangewächse, Gentianaceae. **Merkmale:** ✳ VIII–X; 8–25 cm. Blüten leuchtend blau, 3–5 cm lang, meist einzeln, endständig (selten zu 2–4 in den Achseln der obersten Blätter). Krone tief 4spaltig; Kronzipfel am Rand deutlich gewimpert (»gefranst«, Name!). Kapselfrucht langgestielt. Stengelblätter 1–3, lineal-lanzettlich, zugespitzt, 1nervig; Blattrosette fehlend. **Standort:** Trockenwiesen, Schafweiden, Heiden, Raine, Hänge, Waldränder, auch lichte Wälder; vorzugsweise auf kalkreichen, steinigen, trockenen Lehmböden; bis in Höhenlagen von 2300 m. **Verbreitung:** Mittel- und Südeuropa; im Südosten erstreckt sich das Areal über Vorderasien bis zum Kaukasus.

Die lichtblütige Pflanze wird meist von Hummeln bestäubt.

Frühlings-Enzian *Gentiana verna* L. 3

Enziangewächse, Gentianaceae. **Merkmale:** ✳ III–VI; 3–15 cm. Mehrjährige Pflanze mit leuchtend azurblauen Blüten; diese meist endständig, einzeln, Durchmesser bis zu 30 mm. Kronblätter 5, zwischen ihren Zipfeln 2 2zähnige Anhängsel (Bestimmungsmerkmal!). Kelch röhrig, mit schmal geflügelten Kanten. Blätter elliptisch bis lanzettlich, von oben nach unten an Größe zunehmend, untere mehr als 20 mm lang, oft 3mal so lang wie breit; unterste Blätter eine Rosette bildend. Kapselfrucht. **Standort:** Kalkmagerrasen, Schafweiden, Heidewiesen, Matten; auch Flachmoore; vorzugsweise auf steinigen, kalkhaltigen Ton- und Lehmböden; Mittelgebirge und höhere Gebirgslagen bis 2600 m. **Verbreitung:** Fast ganz Europa mit Ausnahme der nördlichen und der peripheren westlichen Gebiete; Schwerpunkt im südlichen Mitteleuropa, von den Pyrenäen über Jura, Alpen, Karpaten bis zum Kaukasus und jeweils in den vorgelagerten Mittelgebirgen.

Die »Stieltellerblüten« gehören mit ihrer leuchtend blauen Färbung zu den Tagfalterblumen, jedoch treten auch längerrüsselige Hautflügler (Hummeln) als Bestäuber in Erscheinung. Die Verbreitung der Samen erfolgt im wesentlichen durch Ameisen. Aufgrund hoher Empfindlichkeit gegenüber Düngung und des Mangels an anthropogen nicht beeinflußten Standorten ist die Art stark im Rückgang begriffen.

Großblütiger Enzian *Gentiana clusii* Perr. et Song. 3

Enziangewächse, Gentianaceae. **Merkmale:** ✳ IV–VIII; 2–15 cm. Stengel 1blütig, mit grundständiger Blattrosette. Grundblätter 5–6 (8) cm lang, lanzettlich bis eilanzettlich, zugespitzt, etwas lederig glänzend, am Rande papillös. Krone innen ohne olivgrüne Flecke; Kelchzipfel mindestens so lang wie die halbe Kronröhre, anliegend, lanzettlich, scharf zugespitzt, am Rand von Papillen rauh; Kelchbuchten spitz. Im Gegensatz dazu besitzt die vikariierende, auf Silikatböden vorkommende Art *Gentiana acaulis* (Stengelloser Enzian) Kronen mit olivgrünen Flecken (innen), breite Kelchbuchten und Kelchzipfel, die kürzer als die halbe Kronröhre sind! **Standort:** Hochmontane und subalpine frische, in der Regel kalkhaltige Matten, Triften, Quell- und Wiesenmoore; in Höhen zwischen 1200 und 2600 m. **Verbreitung:** Gebirge Mittel- und Südeuropas; von Südwestdeutschland und den Karpaten bis Südfrankreich, Norditalien und Nordjugoslawien.
Die Art ist ein typischer Bodenzeiger (Kalk!), lichtblütig (Lichtpflanze!) und wird von Hummeln bestäubt.

Schwalbenwurz-Enzian *Gentiana asclepiadea* L. 3

Enziangewächse, Gentianaceae. **Merkmale:** ✳ VII–IX; 25–80 cm. Blätter eiförmig bis lanzettlich, lang zugespitzt, 5nervig, gegenständig. Kelch kürzer als die keulige Kronröhre. Blüten zahlreich, zu je 1–3 in den oberen Blattachseln, meist 1seitig am überhängenden Stengel, azurblau mit dunkleren Punkten, seltener gelblichweiß. **Standort:** Subalpine Laubwälder und Gebüsche, Hochstaudenfluren, Weiden, Moorwiesen; Gebirge und deren Vorland. **Verbreitung:** Hauptsächlich in den Gebirgen Zentraleuropas; südlich bis Mittelitalien und Griechenland, östlich bis zur Nordwestukraine.
Die vormännlichen (proterandrischen) Blüten dieser Art werden vorwiegend von Hummeln bestäubt.

Lungen-Enzian *Gentiana pneumonanthe* L. 3

Enziangewächse, Gentianaceae. **Merkmale:** ✳ VII–IX; 15–50 cm. Blätter linealisch oder lineal-lanzettlich, meist 1nervig (selten bis 5nervig), stumpflich, am Rande etwas umgerollt. Blüten in den oberen Blattachseln oder zu 1–2 endständig, aufgerichtet; Krone trichterförmig-glockig, dunkelazurblau, innen mit 5 grünen Streifen. Kelch etwa so lang wie die Kronröhre. **Standort:** Wechselfeuchte, meist kalkfreie Moorwiesen, Feuchtheiden, Flachmoore, Magerrasen; bis in Höhen von 1000 m. **Verbreitung:** Große Teile Europas; jedoch auf den meisten Inseln, nördlich von 60° nördl. Breite sowie in vielen Gebieten Südeuropas fehlend; Westasien.
Auch hier bestäuben vor allem Hummeln die proterandrischen Blüten.

Kleines Immergrün *Vinca minor* L.

Hundsgiftgewächse, Apocynaceae. **Merkmale:** ✳ III–V; 15–20 (60) cm. Pflanze am Grund etwas verholzt; Stengel kriechend. Blätter gegenständig, immergrün, lanzettlich, kahl, lederig. Blüten einzeln, blattachselständig; Krone stieltellerförmig, hellblau; Kronblätter in der Knospe (links-)gedreht. Fruchtknoten oberständig. Pflanze mit unverzweigten, ungegliederten Milchröhren. **Standort:** Krautreiche Laubwälder und Gebüsche; oft angepflanzt (Gärten, Friedhöfe) und verwildert; im Norden Neophyt. **Verbreitung:** Mittel-, West- und Südeuropa; östlich bis Litauen und zur Krim.

Die Blüten des Kleinen Immergrüns werden von Bienen und Faltern bestäubt; neben der Selbstverbreitung durch Ausläufer ist die Ameisenverbreitung von wesentlicher Bedeutung. Die Pflanze gilt als Siedlungszeiger und zählte zu den botanischen Versuchsobjekten bei Untersuchungen über den Einfluß der Schwerkraft auf Pflanzen (Geotropismus). In bestimmten Zellen wurde sogenannte Statolithenstärke nachgewiesen, mit deren Hilfe sich die Pflanze offenbar in ihrem Wachstum nach der Schwerkraft ausrichtet.

Blauroter Steinsame *Buglossoides purpurocaerulea* (L.) I. M. Johnston

Rauhblattgewächse, Boraginaceae. **Merkmale:** ✳ IV–VI; 10–60 cm. Pflanze mit Ausläufern. Blütenkrone erst purpurrot, dann tiefblau, 10–15 mm breit. Teilfrucht glatt, glänzend weiß. Nichtblühende Triebe bogig wachsend und an der Spitze einwurzelnd. Blätter mit undeutlichen Seitennerven. **Standort:** Wärmeliebende Laubwälder und Gebüsche, Steppenheidewälder; Kalkböden werden bevorzugt. **Verbreitung:** Süd- und Mitteleuropa; im Norden bis England, im Osten bis ins südliche Zentralrußland.

Die Blüten dieser Pflanze sind vorweiblich (protogyn) und werden vorwiegend von Bienen bestäubt; auch Selbstbestäubung ist möglich. Für die Ausbreitung der Art ist besonders die vegetative Selbstverbreitung durch Ausläufer von Bedeutung. Die Fruchtwände des »Steinsamens« (wissenschaftlich früher *Lithospermum!*) sind durch Kalkeinlagerung tatsächlich »steinhart«!

Knäuel-Glockenblume *Campanula glomerata* L.

Glockenblumengewächse, Campanulaceae. **Merkmale:** ✳ VI–IX; 20–60 cm. Blüten meist in end- oder auch seitenständigen Knäueln; Krone blau. Griffel kaum länger als die Krone; Kelchzipfel lang zugespitzt. Untere Blätter am Grunde herzförmig oder abgerundet, weichhaarig. Stengel meist kurz weich behaart, nicht stechend-borstig. **Standort:** Trockengebüschsäume, Halbtrockenrasen, Wald- und Wegränder; vorzugsweise auf kalkhaltigen Lehmböden; bis in Höhenlagen von 1750 m. **Verbreitung:** Fast ganz Europa mit Ausnahme des äußersten Nordens und Südens sowie vieler Inseln; östlich bis Sibirien.

Ein Fruchtansatz kommt fast ausschließlich durch Insektenbestäubung zustande.

Gewöhnliche Akelei *Aquilegia vulgaris* L.

Hahnenfußgewächse, Ranunculaceae. **Merkmale:** ✳ V–VII; 30–80 cm. Untere Blätter doppelt-3teilig gefiedert, langgestielt; oberste 3lappig, sitzend. Blüten blauviolett, manchmal rötlich (selten weiß). Nektarblätter hier blumenblattartig entwickelt, mit 5 bogig verlaufenden, an der Spitze hakenförmig gekrümmten Spornen; Spornlänge 15–22 mm. Staubblätter nur wenig aus der Blüte herausragend. Balgfrüchte. **Standort:** Lichte Laubwälder, Waldränder, Gebüsche, steinige Hänge; Wiesen; bevorzugt Kalkböden; bis in Höhenlagen von 2000 m. **Verbreitung:** Fast ganz Europa mit Ausnahme der südöstlichen Regionen; in Skandinavien wahrscheinlich nur eingebürgert.

Nach dem Fruchttyp teilt man die Hahnenfußgewächse in 2 Untergruppen ein: Die Arten, die sich um die Gattung *Helleborus* (Nieswurz) gruppieren, sind durch Balgfrüchte gekennzeichnet, die aus einem einen einzigen Fruchtblatt bestehen und nur an der Bauchnaht aufspringen; die zweite Gruppe um die Gattung *Anemone* besitzt Nüßchen, 1samige Schließfrüchte mit harter Fruchtwand. Die Akelei gehört der ersten Gruppe an. Die besondere Ausgestaltung der Nektarblätter weist auf die Anpassung an die bestäubenden Insekten hin. Meist wird der Pollen von Hummeln, gelegentlich auch von andern Hymenopteren (Hautflüglern) übertragen. Die Pflanze ist schwach giftig.

Wiesen-Storchschnabel *Geranium pratense* L.

Storchschnabelgewächse, Geraniaceae. **Merkmale:** ✳ V–VIII; 20–60 (80) cm. Krone blauviolett bis hell-lila, dunkel geadert; Staubfäden am Grund auffällig 3eckig verbreitert, kurz gewimpert. Blütenstiele nach dem Verblühen abwärts gebogen, zur Fruchtzeit oft wieder aufrecht. Blätter 7lappig geteilt; Lappen doppelt fiederspaltig mit lanzettlichen Zähnen, kurzborstig behaart. **Standort:** Fettwiesen, Gräben, Straßenraine; kalkhold. Charakterart der gedüngten Talwiesen. Im Norden Neophyt. **Verbreitung:** Eurasiatisch-kontinental; weite Teile Europas, jedoch selten im Mediterrangebiet sowie in weiten Gebieten des Nordens.

Der Wiesen-Storchschnabel gilt als Nährstoffzeiger und Tiefwurzler. Er bevorzugt Ton- und Lehmböden und ist eine charakteristische Stromtalpflanze – jedoch mit geringem Futterwert. Als Bienenweide kommt den von Insekten bestäubten Blüten noch gewisse praktische Bedeutung zu. Die sehr langen Fruchtblätter tragen am Grunde 2 Samenanlagen, von denen sich nur eine weiterentwickelt; die oberen sterilen Teile bilden den sogenannten Schnabel. Die inneren Teile der verwachsenen Fruchtblätter bleiben als Mittelsäule stehen; die Außenwände, die unten je 1 Samen umschließen, heben sich zur Fruchtreife ab und katapultieren den Samen weg (»Katapultkapsel«; Schleuderverbreitung!).

Weinbergs-Traubenhyazinthe *Muscari racemosum* (L.) Mill. 3

Liliengewächse, Liliaceae. **Merkmale:** ✳ IV–V; 10–30 cm. Blüten kugelig bis krugförmig, dunkelblau, weiß gesäumt, 4–5 mm lang, in 10–30blütigen Trauben. Fruchtkapsel oben etwas ausgerandet. Blätter 1–3 mm breit, engrinnig, zurückgebogen. Zwiebel bis 2 cm dick. **Standort:** Weinberge, trockene Hänge, Kalktrockenrasen, sonnige Böschungen; besonders in Weinbaugebieten; kalkstete Art; oft verwildert. **Verbreitung:** Die Art gehört bereits zum mediterranen Florenelement; die nördliche Arealgrenze erstreckt sich von Westfrankreich bis ins südliche Mittelrußland.
Die oberen Blüten der Infloreszenz sind steril und bilden - wie bei vielen anderen Traubenhyazinthenarten - einen geschlechtslosen Schauapparat zur Anlockung der bestäubenden Insekten.

Kleine Traubenhyazinthe *Muscari botryoides* (L.) Mill. 3

Liliengewächse, Liliaceae. **Merkmale:** ✳ IV–V; 10–25 cm. Blüten blau, mit schmalem, weißem Saum, fast geruchlos, kugelig-eiförmig bis krugförmig, überhängend, zu 15–20 in kegeliger Blütentraube. Oberste Blüten meist aufrechtstehend, etwas heller gefärbt, in der Regel steril. Blätter grundständig, zu 2–3, steif-aufrechtstehend, 4–8 mm breit, nach oben hin etwas verbreitert. **Standort:** Magerrasen, Bergwiesen, Eichenwälder, Weinberge. Die Art bevorzugt trockene Hanglagen und lehmige Substrate; bis 1200 m. **Verbreitung:** Mittel- und Südeuropa, vor allem Südosteuropa; Kleinasien. Der Verbreitungsschwerpunkt liegt im südosteuropäischen Trockenwaldgebiet, die Heimat der Kleinen Traubenhyazinthe im östlichen Mittelmeerraum. In nördlichen Regionen stellenweise eingebürgert.

Zweiblättriger Blaustern *Scilla bifolia* L.

Liliengewächse, Liliaceae. **Merkmale:** ✳ III–IV; 10–20 cm. Pflanze mit Zwiebel; meist nur 1 Blütenstengel und nur 2 Blätter. Blüten zu 2–7, hellblau, selten weiß oder rosa; Perigonblätter frei, mehr oder weniger ausgebreitet. Blütenstiele aufrecht-abstehend, länger als die Blüten. Tragblätter der Blüten meist verkümmert. **Standort:** Lichte, edelholzreiche Laubwälder, Auenwälder, Gebüsche, feuchte Wiesen. Stromtalpflanze! **Verbreitung:** Mittel- und Südeuropa.
Geophyt; Insekten- und Selbstbestäubung. Verbreitung durch Ameisen.

Sibirische Schwertlilie *Iris sibirica* L. 2

Schwertliliengewächse, Iridaceae. **Merkmale:** ✳ V–VI; 30–90 cm. Pflanze meist 2blütig. Blütenschaft stielrund, hohl; Blüten 6 cm lang, blauviolett. Hochblätter braun. Innere Hüllblätter länger und breiter als die Griffeläste; äußere Perigonblätter rundlich, an der Basis weißblau geadert, plötzlich in einen langen, gelbbraunen Nagel verschmälert, der ebenfalls dunkle Nervatur besitzt. Blätter bis 10 mm breit, linealisch, kürzer als der Blütenschaft; zu 2–6. **Standort:** Sumpf- und Moorwiesen, Flachmoore, Gräben; auch an temporär überfluteten Stellen. Oft mit dem Pfeifengras *(Molinia caerulea)* vergesellschaftet. **Verbreitung:** Ost- und Mitteleuropa sowie nördliches Mediterrangebiet; in Asien weit verbreitet bis Sibirien (Name!) und Japan.

Gewöhnliche Kreuzblume, Wiesen-Kreuzblume

Polygala vulgaris L.

Kreuzblumengewächse, Polygalaceae. **Merkmale:** ✻ V–VIII; 5–20 cm. Blüten intensiv blau, selten purpurn oder weißlich, in dichter Traube; in ihrem Aufbau an die Blüte der Schmetterlingsblütengewächse erinnernd (die Ähnlichkeit wird bewirkt durch 2 kronblattartig ausgebildete seitliche Kelchblätter sowie durch die kahnförmige Gestalt des vorderen, durch ein zerschlitztes Anhängsel betonten Kronblattes). Flügel zur Fruchtzeit 6–10 mm lang, 3,5–5,3 mm breit, deutlich netzaderig, vorn abgerundet, meist breiter und um ⅔ bis ¼ länger als die Kapsel. Staubblätter 8, zu einer oben offenen Rinne verwachsen. Frucht kurz stachelspitzig. Untere Blätter kaum kleiner als die oberen. **Standort:** Halbtrockenrasen, Heiden, Silikatmagerrasen, wechseltrockene Wiesen, sonnige Hügel, Gebüsche, kalkmeidend. **Verbreitung:** Europa westlich von Nordwestrußland und der Mittelukraine.

Die Art ist ein typischer Magerkeitszeiger. Die besondere Blütenform deutet die Insektenbestäubung an, die im wesentlichen durch Bienen erfolgt. Wind- und Ameisenverbreitung spielen etwa dieselbe Rolle bei der Ausbreitung der Art.

Gewöhnlicher Feldsalat *Valerianella locusta* Laterrade em. Betcke

Baldriangewächse, Valerianaceae. **Merkmale:** ✻ IV–V; 5–20 cm. Pflanze 1jährig; Stengel bereits im unteren Teil gabelästig. Blätter stets ungeteilt; obere Stengelblätter lanzettlich-spitz, untere spatelig. Blüten schwach asymmetrisch, bläulichweiß; Krone trichterförmig. Frucht abgeflacht, von der Breitseite gesehen fast kreisrund, im Querschnitt breit-elliptisch, glatt. Die beiden leeren Fruchtfächer stoßen mit breiter Scheidewand aneinander. **Standort:** Mäßig frische Ruderalstellen (Wegränder, Schutt, Grasplätze), sandig-lehmige Äcker; oft kultiviert und verwildert. **Verbreitung:** Fast ganz Europa, nach Norden zu seltener; weit verschleppt. Archaeophyt.

Die Wildform dieser früher häufiger, heute jedoch noch oft als Salatpflanze angebauten Art existiert mindestens seit der Jungsteinzeit im mitteleuropäischen Raum. Die Blüten bestäuben sich meist selbst; daneben kommt selten noch Insektenbestäubung vor.

Gewöhnlicher Natternkopf, Blauer Natternkopf

Echium vulgare L.

Rauhblattgewächse, Boraginaceae. **Merkmale:** ✻ VI–X; 30–100 cm. Pflanze 2jährig; Blütenstände pyramidenförmig. Blüten glockig-trichterförmig, leicht unregelmäßig mit Tendenz zur Monosymmetrie, erst rötlich, dann blau; länger als der Kelch. Staubblätter ungleich lang, länger als die Krone. Stengelblätter länglich-lanzettlich, ungestielt, steifborstig behaart. Rosettenblätter gestielt. Stengel kräftig, gleichfalls steifborstig behaart. **Standort:** Unkrautfluren an Wegrändern, Bahndämmen, in Steinbrüchen und auf Schuttplätzen. Bevorzugt werden steinige Standorte; bis in Höhenlagen von 1300 m. **Verbreitung:** Fast ganz Europa; südliches (Eur-)Asien.

Die wärmeliebende Pflanze, deren Wurzeln bis in 2,5 m Tiefe vordringen, gehört zu den Pionierpflanzen, die rasch noch unbesiedelte Standorte besetzen können. Die bei den Rauhblattgewächsen im Regelfall radiärsymmetrische Blüte ist beim Natternkopf infolge stärkerer Anpassung an die Insektenbestäubung als schwach monosymmetrische Blüte ausgebildet. Die Verbreitung der Früchte erfolgt durch den Wind oder als Klettverbreitung. Früher kam der Art als Heilpflanze praktische Bedeutung zu.

Persischer Ehrenpreis *Veronica persica* Poiret

Braunwurzgewächse, Scrophulariceae. **Merkmale:** ✳ I–XII; 10–40 cm, Stengel kräftig, niederliegend bis aufsteigend, nicht wurzelnd. Blätter 1–3 cm lang, mehr oder weniger eiförmig, kerbig gezähnt. Blütenstiel 1,5–2mal so lang wie sein Tragblatt. Krone himmelblau, 8–12 mm breit; Kelchzipfel eilanzettlich. Fruchtkapseln in großer Zahl vorhanden, 8–10 mm breit, 4–6 mm hoch, stumpfwinklig ausgerandet, stark netznervig. **Standort:** Nährstoffreiche, lehmige, gehackte Äcker; Getreidefelder, Gärten, Weinberge, frische Ruderalstellen. **Verbreitung:** Die Heimat dieser Art ist Südwestasien; seit 1805 trat sie in Mitteleuropa als Neophyt auf und ist inzwischen in fast ganz Europa, in gemäßigten Zonen weltweit eingebürgert.

Die Art zählt zu den wenigen Winterblühern; bei ungünstiger Witterung findet Selbstbestäubung statt, ansonsten überwiegt Insektenbestäubung.

Efeublättriger Ehrenpreis *Veronica hederifolia* L.

Braunwurzgewächse, Scrophulariaceae. **Merkmale:** ✳ III–V; 5–30 cm. Stengel liegend oder aufsteigend; Blätter rundlich, 3–7lappig, efeuähnlich (Name!), jedoch relativ breiter; mittlerer Lappen fast doppelt so breit wie die übrigen Lappen. Blattstiel bis zu 2 cm lang. Krone klein, 6–9 mm breit, hellblau oder lila; Kelchzipfel breit herzförmig, lang gewimpert, zur Fruchtzeit aufrecht. Kapsel fast kugelig, oben abgeflacht, kahl. **Standort:** Unkrautfluren; nährstoffreiche, sandig-lehmige Äcker; Gärten, Hecken, Gebüsche und ihre Säume; Weg- und Waldränder. **Verbreitung:** Fast ganz Europa; Westasien. Nach Nordamerika verschleppt.

Der Efeublättrige Ehrenpreis ist ein Lehmzeiger. Die Blüten bestäuben sich selbst, die Samen werden von Ameisen verbreitet. Dunkelkeimer.

Gamander-Ehrenpreis *Veronica chamaedrys* L.

Braunwurzgewächse, Scrophulariaceae. **Merkmale:** ✳ IV–VIII; 10–30 cm. Stengel 2zeilig behaart; Blätter allenfalls kurz gestielt, gegenständig, eiförmig, gekerbt. Blüten in langgestielten, wenigblütigen, blattachselständigen Trauben. Kelchblätter 4; Krone himmelblau, dunkel geadert; Staubblätter 2. Fruchtkapsel 3eckig-herzförmig, kürzer als der Kelch, behaart. **Standort:** Säume von Hecken und Gebüschen, Wiesen, Wegraine, Waldränder und lichte Trockenwälder; bis in Höhenlagen von 2200 m. **Verbreitung:** Ganz Europa mit Schwerpunkt in den westlichen Gebieten.

Die Pflanze bildet nur an sonnigen Standorten Blüten aus, bereits im Halbschatten bleibt sie steril. Bienen und Fliegen bestäuben die Blüten, die Samenverbreitung erfolgt durch Ameisen.

Bach-Ehrenpreis *Veronica beccabunga* L.

Braunwurzgewächse, Scrophulariaceae. **Merkmale:** ✳ V–IX; 20–60 cm. Pflanze fleischig. Blätter alle kurz gestielt, breit, elliptisch bis fast kreisrund, 1–4 cm lang, stumpf, unregelmäßig gekerbt-gesägt; Stengel rund. Blüten in gegenständigen, achselständigen Trauben; Krone himmelblau. **Standort:** Langsam fließende Bäche; Gräben, Quellen und Quellfluren; vorzugsweise auf Schlammböden; bis in Höhenlagen von 1850 m. **Verbreitung:** Westasien und Europa südlich 65° nördl. Breite; weit verschleppt.

Die Art gehört zu den Kriechpionieren auf Schlammböden. Ihre Blüten werden von Insekten oder durch Autogamie bestäubt. Arznei- und Salatpflanze (hustenstillend und appetitanregend).

Kriechender Günsel *Ajuga reptans* L.

Lippenblütengewächse, Lamiaceae. **Merkmale:** ✻ IV–VIII; 15–30 cm. Pflanze mit oberirdischen Ausläufern. Grundblätter rosettig, lang gestielt, spatelförmig, ganzrandig oder stumpf gezähnt; Stengelblätter ungeteilt, eiförmiglänglich, nach oben allmählich kleiner werdend, oft rotviolett überlaufen, ganzrandig oder schwach gezähnt. Blüten blau, selten rötlich oder weiß, in dichten, zylindrischen, ährenartigen Blütenständen. Kronröhre innen mit Haarring; Oberlippe nahezu fehlend, höchstens kurz 2lappig; Unterlippe groß, 3lappig. **Standort:** Wiesen, Raine, Gebüsche, Wälder, Wegränder; bis 1700 m. **Verbreitung:** Fast ganz Europa; im Norden bis 61° nördl. Breite.
Neben der Bestäubung durch Insekten kommt Selbstbestäubung (Autogamie) vor. Die Verbreitung der Art wird durch Ameisen (Klausenfrüchte) und durch die kriechenden Ausläufer gefördert.

Sumpf-Helmkraut *Scutellaria galericulata* L.

Lippenblütengewächse, Lamiaceae. **Merkmale:** ✻ VI–IX; 10–40 cm. Blüten blau(violett), 12–20 mm lang, in einseitswendigen Paaren in den Achseln der oberen Blätter, kürzer als die Tragblätter. Kronröhre aufwärts gekrümmt. Blätter eiförmig-lanzettlich bis lineal-lanzettlich, jederseits mit 3–8 seichten Zähnen. **Standort:** Verlandungsgesellschaften, Großseggenrieder, Flachmoore, Naßwiesen, Gräben, Ufer, Erlenbrüche; bis 1200 m. **Verbreitung:** Nordisch-eurasiatisch, zirkumpolar; fast ganz Europa.
Die vormännlichen Blüten dieser Art werden von Insekten bestäubt. Hinsichtlich der Fruchtverbreitung gehört das Sumpf-Helmkraut zu den Regenballisten: Auftreffende Regentropfen bewirken, daß die Klausen (Bruchfrüchte!) aus den Kelchen geschleudert werden.

Wiesen-Salbei *Salvia pratensis* L.

Lippenblütengewächse, Lamiaceae. **Merkmale:** ✻ IV–VIII; 30–60 (80) cm. Blätter meist grundständig, rosettig ausgebildet, unregelmäßig gekerbt, etwas runzelig, 6–12 cm lang; untere lang gestielt, Stengelblätter sitzend. Blüten blau(violett), selten rosa oder weiß, zu je 4–8 quirlständig. Krone 20–25 mm lang, etwa 3mal so lang wie der etwas unregelmäßig gezähnte Kelch. Oberlippe sichelförmig. Blütenstand drüsig. **Standort:** Sonnig-trokkene Wegränder, Böschungen, Grasplätze, Halbtrocken-, vor allem Kalkmagerrasen; bis 1600 m. **Verbreitung:** Weite Teile Europas; nördlich bis Norddeutschland, England und nördliches Zentralrußland. In Nordeuropa teilweise eingebürgert.
Bemerkenswert ist der Bestäubungsmechanismus der Pflanze: Dieser sogenannte Schlagbaummechanismus wurde bereits von Christian Konrad Sprengel (1750–1816), einem Begründer der Blütenökologie, beschrieben. Die vormännlichen Blüten besitzen nur 2 Staubblätter, die zu einem effektiven Hebelapparat umgestaltet sind. Am vorderen, längeren Hebelarm befindet sich jeweils nur eine fruchtbare Staubblatthälfte, der kürzere, hintere Arm ist verbreitert und bildet mit dem entsprechenden Abschnitt des anderen Staubblattes eine Platte. Die bestäubenden Hummeln müssen gegen diese Platte drücken, um zum Nektar zu gelangen. Durch die Hebelwirkung werden die längeren Enden der Staubblätter hinabgebogen und streifen den Pollen auf dem Rücken des Tieres ab. Von dort gelangt der Pollen beim nächsten Blütenbesuch auf die ebenfalls weit herausragenden Narben der älteren (dann weiblichen) Blüten. Eine Fremdbestäubung ist damit gewährleistet!

Blauer Eisenhut *Aconitum napellus* L.

Hahnenfußgewächse, Ranunculaceae. **Merkmale:** ✻ VI–VIII; 50–150 cm. Blütenstand einfach oder nur wenigästig, dicht traubig. Blüten dunkelblauviolett; Helm meist breiter als hoch; Stiel der kapuzenförmigen Honigblätter bogig gekrümmt; Staubblätter meist behaart. Blätter fast bis zum Grund handförmig 5–7teilig; Abschnitte mit linealischen Zipfeln. **Standort:** Subalpine Hochstaudenfluren, Grauerlenwälder, Gebüsche, Bachsäume, Lägerfluren; nahezu bis in Höhen von 3000 m. **Verbreitung:** Mittel- und Westeuropa. Die extrem giftige Pflanze enthält insbesondere Alkaloide der Aconitin-Gruppe; für den Menschen werden als tödliche Dosis 3–6 mg Aconitin angegeben. Früher wurde das Gift u. a. zur Präparation von Pfeil- und Speerspitzen verwendet. Medizinisch werden die Aconitin-Alkaloide als stark wirkendes anästhesierendes Mittel z. B. bei Nervenschmerzen (Ischias) eingesetzt. Die proterandrischen Blüten sind - als Ausnahme bei den Hahnenfußgewächsen - dorsiventral und werden von Hummeln bestäubt.

Acker-Rittersporn, Feld-Rittersporn *Consolida regalis* S. F. Gray

Hahnenfußgewächse, Ranunculaceae. **Merkmale:** ✻ V–VIII; 15–50 cm. Blüten zu 3–7, blau, selten weiß, in Trauben (oder Rispen); Sporn 22–25 mm lang, durch Verwachsung 2er innerer Blütenhüllblätter (Nektarblätter) entstanden. Balgfrucht kahl. Tragblätter kürzer als die Blütenstiele; Laubblätter 1- bis mehrfach 3teilig, mit schmal-linealen, etwa 1 mm breiten Zipfeln. **Standort:** Äcker, vor allem Getreidefelder; Wegränder, Schuttplänze. Kalkhaltige Lehmböden der Tieflagen; im Gebirge fehlend. **Verbreitung:** Eurasiatisch; vor allem in Mittel- und Südeuropa, weit nach Südosten vordringend. Die Pflanze ist schwach giftig (Alkaloide).

Saat-Luzerne *Medicago sativa* L.

Schmetterlingsblütengewächse, Fabaceae. **Merkmale:** ✻ VI–IX; 20–80 cm. Blüten in blattachselständigen, kopfförmigen Trauben; Krone blau oder violett. Hülsen mit 2–3 korkenzieherartigen Windungen. Stengel aufrecht, fast kahl. Fiederblättchen an der Spitze gezähnt und stachelspitzig. **Standort:** Ruderal beeinflußte Halbtrockenrasen und trockene Wiesen, warme Magerrasen, Wegränder, Böschungen. Häufig kultiviert, als Neophyt auftretend. **Verbreitung:** Fast ganz Europa mit Ausnahme des Nordens; vielfach eingebürgert. Alte Kulturpflanze; Heimat: Südosteuropa und Vorderasien.
Als Stickstoffsammler (Symbiose mit Bakterien!) stellt sie eine wertvolle Futterpflanze dar. Die Blätter enthalten das Provitamin A, die Vitamine C, D, E, K_1 sowie wertvolle Mineralstoffe und können in Suppen als Gemüse, als Salate, in der Naturheilkunde als Kalklieferant und gegen Anämie verwendet werden. In industriellem Maßstab werden aus der Pflanze Chlorophyll, Carotin, Vitamin K_1 und wundheilende Salben gewonnen.

Vielblättrige Lupine *Lupinus polyphyllus* Lindl.

Schmetterlingsblütengewächse, Fabaceae. **Merkmale:** ✻ VI–VIII; 100–150 cm. Blätter 10–15zählig gefingert. Blüten quirlig, in verlängerter Blütentraube; Krone intensiv blau, selten weiß; Schiffchen geschnäbelt; Kelch 2lippig. **Standort:** Waldsäume und -schläge, Böschungen, Wegränder. **Verbreitung:** Die Art stammt aus dem pazifischen Nordamerika und ist inzwischen in weiten Teilen Europas eingebürgert.
Symbiose mit der Bakteriengattung *Rhizobium* (Luftstickstoffbindung!).

Echte Kugelblume *Globularia punctata* Lapeyr. 3

Kugelblumengewächse, Globulariaceae. **Merkmale:** ✳ V–VI; 5–25 (40) cm. Pflanze krautig, mit kurzem, ästigem Rhizom; Stengel aufrecht, bis oben beblättert. Grundblätter lang gestielt, spatelig oder breit-eiförmig, rosettig; obere Stengelblätter lanzettlich, sitzend. Blütenköpfe 10–25 mm breit; Krone blauviolett. **Standort:** Trockenwiesen, buschig-steinige Abhänge, Kalkmagerrasen, submediterrane Fels- und Schotterfluren; bis in Höhenlagen von 1700 m. **Verbreitung:** Mediterran-montane Art; das Areal erstreckt sich von Nordfrankreich zur CSSR, im Süden bis Süditalien, Nordspanien und Nordostgriechenland, östlich bis ins mittlere und südliche Rußland. Giftig.

Teufelsabbiß *Succisa pratensis* Moench

Kardengewächse, Dipsacaceae. **Merkmale:** ✳ VII–IX; 15–80 cm. Blütenköpfchen halbkugelig; Außenkelch rauhhaarig, 4kantig, an jeder Kante in einen stacheligen, spitzen Zipfel auslaufend; Innenkelch mit 5 schwarzen Borsten. Krone dunkelblau; Köpfchenboden mit Spreublättern. Frucht 4kantig, zottig behaart. Blätter länglich bis länglich-lanzettlich, meist ganzrandig. Wurzelstock aufrecht, kurz (»wie abgebissen«; Name!). **Standort:** Flachmoore, wechselfeuchte Moorwiesen, Magerrasen, Waldränder; bis in Höhenlagen von 1400 m. **Verbreitung:** Fast ganz Europa mit Ausnahme des extremen Nordens und Teilen des Mittelmeerraumes; bis Westsibirien.
Die Pflanze gilt als Magerkeits- und Wechselfeuchtezeiger. Ihre vormännlichen Blüten werden von Faltern und Bienen bestäubt. Als Verbreitungsmechanismus tritt Klettverbreitung auf.

Berg-Sandglöckchen *Jasione montana* L.

Glockenblumengewächse, Campanulaceae. **Merkmale:** ✳ VI–IX; 15–45 cm. Pflanze 2jährig, ohne Ausläufer. Stengel ästig. Blüten kurzgestielt in 1,5–2,5 cm breiten Dolden. Kronröhre gerade; Kronblätter linealisch, zur Blütezeit an der Spitze frei, himmelblau; Narben keulig; Staubbeutel miteinander verbunden. Kapsel sich an der Spitze mit 2 Poren öffnend. Blätter am Rande meist wellig geschweift. **Standort:** Wegränder, saure Sandtrockenrasen, Heiden, Sandstrände, Kiefernwälder; kalkmeidend. **Verbreitung:** Fast ganz Europa, nördliche Arealgrenze bei 62° nördl. Breite in Finnland.
Das Berg-Sandglöckchen ist eine tiefwurzelnde Pionierpflanze. Die Bestäubung erfolgt durch Insekten, die Verbreitung mit Hilfe des Windes.

Kugelige Teufelskralle *Phyteuma orbiculare* L. 3

Glockenblumengewächse, Campanulaceae. **Merkmale:** ✳ V–IX; 10–50 cm. Pflanze sehr variabel. Grundblätter lanzettlich bis herzeiförmig, kerbig gezähnt, unterseits mit kaum sichtbaren Seitennerven. Hüllblätter schmal 3ekkig bis eiförmig-lanzettlich, höchstens so lang wie die Blüten. Kronzipfel blau bis blauviolett, wie bei anderen Arten dieser Gattung zunächst an der Spitze verbunden bleibend. Narben 2–3. **Standort:** Matten, Triften, Magerrasen, Moorwiesen; Felsen (Kalk!); vorwiegend in der montanen und subalpinen Stufe; bis in Höhen von über 2400 m. **Verbreitung:** Die Arealgrenzen erstrecken sich von England zur westlichen UdSSR und von Südspanien bis Albanien.
Bienen und Falter bestäuben die proterandrischen Blüten; die Ausbreitung der Art wird durch den Wind begünstigt.

Berg-Flockenblume *Centaurea montana* L.

Korbblütengewächse, Asteraceae. **Merkmale:** ✳ V–X; 30–70 cm. Stengel 1köpfig; Blütenköpfe nur mit Röhrenblüten. Randblüten blau, Scheibenblüten violett. Hüllblätter kammförmig gefranst, schwarzbraun; Fransen der Hüllblätter etwa so lang wie die Breite des schwarzbraunen Hüllblatthautrandes. Blätter länglich-lanzettlich bis elliptisch-lanzettlich, über 1 cm breit, unterseits spinnwebig-flockig oder filzig; obere Blätter am Stengel herablaufend. **Standort:** Bergwiesen, Hochstaudenfluren, Berg- und Schluchtwälder; meist auf kalkhaltigen Böden; im Gebirge bis in Höhen von 2100 m. **Verbreitung:** Gebirge Europas; von den Ardennen und Karpaten nach Süden bis zu den Pyrenäen, bis Mittelitalien und Zentraljugoslawien.
Bienen bestäuben die Blüten, Ameisen tragen neben dem Wind maßgeblich zur Ausbreitung der Art bei.

Kornblume *Centaurea cyanus* L.

Korbblütengewächse, Asteraceae. **Merkmale:** ✳ VI–X; 30–80 cm. Pflanze weißfilzig behaart; Stengel kantig, verzweigt. Blätter schmal lineal-lanzettlich, 2–5 mm breit, nicht herablaufend, die untersten z. T. fiederspaltig. Blütenköpfe 2–3 cm breit, einzeln; Randblüten blau, ausgebreitet; Scheibenblüten violett. Hüllblätter eiförmig, 12–15 mm lang. Die Blütenstände tragen nur Röhrenblüten, die vergrößerten Randblüten sind in der Regel steril und dienen nur der Anlockung. **Standort:** Getreidefelder, sandig-lehmige Äcker, Ruderalstellen (auch Schuttplätze!); bis in Höhenlagen von 1600 m. **Verbreitung:** Nordisch-eurasiatisch; die Art ist ursprünglich wahrscheinlich in Südosteuropa und Sizilien heimisch, inzwischen jedoch fast überall eingebürgert.
Die Kornblume gehört seit der jüngeren Steinzeit zu den Kulturbegleitern. Vor allem trat die Art als Ackerunkraut im Wintergetreide auf, wurde späteiszeitlich sogar im nördlichen Europa nachgewiesen und in der Folgezeit weit verschleppt. Seit einiger Zeit ist die Kornblume – wohl durch Saatgutbehandlungs- und -reinigungsverfahren sowie durch Anwendung von Herbiziden – stark im Rückgang. Früher wurde sie zur Bereitung von Augentropfen und -kompressen sowie wegen ihrer harntreibenden Wirkung als Heilpflanze verwendet. Bienenweide; Fruchtverbreitung durch Wind und Ameisen.

Gewöhnliche Wegwarte, Wilde Zichorie *Cichorium intybus* L.

Korbblütengewächse, Asteraceae. **Merkmale:** ✳ VII–IX; 25–120 cm. Stengel sparrig-ästig, kurzborstig. Stengelblätter länglich-lanzettlich, ganzrandig oder höchstens schwach gezähnt. Grundblätter fiederspaltig, unterseits borstig behaart. Blütenköpfe 3–4 cm groß, blau, meist sitzend, ausschließlich aus Zungenblüten zusammengesetzt. Hüllblätter grün, drüsenhaarig; äußere abstehend, etwa halb so lang wie die anliegenden inneren. Pappus schuppenförmig. **Standort:** Wegränder, Schuttplätze, Äcker, Weiden; bis in Höhenlagen von 1000 m. **Verbreitung:** Ganz Europa, im Norden sehr wahrscheinlich nicht heimisch; in gemäßigten Zonen weltweit verschleppt.
Die Gemeine Wegwarte ist ein typischer Kulturbegleiter. Sie benötigt viel Licht für eine optimale Entwicklung. Die Blüten sind tagsüber von 6 bis 11 Uhr geöffnet; während dieser Zeit erfolgt die Bestäubung durch Schwebfliegen und Bienen. Wind- und Klebverbreitung der Früchte ermöglichen eine weite und rasche Ausbreitung der Art. Seit dem Altertum ist die Wegwarte eine bekannte Heil- und Nutzpflanze. Die getrockneten Wurzeln liefern den Kaffee-Ersatz (Zichorie), ferner fand die Art als Salatpflanze Verwendung.

Rotbuche *Fagus sylvatica* L.

Buchengewächse, Fagaceae. **Merkmale:** ✻ IV–V; bis 40 m. Borke glatt, grau. Blätter fast ganzrandig, jung lang-zottig gewimpert; 2zeilig stehend. Sonnen- und Schattenblätter vorhanden. Männliche Blüten zu mehreren in fast kugeligen Köpfchen; weibliche in 2blütigen Dichasien, aufrecht, von einer gemeinsamen Hülle umgeben. Blütenstände mit den Blättern erscheinend. Fruchtbecher stachelig, 4klappig aufspringend, mit 2(–3) 3kantigen Nüssen (»Bucheckern«). **Standort:** Laubmischwälder, Schlag- und Mantelgebüsche in kühl-humider Klimalage (mehr als 500 mm Jahresniederschlag!). Die Rotbuche bevorzugt Hanglagen und scheut Wasserstau. **Verbreitung:** West- und Mitteleuropa, südlich bis Griechenland, Sizilien und Zentralspanien. Die kontinentale Frostgrenze verläuft vom westlichen Ostpreußen zum östlichen Karpatenvorland.

Die Bestäubung erfolgt durch den Wind, die Verbreitung der Früchte durch Vögel und Nagetiere. Die Art liefert ein wertvolles Nutz- und Brennholz, aus den gepreßten Bucheckern kann Öl gewonnen werden; trocken destilliertes Holz liefert Kreosot. Rotbuchen werden bis 300 Jahre alt.

Trauben-Eiche *Quercus petraea* (Matt.) Lebl.

Buchengewächse, Fagaceae. **Merkmale:** ✻ IV–V; bis 35 (40) m. Stamm gewöhnlich bis zum Wipfel verfolgbar, Schuppenborke. Blattspreite breit-eiförmig, symmetrisch, gelappt; Spreitengrund keilförmig, flach; größte Lappen in der Mitte der Spreite. Blattstiel 1–3 cm lang. Fruchtstand sitzend oder nur kurz gestielt (weniger als 1 cm); Fruchtbecher napfförmig mit 1 Frucht. **Standort:** Laubmischwälder der Ebene ; bis in die submontane Stufe aufsteigend. Wintermilde, luftfeuchte Klimalagen werden bevorzugt. **Verbreitung:** Zentraleuropäische Art; West-, Mittel- und Südosteuropa.

Die Pflanze liefert wertvolles Schreiner-(Furnier-) und Bauholz, Gerberrinde und Kork. Die Rinde enthält Gerbstoffe und Quercitrin (Verwendung als Gurgelwasser, für Bäder, bei Milzleiden). Die Verbreitung der Früchte erfolgt im wesentlichen durch Nagetiere (Eichhörnchen). Die Trauben-Eiche erreicht ein Alter von 500–800 Jahren.

Eßkastanie *Castanea sativa* Mill.

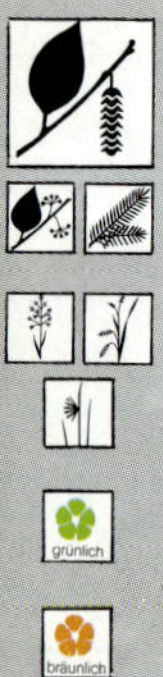

Buchengewächse, Fagaceae. **Merkmale:** ✻ VI; bis 30 m. Blätter 2zeilig stehend, länglich-lanzettlich, bis 18 cm lang, derb, dornig gezähnt. Blüten nach den Blättern erscheinend; männliche Blüten gebüschelt, in steifer, aufrechter, 10–20 cm langer Ähre; diese am Grund mit weiblichen Blüten. Fruchtbecher kugelig, dornig, mit 2, oft 3 eßbaren Früchten. Rinde olivbraun. **Standort:** Laubwälder in sommerwarm-humider, wintermilder Klimalage; kalkmeidend. **Verbreitung:** Die Art gehört zum mediterranen Florenelement. Südeuropa; von Italien ostwärts bis Ungarn. In Mitteleuropa eventuell mit der Weinrebe seit der Römerzeit eingebürgert; inzwischen auch in West- und Nordeuropa auftretend.

Bei der Bestäubung dieser Pflanze ist ein Übergang von der Insektenblütigkeit zur (sekundären) Windblütigkeit zu beobachten: Der Pollen ist zunächst voller Pollenkitt, wird von Insekten, hauptsächlich von Käfern, aufgesucht und damit übertragen; später jedoch trocknet er aus und kann vom Wind transportiert werden. Die Eßkastanie wird als Nutzholz oder wegen ihrer Früchte angepflanzt; die Blätter enthalten u. a. Gerbstoffe, deren Heilwirkung bei Bronchitis und Rheumatismus genutzt werden kann.

Hänge-Birke *Betula pendula* Roth.

Birkengewächse, Betulaceae. **Merkmale:** ✳ IV–V; bis 25 m. Zweige mit Harzwarzen (»Warzenbirke«), kahl, hängend, glänzend rötlich-braun. Rinde weiß (Ringelborke). Blätter rhombisch, lang zugespitzt, mit breit keilförmigem Grund, Seitenecken kaum abgerundet. Kätzchen zugleich mit der Entfaltung der Blätter stäubend. Nußfrüchte (Flügelnüsse!) in der Achsel holziger Schuppen, zur Zeit der Reife abfallend. **Standort:** Gebüsche, Schlag- und Vorwaldgehölze, trockene Laub- und Nadelwälder, Magerweiden; anspruchslos, jedoch bevorzugt auf Sandböden in humider Klimalage. **Verbreitung:** Nordisch-eurasiatisch.

Holz und Rinde werden zur Schindelherstellung verwendet, der Blutungssaft als Birkenwein und Haarwasser. Aus Birkenteer wird das Parfum »Russisch Leder« gewonnen. Aus den jungen Blättern läßt sich ein Tee gegen Harnwegbeschwerden und Rheumatismus bereiten.

Schwarz-Erle *Alnus glutinosa* (L.) Gaertn.

Birkengewächse, Betulaceae. **Merkmale:** ✳ III–IV; bis 25 m. Rinde schwärzlich-rissig. Knospen gestielt, stumpf, jung klebrig. Blätter rundlich, stumpf oder ausgerandet, einfach gezähnt oder ungleich schwach gesägt, kahl, mit 5–8 Seitennervenpaaren, unterseits in den Nervenwinkeln bärtig. Kätzchen vor oder zugleich mit der Entfaltung der Blätter stäubend. Weibliche Kätzchen eiförmig, purpurrot, deutlich gestielt; Tragblätter nach der Reife verholzend, nicht abfallend. Männliche Kätzchen lang, grünlichgelb, hängend. Nußfrüchte in der Achsel holziger Schuppen, die als zapfenartiger Fruchtstand verbleiben. **Standort:** Nasse Bruch- und Niederungswälder, Auenwälder, Ufergehölze. **Verbreitung:** Zentraleuropäische Art mit weitem Areal; bis Westsibirien.

Bemerkenswert ist die Symbiose mit stickstoffbindenden Bakterien (»Strahlenpilze«, Actinomyceten) in Wurzelknöllchen.

Gewöhnliche Hasel *Corylus avellana* L.

Haselgewächse, Corylaceae. **Merkmale:** ✳ (I)II–IV; 2–6 m. Strauch, vor dem Laubaustrieb blühend. Weibliche Kätzchen wenigblütig, zur Blütezeit in Knospen eingeschlossen, aus denen nur die roten, fadenförmigen Narben herausragen (s. Abb.). Staubbeutel der männlichen Kätzchen gelb. Nußfrucht, im Keimling fetthaltig; Fruchthülle glockenförmig, offen, am Rande in breite, kurze Lappen zerteilt. Blätter rundlich-eiförmig mit herzförmigem Grund, zugespitzt, mit 5–8 Paaren von Seitennerven. Junge Äste borstig behaart; Rinde mit Korkwarzen. **Standort:** Laubwälder und Gebüsche, Unterholz; Waldränder, an Wegen. **Verbreitung:** Europa mit Ausnahme des extremen Nordens.

Windbestäubung, Tierverbreitung (Nager, Kleiber, Specht).

Hainbuche *Carpinus betulus* L.

Haselgewächse, Corylaceae. **Merkmale:** ✳ IV–V; bis 25 m. Stamm mit glatter, grauer Rinde. Junge Zweige und Blattstiele zottig. Blätter doppelt gesägt, faltig, 2zeilig, mit 10–15 Paaren von Seitennerven. Pflanze zur Blütezeit bereits mit Blättern. Weibliche Kätzchen vielblütig, nicht in Knospen eingeschlossen. Früchte in locker hängender Traube; Nüsse vom Tragblatt umhüllt; Hülle 3teilig (Flugorgan!). **Standort:** Laubwälder, Schlaggehölze, Hekken, Waldränder in sommerwarmen Klimalagen. **Verbreitung:** Zentraleuropäische Art mit weitem Areal.

Windbestäubung, Tierverbreitung; ausschlagfähige Schnitthecke, Werkholz.

Echte Walnuß *Juglans regia* L.

Walnußgewächse, Juglandaceae. **Merkmale:** ✻ V; bis 25 m. Blätter wechselständig, unpaarig gefiedert (mit 7–9 Fiedern), ohne Nebenblätter; aromatisch duftend. Pflanze 1häusig; männliche Blüten (Abb. oben links) in hängenden Kätzchen am jeweils vorjährigen Holz; Staubblätter 2 bis sehr zahlreich. Weibliche Blüten (Abb. oben rechts) zu 2–3 am Ende der diesjährigen Triebe. Fruchtschale (Exokarp) der Steinfrucht glatt, grün. Der Steinkern (»Walnuß«) öffnet sich längs einer vorgebildeten Trennungslinie. Die gelappten, ölreichen Keimblätter enthalten Reservestoffe. **Standort:** Edellaubholzreiche Wälder in milder Klimalage; die Art ist spätfrostempfindlich! Kulturpflanze. **Verbreitung:** Submediterranes Osteuropa (Balkanhalbinsel, Rumänien), Kreta; Westasien. Im Zusammenhang mit der Kultivierung vielfach eingebürgert.

Die Echte Walnuß ist bereits seit der Jungsteinzeit in Mitteleuropa nachweisbar. Sie liefert ein wertvolles Holz, Gerb- und Farbstoffe, Nußöl und Nußbeize (Fruchtschale), außerdem ist sie als Heilpflanze von Bedeutung. Die Blätter, die Gerbstoffe und Juglon enthalten, wirken stark adstringierend; Extrakte können gegen Rachitis, Arthrose und Gastroenteritis verabreicht werden. Die Pflanze ist windblütig, die »Nüsse« werden vorwiegend durch Nagetiere verbreitet.

Schwarz-Pappel *Populus nigra* L. 3

Weidengewächse, Salicaceae. **Merkmale:** ✻ III–IV; 15–30 m. Jüngere Äste rundlich, ohne Korkrippen. Bei der »Pyramiden-Pappel« (= Kulturform) Äste steil aufrecht. Blätter schwach herzförmig, am Grund gestutzt, am Rand kahl, 5–10 cm lang. Narben 2, sitzend. **Standort:** Auen- und Weidengehölze; z. T. auch Feldgehölze. Wild nur an Rhein, Main, Donau, Elbe, Oder und Havel; sonst Neophyt. Die Art bevorzugt Sand- und Kiesböden. **Verbreitung:** Süd-, Mittel- und Osteuropa; Westasien.

Schwarz-Pappeln sind windblütig und erreichen ein Alter von 300 Jahren. Schon seit langer Zeit werden sie therapeutisch verwendet: Schwarzpappelsalbe wirkt wundheilend und antihämorrhoidal, ein Extrakt der Knospen kann bei Erkrankungen der Harnwege, Arthritis, Rheumatismus und Brochitis verabreicht werden. Vielfach wird die Schwarz-Pappel mit der Kanadischen Pappel verwechselt, deren jüngere Äste jedoch durch Korkrippen kantig und deren Blätter am Grund keilig verschmälert sind.

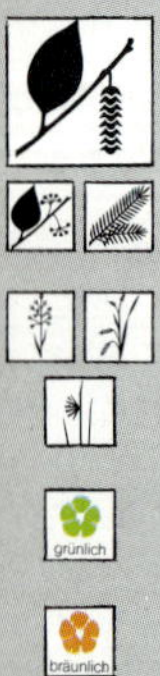

Zitter-Pappel *Populus tremula* L.

Weidengewächse, Salicaceae. **Merkmale:** ✻ III–IV; 5–25 m. Blätter fast kreisrund, etwas breiter als lang, ausgeschweift stumpf gezähnt, lang dünn gestielt; leicht bewegt. Narben purpurn. Junge Äste schwach kurzhaarig oder kahl. Knospen fast kahl, manchmal etwas klebrig. **Standort:** Lichte Wälder, Gebüsche, Schläge, Hecken, Blockhalden; licht- und sommerwärmeliebend. **Verbreitung:** Fast ganz Europa; im Süden nur in Gebirgen; in Osteuropa und Westasien teilweise waldbildend.

Die Zitter-Pappel oder Espe ist eine Pionierpflanze der Waldlichtungen und -schläge. Für Bestäubung und Verbreitung ist der Wind verantwortlich, zudem existiert noch eine Selbstverbreitung durch Wurzelschößlinge. Die Art liefert ein wertvolles Weichholz und wird als schnellwüchsiger Forst- und Zierbaum häufig angepflanzt.

Sal-Weide *Salix caprea* L.

Weidengewächse, Salicaceae. **Merkmale:** ✻ III–IV; 3–9 m. Baum oder hoher, starkästiger Strauch. Knospen groß, dick, gelbbraun bis braun, kahl. Blätter rundlich-elliptisch, unter oder in der Mitte am breitesten, bis 12 cm lang und 6 cm breit, sehr variabel; oberseits anfangs kurzhaarig, dann kahl; unterseits weißlich-blaugrün, dicht weißfilzig. Blattstiel bis 2 cm lang; Nebenblätter groß, halbnierenförmig. Zweige dick, nicht brüchig. Kätzchen (Abb. oben links: männlich; Abb. oben rechts: weiblich) vorlaufend, dick, 4–10 cm lang, 2–2,5 cm breit, durch die langen behaarten Tragblätter vor dem Aufblühen in einen dichten, weißen Haarfilz gehüllt; zunächst sitzend, später kurz gestielt. Fruchtstiel etwa ⅔ so lang wie der Fruchtknoten. **Standort:** Gebüsche, Waldschläge und -ränder; Schutt- und Vorwaldgehölze. **Verbreitung:** Nordisch-eurasiatisch; fast ganz Europa mit Ausnahme des äußersten Südens und Nordens.
Die Sal-Weide ist als Rohbodenpionier und erste Bienenweide von Bedeutung. Die Bürstenblumen werden auch vorwiegend von diesen Hautflüglern bestäubt.

Kriech-Weide *Salix repens* L.

Weidengewächse, Salicaceae. **Merkmale:** ✻ IV–V; 20–100 cm. Strauch mit unterirdisch kriechendem Stamm und bogig aufsteigenden oder liegenden Ästen. Blätter besonders unterseits dicht seidig-silbrig behaart, 1–5 cm lang, elliptisch bis länglich, ganzrandig; Nebenblätter schmal-lanzettlich, meist fehlend. Kätzchen 1(–2) cm lang, rundlich, dicht, später locker; Kätzchenstiel seidig behaart. Fruchtknoten seidig-filzig, selten kahl. **Standort:** Moorwiesen, Feuchtheiden, Dünen(täler) der Graudünen; feuchte Magerrasen. **Verbreitung:** Eurasiatisch; Nord-, West- und Mitteleuropa; südlich bis Italien, östlich bis zu den Karpaten.
Die Kriech-Weide tritt in mehreren Unterarten auf.

Berg-Ulme *Ulmus glabra* Huds. em. Moss.

Ulmengewächse, Ulmaceae. **Merkmale:** ✻ III–IV; bis 30 m. Blätter ungeteilt, am Grund meist asymmetrisch, oft sehr groß (8–16 cm lang), meist im oberen Drittel am breitesten; Blattgrund mehr oder weniger geöhrt; Blattoberseite meist rückwärts stark borstig, rauh. Winterknospen rostrot oder braun behaart. Blütezeit noch vor der Blattentfaltung. Staubblätter 5–6; Narben rot bis rötlich. Geflügelte Nußfrucht, 20–35 mm lang; Fruchtstiel 1–2 mm lang; Samen etwa in der Mitte der Frucht. **Standort:** Edellaubholzwälder und Gebüsche der Bergregion, Schluchtwälder, schattige Hangwälder; in kühlhumider Klimalage. **Verbreitung:** Fast ganz Europa.
Die Berg-Ulme ist windblütig, auch die Verbreitung der Flügelnüsse erfolgt durch den Wind. Die Bäume dieser frostharten Art werden 600 Jahre alt.

Sanddorn *Hippophaë rhamnoides* L.

Ölweidengewächse, Eleagnaceae. **Merkmale:** ✻ III–V; bis 6 m. Pflanze dornig, 2häusig. Blüten klein, bräunlich; männliche mit tief 2teiliger Hülle, weibliche röhrig ausgebildet. Scheinfrucht orangefarben, gelegentlich gelb. Blätter 3–10 mm breit, oberseits fast kahl, unterseits silber-weiß. **Standort:** Küstendünen, Gebüsche in Flußschotterauen, Kieferntrockenwälder; vielfach angepflanzt. **Verbreitung:** Große Teile Europas; von Nordwestfrankreich bis Finnland; südlich von Nordspanien bis Bulgarien. Vielerorts eingebürgert.
Die Pflanze lebt in Symbiose mit Luftstickstoff bindenden Actinomyceten. Windbestäubung; die Früchte werden von Vögeln (Verdauungsverbreitung) verschleppt. Die »Beeren« sind reich an Vitamin C und Provitamin A.

Stechpalme *Ilex aquifolium* L.

Stechpalmengewächse, Aquifoliaceae. **Merkmale:** ✻ V–VI; 1–6 (10) m. Strauch oder Baum mit immergrünen, derben, glänzenden, dornig gezähnten bis ganzrandigen Blättern. Blüten weiß, radiär(symmetrisch), 4–9zählig; Staubblätter 4–9, mit der Krone verwachsen. Steinfrüchte mehrsamig, korallenrot. **Standort:** Meist als Unterwuchs in Buchen- oder Eichenwäldern, auch in Buchen-Tannen-Wäldern; Gebüsche. Die Art benötigt wintermilde, humide Klimate und meidet Kalkböden. **Verbreitung:** Süd- und Westeuropa; nördlich bis Norddeutschland, östlich bis Österreich.
Nord-Ost-Arealgrenze und Winterkältegrenze folgen der 0°-Januar-Isotherme, also einer Linie, die alle Orte mit einem Temperaturmaximum von über 0 °C an 345 Tagen im Jahr verbindet. Die Blätter enthalten Ilicin und Theobromin (Herzmittel). Die Stechpalme ist giftig.

Europäisches Pfaffenhütchen *Euonymus europaeus* L.

Baumwürgergewächse, Celastraceae. **Merkmale:** ✻ V–VI; 1,5–3 (6) m. Junge Äste 4kantig, grün, später oft mit Korkleisten. Blätter eilanzettlich, ungeteilt, bis 10 cm lang. Blüten 4zählig, radiär; Kronblätter frei, hellgrün-weißlich. Staubblätter vor den Kelchblättern stehend. Kapselfrucht saftig (Ausnahme! Dies ist eigentlich ein Fruchttyp der Tropen!), rosen- bis karminrot. Samen mit lebhaft orangerot gefärbtem Samenmantel (Arillus), der den weißlichen Samen völlig umhüllt. **Standort:** Hecken, Gebüsche, krautreiche Laubwälder, Auenwälder. **Verbreitung:** Nahezu ganz Europa mit Ausnahme des äußersten Nordens und weiten Teilen des Mittelmeergebietes.
Insektenbestäubung; Verdauungsverbreitung durch Vögel. Die Früchte sind reich an Farbstoffen, die Samen giftig (enthalten herzstärkende Stoffe). Das Pulver aus getrockneten Früchten wirkt insektizid (gegen Milben und Läuse).

Faulbaum *Frangula alnus* Mill.

Kreuzdorngewächse, Rhamnaceae. **Merkmale:** ✻ V–VI; bis 4 (7) m. Rinde graubraun mit grauweißen Korkwarzen. Blätter ganzrandig, wechselständig. Blüten 5zählig, zwittrig, unscheinbar, radiär; Griffel einfach. Steinfrucht meist 2kernig, kugelig, erst rot, später glänzend schwarz. **Standort:** Gebüsche, feuchte Wälder, Erlenbrüche, Birkenmoore, Weidengebüsch, Bruch- und Auenwälder; Grundfeuchtezeiger; bis 1000 m. **Verbreitung:** Fast ganz Europa mit Ausnahme großer Teile des Mediterrangebietes; Westasien.
Vögel verbreiten die Früchte (Verdauungsverbreitung!). Seit langer Zeit findet der Faulbaum als Heilpflanze Verwendung: Die Rinde wirkt abführend; sie sollte erst ein Jahr aufbewahrt werden, da sie im frischen Zustand ein zu starkes Brech- und Abführmittel darstellt.

Purgier-Kreuzdorn *Rhamnus catharticus* L.

Kreuzdorngewächse, Rhamnaceae. **Merkmale:** ✻ V–VI; 1–3 m. Äste aufrecht, bisweilen dornig; Blätter gegenständig, 3–6 cm lang, oval, mit 3–4 Nervenpaaren. Blattstiele 2–4mal so lang wie die hinfälligen Nebenblätter. Pflanze zweihäusig; Blüten in Büscheln, grünlich, sehr klein, 4zählig; nur ein Staubblattkreis vorhanden. Steinfrüchte schwarz, fleischig, mit 2–4 dünnwandigen Steinkernen. **Standort:** Trockenwälder und -gebüsche, Waldränder, sonnige Hecken, Magerweiden; auf flachgründigen Stein- und Kiesböden; bis 1300 m. **Verbreitung:** Fast ganz Europa.
In den Früchten finden sich Glykoside und Gerbstoffe mit abführender, blutreinigender und diuretischer Wirkung sowie Farbstoffe. Die Früchte werden durch Vögel verbreitet, die Blüten von Insekten bestäubt. Der Purgier-Kreuzdorn ist Zwischenwirt des Hafer-Kronenrostes *(Puccinia coronata)*. Die Pflanze ist schwach giftig.

Gewöhnlicher Efeu *Hedera helix* L.

Araliengewächse, Araliaceae. **Merkmale:** ✻ IX–XI; 0,5–20 m. Kletterstrauch, der mit Haftwurzeln klettert. Blätter in 2 Formen ausgebildet (Heterophyllie!): Blätter der nicht-blühenden Triebe (Primär-, Schattenblätter) 3–5eckig gelappt, Blätter der Blütentriebe (Folge-, Lichtblätter) eilanzettlich; alle Blätter immergrün. Blüten grün, in halbkugeligen Dolden, 5zählig; Kronblätter frei. Beeren schwarz, kugelig. **Standort:** Laubmischwälder, Felsen. **Verbreitung:** Mittel-, West- und Südeuropa; bis etwa 60° nördl. Breite.
Die vormännlichen Blüten werden im Herbst (!) von Fliegen und Wespen bestäubt; die Beeren reifen erst im nächsten Frühjahr heran (Verdauungsverbreitung!); sie sind giftig und wirken vor allem hautreizend. Die Pflanze enthält ferner Saponine, die bei Keuchhusten wirkungsvoll sind.

Gewöhnliche Esche *Fraxinus excelsior* L.

Ölbaumgewächse, Oleaceae. **Merkmale:** ✻ IV–V; bis 40 m. Bäume mit gegenständigen, meist unpaarig gefiederten, 9–13zähligen Blättern. Fiederblättchen eilänglich bis eilanzettlich. Blattknospen schwarz bis schwarzbraun. Blütenstände rispig, unscheinbar, grünlich, aufrecht abstehend; sowohl männliche, weibliche, als auch zwittrige Blüten; Krone und Kelche fehlend. Nußfrucht geflügelt, 1samig, schmal-länglich, stumpf bis ausgerandet. **Standort:** Krautreiche Laubwälder und Gebüsche. **Verbreitung:** Fast ganz Europa mit Ausnahme der Randgebiete; zentraleuropäische Art.
Windbestäubung und -verbreitung. Heilpflanze.

Gewöhnliche Kiefer *Pinus sylvestris* L.

Kieferngewächse, Pinaceae. **Merkmale:** ✻ (V) VI–VII; bis 40 m. Rinde rötlichgelb, Jungtriebe grünlichgelb. Nadeln zu 2 an Kurztrieben, 4–6 cm lang, grau- oder blaugrün; Nadelscheiden 5–10 mm lang. Zapfen deutlich gestielt. **Standort:** Nadelwälder, Nadelholzforsten, bodensaure Laubmischwälder. **Verbreitung:** Mittel- und Nordeuropa; südlich bis Südspanien, Norditalien und Nordgriechenland; weite Teile Asiens. Im Westen des Areals ist die Art nur örtlich bestandbildend – meist auf laubholzfeindlichen Standorten; im Osten mit Eiche, Tanne oder Fichte auch auf besseren Böden.

Die Gemeine Kiefer oder Föhre ist sehr formenreich; sie benötigt relativ viel Licht, ist sonst aber sehr anspruchslos. Die Pflanze enthält ätherische Öle; in den Blättern finden sich Pinen und Limonen; Stamm und Rinde enthalten Terpentin-Glykoside, die für Bäder und Einreibungen verwendet werden.

Schwarz-Kiefer *Pinus nigra* Arnold

Kieferngewächse, Pinaceae. **Merkmale:** ✻ V–VI; bis 20 (30) m. Stamm und Äste schwarzgrau; Borke tiefrissig. Nadeln zu je 2 an Kurztrieben, (6) 8–15 cm lang, steif, dunkel- bis schwarzgrün mit gelblicher Spitze. Zapfen bis 7 cm lang. **Standort:** Kalk-Trockenwälder und -gehölze; Parkanlagen; vielfach an trockenen Hängen aufgeforstet. **Verbreitung:** Heimat: Südosteuropa; nördlich bis Niederösterreich und in die Südkarpaten.

Berg-Kiefer *Pinus mugo* Turra.

Kieferngewächse, Pinaceae. **Merkmale:** ✻ (V) VI–VII; 1–12 m. Strauch oder kleiner Baum mit bis zur Spitze grauer Rinde. Nadeln zu 2 an Kurztrieben, 1–5 cm lang, stumpflich, dunkelgrün; Nadelscheiden schwärzlich, etwa 5 mm lang. Zapfen fast sitzend, reif glänzend, 2–4 cm lang. **Standort:** Hochgebirgsgehölze, Nadelwälder. **Verbreitung:** Gebirge Mitteleuropas, der Balkanhalbinsel, des Nord- und Zentralapennins. In den Alpen ist eine Rassenbildung zu beobachten: Im westlichen Alpenraum treten baumförmige, aufrechte Föhren, im östlichen mehr buschige Legföhren oder Latschen auf.

Kiefern leben wie viele andere Nadelgehölze in Symbiose mit Pilzen.

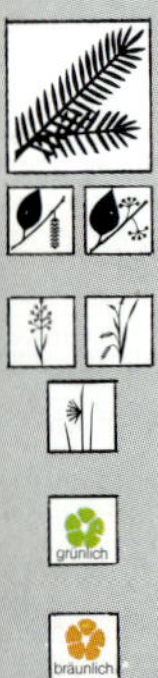

Weiß-Tanne *Abies alba* Mill.

Kieferngewächse, Pinaceae. **Merkmale:** ✻ V–VI; bis 50 m. Rinde weißlich; Krone älterer Bäume oben storchennestartig abgeflacht; Jungtriebe fein behaart. Nadeln flach, deutlich gescheitelt, 18–30 mm lang, mit scheibenartig verbreitertem, grünem Stiel, der sich beim Abfallen mit ablöst. Entnadelte Zweige daher glatt, mit kreisrunden Narben. Nadelunterseite mit 2 Wachsstreifen, an der Spitze eingekerbt. Zapfen aufrecht, ihre Schuppen einzeln abfallend. **Standort:** Gebirgswälder Mitteleuropas in 400–900 m Höhe; sonst Neophyt. **Verbreitung:** Das Areal erstreckt sich von Mitteleuropa bis Nordspanien, Süditalien und Mazedonien, im Osten bis Ostpolen.

Weiß-Tannen, die humid-sommerwarme Klimalagen bevorzugen, sind einerseits empfindlich gegen Spätfröste und werden in Grenzlagen zusätzlich durch Sommerdürre, Tannenlaus und Pilzbefall (Hexenbesen) gefährdet, andererseits reagieren sie besonders drastisch auf Luftverunreinigung; bei dieser Art trat erstmals das Waldsterben in Erscheinung! Weiß-Tannen können ein Alter von über 500 Jahren erreichen und liefern wertvolles Bauholz.

Gewöhnliche Fichte *Picea abies* (L.) Karsten

Kieferngewächse, Pinaceae. **Merkmale:** ✳ IV–VI; bis 50 (60) m. Nadeln dunkelgrün, fest, biegsam, gescheitelt bis allseitig stehend, mehr oder weniger 4kantig, am Grund mit braunem Stielchen, das beim Abfallen der Nadel am Zweig zurückbleibt; entnadelte Zweige daher raspelig rauh. Zapfen hängend, bis 16 cm lang, als Ganzes abfallend. **Standort:** Bergnadelwälder, Nadelholzforsten, Laubmischwälder; ursprünglich bestandbildend in der subalpinen Region der Gebirge in Höhenlagen über 800 m. **Verbreitung:** Nordeuropäisch-sibirisch; südlich bis in die Südalpen und bis Bulgarien.
Die Gemeine Fichte oder Rottanne bevorzugt kühl-humide, winterkalte Klimate, wird durch Sommerdürre, Pilzbefall (Rotfäule) und Luftverunreinigung (»saurer Regen«) geschädigt. Die Bäume liefern wertvolles Bauholz; ferner wird die Rinde zur Gerbstoffgewinnung genutzt.

Europäische Lärche *Larix decidua* Mill.

Kieferngewächse, Pinaceae. **Merkmale:** ✳ IV–VI; bis 35 (40) m. Rinde grau bis graubraun; Nadeln hellgrün, weich, an den Kurztrieben in reichblättrigen Büscheln, an Langtrieben einzeln; sommergrün. Samenschuppen eng anliegend, am Rande wellig. **Standort:** Hochgebirgsnadelwälder und -gehölze; bevorzugt werden sommerwarme, meist lufttrockene Klimalagen. **Verbreitung:** Europäisch-montane Art der Alpen und Westkarpaten.

Gewöhnlicher Wacholder *Juniperus communis* L.

Zypressengewächse, Cupressaceae. **Merkmale:** ✳ IV–V; 1–3 (12) m. Aufrechter, meist säulenförmiger Strauch. Blätter alle nadelig, in 3blättrigen Quirlen angeordnet. Nadelquirle entfernt; Nadeln 10–15 (21) mm lang, starr, abstehend, unterseits stumpf-gekielt. Pflanze 2häusig: männliche Blüten als kleine blattachselständige Sprosse mit Schuppen- und Staubblättern; weibliche ebenfalls als kurze Sproßsysteme ausgebildet, mit je 3 Samenanlagen und Schuppenblättern. Fruchttyp: fleischiger Beerenzapfen! **Standort:** Kiefern-, Eichen-Trockenwälder, Gebüsche, Heiden und Magerweiden, Ödlandrasen. **Verbreitung:** Nordisch-eurasiatisch, zirkumpolar; ganz Europa, im Süden vor allem in Gebirgen.
Der Gemeine Wacholder ist außerordentlich widerstandsfähig gegen Verbiß und gegen Kälte (arktische Tundren!). Die ganze Pflanze enthält ätherische Öle; die Beerenzapfen werden als Sauerkrautgewürz verwendet; die Pflanze dient zur Likör- und Spirituosenherstellung.

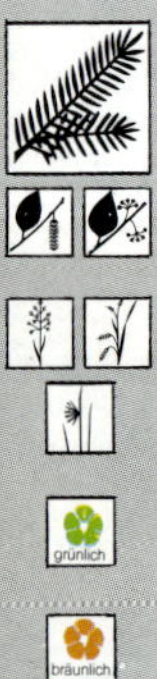

Eibe *Taxus baccata* L. 3

Eibengewächse, Taxaceae. **Merkmale:** ✳ III–IV; bis 15 m. 2häusige Bäume; Nadeln flach, unterseits grün, oberseits mit erhabener Längslinie, gescheitelt stehend, bis 3 cm lang, 2–2,5 mm breit. Staubgefäße kätzchenartig angeordnet. Samen von einem fleischigen Samenmantel (roter Arillus) umgeben. **Standort:** Buchen-Hangwälder, anspruchsvolle Laubwälder, steile Hänge, Taleinschnitte (besonders Alpentäler); in luftfeuchter, wintermilder Klimalage. **Verbreitung:** Europa mit Ausnahme der östlichen und extrem nördlichen Regionen; im Mittelmeerraum nur in höheren Gebirgslagen.
Die Eibe ist ein Tertiärrelikt, zeichnet sich durch langsamen Wuchs aus und liefert ein dichtes, hartes Werk- und Schnitzholz. Die gesamte Pflanze mit Ausnahme des Samenmantels ist sehr giftig; verantwortlich dafür sind mehrere Alkaloide, u.a. das Taxin, das als starkes Nervengift einzustufen ist.

Wiesen-Schwingel *Festuca pratensis* Huds.

Süßgräser, Poaceae. **Merkmale:** ✳ VI–VIII; 30–100 (120) cm. Alle Blätter flach, hellgrün, 3–5 (10) mm breit, schlaff, am Grund stets mit kahlem Öhrchen. Grundblattscheiden braun, bald zerfasernd. Rispe locker, einseitswendig, 8–15 (20) cm lang, nach der Blütezeit zusammengezogen. Kurzer Ast der unteren Stufe mit 1–3 Ährchen, längerer mit 4–6 Ährchen. Ährchen 7–8blütig. **Standort:** Nährstoffreiche Fettwiesen und -weiden, Moorwiesen, Halbtrockenrasen; bis in Höhenlagen von 1800 m. **Verbreitung:** Fast ganz Europa; selten in manchen Teilen des Mediterrangebietes und im Südwesten; Westasien.

Hochwertiges Futtergras.

Echter Schaf-Schwingel *Festuca ovina* L.

Süßgräser, Poaceae. **Merkmale:** ✳ V–VI; 10–40 (60) cm. Pflanze dichtrasig. Grund- und Stengelblätter borstlich; Blattscheiden nur an der Basis geschlossen. Rispe kurz, aufrecht, kaum einseitswendig; Rispenäste kurz. Ährchen kurz begrannt, 4–7 (8) mm lang. **Standort:** Trockenrasen, Wegränder, bodensaure Sand- und Halbtrockenrasen, Heiden, trockene Wälder. **Verbreitung:** Mittel- und Nordeuropa; in Asien bis Sibirien.

Die Art ist außerordentlich formenreich.

Deutsches Weidelgras *Lolium perenne* L.

Süßgräser, Poaceae. **Merkmale:** ✳ V–X; 10–60 cm. Pflanze horstbildend, Horste ausgebreitet; Halme bis oben stets glatt. Blätter 2–4 (6) mm breit, dunkelgrün, mit Öhrchen; Blattscheiden glatt. Ährchen abgeflacht, Schmalseite gegen die Hauptachse gerichtet. Deckspelze 6–7 mm lang, stets unbegrannt; Hüllspelze wenig, aber deutlich länger als die Deckspelze. **Standort:** Wegränder, Wiesen, Fettweiden, (Park-)Rasen, Trittstellen, Schuttplätze. **Verbreitung:** Nahezu ganz Europa; im Norden oft eingebürgert; in ozeanisch-temperierten Regionen weltweit verbreitet.

Das Deutsche Weidelgras oder Englische Raygras gehört zu den wertvollsten Futter- und Weidegräsern. Aufgrund seiner Tritt- und Schnittfestigkeit kommt der Kriechpionier auch in mehrschürigen Wiesen oder regelmäßig geschnittenen Rasenflächen vor. Die Pflanze enthält diverse Alkaloide, deren Wirkung gegen Rheumatismus genutzt werden kann.

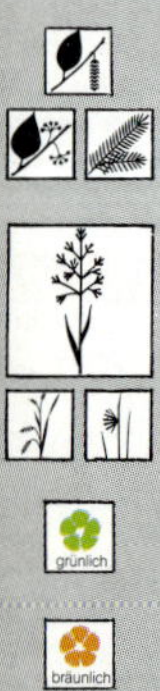

Gewöhnliches Knäuelgras *Dactylis glomerata* L.

Süßgräser, Poaceae. **Merkmale:** ✳ V–VII; (30) 50–120 cm. Pflanze graugrün, ohne Ausläufer, rauh, horstbildend. Blätter 4–10 mm breit; Blattscheide 2schneidig; Ligula lang. Rispe einseitswendig, Äste einzeln; Ährchen an den Zweigenden knäuelig gehäuft, 3–4(5)blütig, grün, ohne deutliche Grannen. Deckspelze auf der Fläche mehr oder weniger langhaarig, plötzlich in eine deutliche Granne verschmälert. **Standort:** Fettwiesen, Wegränder, Unkrautgesellschaften. **Verbreitung:** Ganz Europa; im Norden wahrscheinlich z.T. nur eingebürgert; Westasien. In gemäßigten Zonen bereits weltweit vorkommend (verschleppt!).

Die düngerliebende Art ist ein Stickstoffzeiger und Rohbodenpionier; der Futterwert ist beträchtlich.

Einjähriges Rispengras *Poa annua* L.

Süßgräser, Poaceae. **Merkmale:** ✳ I–XII; 2–30 (50) cm. Halme dick, weich, etwas flach gedrückt; Blattspreiten kürzer als ihre Blattscheiden, relativ breit, rinnig. Ligula (Blatthäutchen) länglich, 2–4 mm lang, weißlich. Rispe klein, wenigästig, mit wenigen Ährchen, etwas einseitswendig; 1 bis 2 Äste auf der untersten Stufe. Ährchen etwa 3 mm lang, obere Hüllspelze oberhalb oder in der Mitte am breitesten. **Standort:** Äcker, Gärten, Rasen, Weiden, Grasplätze, Wegränder und andere Ruderalstellen; bis in Höhenlagen von 2500 m. **Verbreitung:** Nordisch-eurasiatisch, zirkumpolar; ganz Europa. In gemäßigten Gebieten inzwischen weltweit verschleppt.

Bei dieser Art handelt es sich um einen anpassungsfähigen Kulturbegleiter; u. a. äußert sich dies in der ganzjährigen Blütezeit dieser tagneutralen Pflanze. Arten der Gattung *Poa* sind an den halb geschlossenen Blattscheiden und an den charakterisitschen Blattspreiten zu erkennen, die z. T. mit einer »Kahnspitze« enden, z. T. in ihrer Nervatur einer »Skispur« gleichen.

Gewöhnliches Rispengras *Poa trivialis* L.

Süßgräser, Poaceae. **Merkmale:** ✳ V–VII; (20) 50–90 cm. Pflanze mit oberirdischen, ausläuferartigen Trieben; Halme dünn. Ligula lang und spitz (bis 7 mm lang!). Rispe länglich-pyramidal, mit mehreren Ästen auf der untersten Stufe. Ährchen 3–4blütig; untere Hüllspelze 1-, obere 3nervig. Deckspelze spitz, mit 5 kräftigen Nerven. **Standort:** Nährstoff-und stickstoffreiche, feuchte bis nasse Wiesen; Auenwälder, Gräben. **Verbreitung:** Ganz Europa, Westasien. Oft verschleppt.

Das Gemeine Rispengras gilt als Nässezeiger, ist düngerliebend und besitzt einen mäßigen Futterwert.

Kammgras *Cynosurus cristatus* L.

Süßgräser, Poaceae. **Merkmale:** ✳ VI–VII; 20–60 cm. Pflanze dichtrasig; Blätter 2–3 mm breit, meist gefaltet; Blatthäutchen (Ligula) etwa 1 mm lang. Blütenstand (Ährenrispe!) einseitswendig, linealisch, dicht, 3–10 cm lang. Ährchen kammartig, fertiles Ährchen wird von einem sterilen Ährchen überdeckt; Ährenachse von der Rückseite als Zickzacklinie zu sehen. **Standort:** Nährstoffreiche Fettwiesen und -weiden, Triften in humider Klimalage. **Verbreitung:** Fast ganz Europa mit Ausnahme weniger Inseln.

Das Kammgras ist weidefest und gehört zu den wertvollen Futtergräsern.

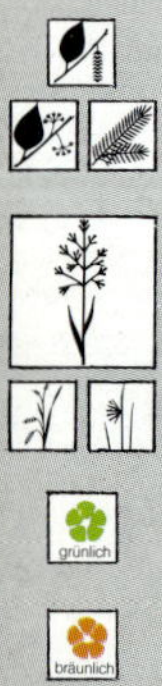

Gewöhnliches Ruchgras *Anthoxanthum odoratum* L.

Süßgräser, Poaceae. **Merkmale:** ✳ V–VII; 15–50 cm. Blätter bläulichgrün, am Grund geöhrt, wie die Blattscheiden behaart. Blütenstand (Ährenrispe) länglich, aufgelockert, 2–4 cm lang, allseitswendig. Untere Hüllspelzen (2) spitz, jedoch ohne Stachelspitze, obere (2) begrannt. Ährchen länglich, spindelförmig. **Standort:** Wiesen, Weiden, Triften, Wegränder, Wälder; bis in Höhen von 2300 m. **Verbreitung:** Ganz Europa, teils in Asien; in kühl-temperierten Zonen weltweit verschleppt.

Das Ruchgras enthält Cumarin-Glykoside; bei trockenen Pflanzen kann der Cumaringeruch wahrgenommen werden. Die Wurzeln weisen hingegen einen typischen Kuhstallgeruch auf. Der Futterwert dieses Magerkeitszeigers ist außerordentlich gering.

Aufrechte Trespe *Bromus erectus* Huds.

Süßgräser, Poaceae. **Merkmale:** ✳ V–X; 30–90 cm. Pflanze dichtrasig; Blätter etwa 2 mm breit. Blattrand bewimpert; untere Blattscheiden mit zerstreuten, abstehenden Haaren; Ligula (Blatthäutchen) 1–2 mm lang. Rispe aufrecht, höchstens schwach überhängend, untere Äste zu 2–4. Ährchen spindelförmig, nach vorn verschmälert; Deckspelze 8–14 mm lang mit bis 5 mm langer Granne. **Standort:** Trockene Wiesen, Halbtrockenrasen, Kalkmagerrasen. **Verbreitung:** Mittel-, West- und Südeuropa; nördlich bis Nordengland. In Skandinavien eingebürgert, ebenso in den westlichen Gebieten der UdSSR.

Die vorliegende Art gilt als Magerkeitszeiger. Die Gattung *Bromus* ist an folgenden Merkmalen zu erkennen: Blattscheiden weit geschlossen, sich oben V-förmig öffnend. Ährchen sehr groß mit langen Grannen; Pflanze meist stark behaart.

Weiche Trespe *Bromus hordeaceus* L.

Süßgräser, Poaceae. **Merkmale:** ✳ VI–VII (X); 5–80 cm. Ganze Pflanze weichhaarig; Halme aufrecht oder niederliegend bis knickig aufsteigend. Blätter schmal. Rispe kurz, eng; die unteren Rispenäste zu 2–4. Ährchen 5–12blütig, nach vorn verschmälert, weichhaarig oder kahl, 12–25 mm lang. **Standort:** Mäßig trockene Ruderalstellen, Brachland, Kleeäcker, Wiesen, Wege. **Verbreitung:** Ganz Europa; Westasien.

Gewöhnliches Zittergras *Briza media* L.

Süßgräser, Poaceae. **Merkmale:** ✳ V–VIII; 20–50 cm. Blätter 2–4 mm breit, rückwärts rauh; Blattscheiden glatt; Ligula (Blatthäutchen) kurz. Rispe klein, locker ausgebreitet, mit wenigen lang gestielten Ährchen. Ährchen an geschlängelten Stielen, entfernt voneinander, rundlich-herzförmig, nickend, zusammengedrückt. **Standort:** Trockene Wiesen und Weiden, Halbtrockenrasen; oft auf sauren Böden. **Verbreitung:** Fast ganz Europa; selten im äußersten Norden; weit verschleppt.

Das Gewöhnliche Zittergras ist ein typischer Magerkeitszeiger; es wird als Ziergras, für Trockensträuße, gelegentlich auch als Teepflanze verwendet.

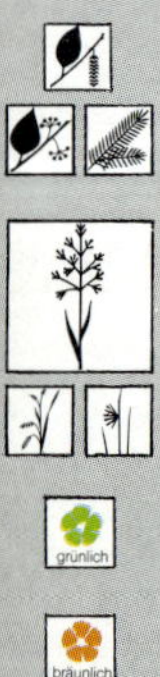

Nickendes Perlgras *Melica nutans* L.

Süßgräser, Poaceae. **Merkmale:** ✳ V–VI; 30–60 cm. Pflanze grasgrün, lockerrasig; Halme schräg stehend; Äste einseitig überhängend. Blätter überhängend; Ligula sehr kurz, braun. Rispe mit wenigen Ährchen; diese sind 2–3blütig und bräunlichviolett. Hüllspelze braunrot, oberwärts weißhäutig; Deckspelze 7–9nervig. **Standort:** Waldränder, Gebüsche, Schlag- und Saumgesellschaften; mäßig anspruchsvolle Wälder. **Verbreitung:** Nordisch-eurasiatisch mit gemäßigt-kontinentaler Tendenz. Fast ganz Europa; im Mittelmeerraum und auf den Inseln selten.

Wald-Flattergras *Milium effusum* L.

Süßgräser, Poaceae. **Merkmale:** ✳ V–VI; 50–100 cm. Pflanze blaugrün, kahl. Blattspreite 6–15 mm breit, bläulichgrün, unterseits gekielt, verdreht. Stengel und Blattscheiden weich. Ligula (Blatthäutchen) bis 7 mm lang, zerschlitzt. Rispe langgezogen, 15–30 cm lang; Rispenäste dünn, untere abwärts gerichtet. Ährchen 1blütig, blaßgrün. Hüllspelzen glatt. **Standort:** Kraut- und grasreiche Laubmischwälder, Nadelholzforsten, Gebüsche und Waldschläge; bis in Höhenlagen von 1900 m. **Verbreitung:** Eurasiatisch-zirkumpolar; ganz Europa mit Ausnahme einiger Inseln; Ostamerika.
Mit kurzen Ausläufern kriechende Rhizome tragen effektiv zur Selbstverbreitung bei.

Land-Reitgras *Calamagrostis epigejos* (L.) Roth.

Süßgräser, Poaceae. **Merkmale:** ✳ VI–VIII; 60–150 cm. Blätter meist bis 1 cm breit, lang, hart, rückwärts rauh, seegrün. Ligula gestutzt, bis 9 mm lang. Rispe knäuelig gelappt, aufrecht, mit vielästigen Spindelstufen. Ährchen schlank, 1blütig. Zwischen den Spelzen längere Haare (fast so lang wie die Hüllspelzen!). Granne rückenständig, die Deckspelze weit überragend. **Standort:** Nadelholzforsten, Gebüsche, Waldränder und Waldschläge, Kiesgruben; kalkmeidend. **Verbreitung:** Nordisch-eurasiatisch; fast ganz Europa; selten im Südwesten.
Eine Art Klettverbreitung trägt wesentlich zur Ausbreitung der Art bei.

Rasen-Schmiele *Deschampsia cespitosa* (L.) P.B.

Süßgräser, Poaceae. **Merkmale:** ✳ VI–VIII; 30–150 cm. Pflanze dicht horstförmig; Blätter dunkelgrün, schmal, stark gerieft, sehr rauh; im Gegenlicht stark gestreift (»Stresemanngras«). Ligula 6–8 mm lang, oft zerschlitzt. Rispe groß, vielästig, mit sehr vielen Ährchen; meist pyramidal, da Äste mehr oder weniger waagrecht abstehend. Ährchen 2blütig, weiß, 4–5 mm lang. **Standort:** Feuchte Flachmoorwiesen, feuchte Wälder; bis in Höhenlagen von 2500 m. **Verbreitung:** Nordisch-eurasiatisch, zirkumpolar; fast ganz Europa; selten im Mittelmeerraum. Ferner in der montanen Stufe afrikanischer Gebirge, in Tasmanien und Neuseeland.
Die Rasen-Schmiele ist eine Zeigerpflanze für Quell-und Grundwasser; sie gilt als schlechtes Futtergras.

Gewöhnliche Quecke *Agropyron repens* (L.) P.B.

Süßgräser, Poaceae. **Merkmale:** ✳ VI–VIII; 20–150 cm. Pflanze dichtrasig. Blattspreite lebhaft grün oder blau bereift, schlaff, dünn, meist flach, 3–5 mm breit, oberseits rauh. Blattnerven im Gegenlicht als weiße Striche erscheinend. Blätter mit bewimperten, umfassenden Öhrchen! Ähre steif aufrecht; Ährchen abgeflacht, mit der Breitseite gegen die Hauptachse gerichtet. Hüllspelze meist 5nervig, länger als das halbe Ährchen; Deckspelzen oft begrannt. **Standort:** Gärten, Äcker, Hecken, trockene Ruderalstellen (Dämme, Schuttplätze), Ufersäume, Strände; bis in Höhen von 2000 m. **Verbreitung:** Nordisch-eurasiatisch, zirkumpolar; fast ganz Europa; in den nördlichen Gebieten teilweise nicht heimisch.
Die Gewöhnliche Quecke ist ein Stickstoffzeiger; bemerkenswert sind ihre unterirdischen Ausläufer. Aufgrund ihrer Polyploidie (mehrfacher Chromosomensatz) ist die Art außerordentlich anpassungsfähig.

Wiesen-Fuchsschwanz(gras) *Alopecurus pratensis* L.

Süßgräser, Poaceae. **Merkmale:** ✳ V–VII; 30–100 cm. Pflanze grasgrün, mit schiefen, kurz kriechenden Rhizomen. Ligula bis 4 mm lang. Blütenstand (Ährenrispe!) sehr dicht, zylindrisch, allseitig, bis 10 mm dick. Pro Ährchen 1 Granne, meist direkt über dem Grund der Deckspelze ansetzend. Hüllspelzen fast bis zur Mitte verwachsen, lang zottig gewimpert. **Standort:** Nährstoffreiche, meist feuchte Wiesen; Lägerfluren, Gärten mit Baumbestand, Ufer; vor allem in humiden Klimaten. **Verbreitung:** Nordisch-eurasiatisch; ganz Europa, jedoch im äußersten Nordosten und Südwesten selten; in Asien bis Westsibirien.

Die vorliegende Art gilt als Nässe- und Nährstoffzeiger mit beträchtlichem Futterwert.

Wiesen-Lieschgras *Phleum pratense* L.

Süßgräser, Poaceae. **Merkmale:** ✳ VI– IX; 20–100 cm. Stengelgrund knollig verdickt; Blätter beiderseits rauh, hell blaugrün; Blattscheiden völlig offen. Blatthäutchen (Ligula) 1–5 mm lang, spitz. Blütenstand sehr dicht, walzenförmig, allseitswendig (Ährenrispe!), 5–18 (30) cm lang, 6–7 mm breit; in der Regel grün, Gebirgsformen meist etwas violett überlaufen. Pro Ährchen je 2 kurze Grannen, zusammen ein »U« bildend (»Stiefelknecht«). **Standort:** Fettwiesen und -weiden, Wegränder, Parkrasen; meist auf nährstoffreichen Böden. **Verbreitung:** Nordisch-eurasiatisch; ganz Europa.

Das Wiesen-Lieschgras zählt zu den guten Futtergräsern.

Glatthafer *Arrhenatherum elatius (L.) J. et C. Presl.*

Süßgräser, Poaceae. **Merkmale:** ✳ VI–VII; 40–120 (180) cm. Blätter flach, graugrün, oberseits abstehend kurzhaarig; Spreite lang, schmal, spitz rauh. Ligula (Blatthäutchen) kurz, gestutzt, gezähnt. Rispe schlank, einseitswendig, 10–20 cm lang, zur Blütezeit ausgebreitet. Ährchen meist hellgrün, mit 1 geknieten Granne (falls 2, dann eine deutlich kürzer!). **Standort:** Nährstoffreiche Fettwiesen, Wegraine, Steinbrüche; vor allem in tieferen Lagen. **Verbreitung:** Fast ganz Europa, jedoch im Nordosten fehlend; in ozeanisch-temperierten Zonen inzwischen weltweit.

Goldhafer *Trisetum flavescens* (L.) P.B.

Süßgräser, Poaceae. **Merkmale:** ✳ V–VI; 30–70 cm. Pflanze lockerrasig; Blätter spitz; Blattscheiden mehr oder weniger zottig, Stengelknoten von den Blattscheiden nicht bedeckt; Halm an den Knoten oder dicht unter ihnen behaart. Ligula kurz, zierlich. Rispe klein, pyramidal, zierlich, mit vielen Ästen. Ährchen goldgelb, klein, 5–8 mm lang, mit 2–4 feinen Grannen. **Standort:** Fettwiesen; besonders im Bergland und bis in Höhenlagen von etwa 2400 m. **Verbreitung:** Fast ganz Europa; im Norden nur eingebürgert; zirkumpolare Ausbreitungstendenz durch Verschleppung.

Der Goldhafer oder Gold-Grannenhafer zählt zu den wertvollen Futtergräsern.

Gewöhnliches Schilf(rohr)
Phragmites australis (Cav.) Trin. ex Steud.

Süßgräser, Poaceae. **Merkmale:** ✳ VII–IX; 100–400 cm. Blätter breit, steif, spitz, blaugrün. Ein dichter Haarkranz anstelle der Ligula. Rispe mehr als 30 cm lang, mit vielästigen Spindelstufen. Ährchen mehrblütig, dunkelviolett. **Standort:** Ufer, Röhrichte, Moorwiesen, Sümpfe, vernäßte Wälder. **Verbreitung:** Nordisch-eurasisatisch, zirkumpolar; fast ganz Europa; in temperierten Regionen kosmopolitisch auftretend.
Das Schilf stellt die Hauptverlandungspflanze im Röhrichtgürtel dar, dient zur Befestigung der Ufer, als Streugras, zur Herstellung von Matten und zum Dachdecken (Reetdächer). Die Früchte werden mit Hilfe des Windes verbreitet.

Pfeifengras *Molinia caerulea* (L.) Moench

Süßgräser, Poaceae. **Merkmale:** ✳ VII–IX; 30–100 (160) cm. Horstbildende Pflanze; Halme oft sehr lang, blattlos und (scheinbar) knotenlos (die Knoten befinden sich meist gedrängt unmittelbar an der Basis). Blätter sehr lang, blaugrün, relativ schmal (3–8 mm breit); Blattspreiten mehr oder weniger steif, am Grund wimperig. Rispe schmal, meist schieferbläulich bis grün, lokker verzweigt; Äste in spitzem Winkel abstehend. Ährchen 1–4blütig, dunkelviolett gescheckt. **Standort:** Flach- und Heidemoore, nährstoffarme Moorwiesen, Wälder auf feuchten Sand- und Moorböden. **Verbreitung:** Nordisch-eurasiatisch; nahezu ganz Europa; im Süden vor allem in Gebirgslagen; auf einigen Inseln fehlend.
Das Pfeifengras oder Besenried gilt als Humuszehrer und Bodenlockerer; es wird als (gutes) Streugras genutzt. Bemerkenswert ist, daß die optimale Entwicklung auf schwach sauren (pH 5!), nicht zu nassen Böden erfolgt; bei Düngung und mehrmaligem Schnitt verschwindet die Art aus der Biozönose!

Strandroggen *Leymus arenarius* (L.) Hochst.

Süßgräser, Poaceae. **Merkmale:** ✳ V–VIII; 60–120 cm. Pflanze deutlich blaugrün, kahl, mit langen Ausläufern. Blätter blaugrau, breit oder eingerollt (im trockenen Zustand), steif, scharf zugespitzt. Blütenstand: Ähre. Ährchen zu je 2, unbegrannt. **Standort:** Küsten, Pionierpflanze der Weißdünen; sonst nur Neophyt. **Verbreitung:** Küsten Nord- und Westeuropas vom arktischen Bereich bis Nordwestspanien.
Der Strandroggen gehört zu den wichtigsten Dünenbefestigern und wird eigens zu diesem Zweck vielfach angepflanzt.

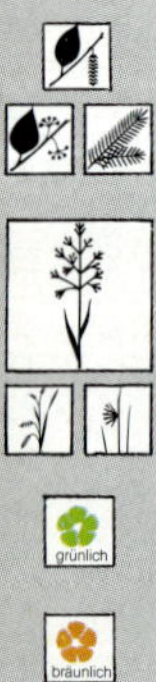

Strandhafer *Ammophila arenaria* (L.) Link

Süßgräser, Poaceae. **Merkmale:** ✳ VI–VIII; 60–100 cm. Blätter graugrün, starr, schmal, fast stets eingerollt; Pflanze horstbildend. Rispe sehr dicht, scheinährenartig, weißlich. Ährchen 1blütig, etwa 1 cm lang, innen mit feinen Haaren. **Standort:** Küsten, besonders auf Weißdünen; im Binnenland Neophyt. **Verbreitung:** Küsten Europas; in Norwegen bis 62° nördl. Breite; z. T. Asien.
Der Strandhafer ist eine wichtige Pionierpflanze der Weißdünen: Die kräftigen, verzweigten Rhizome halten den Flugsand fest und tragen somit sehr wirkungsvoll zur Dünenbefestigung bei.

Wald-Flechtsimse *Scirpus sylvaticus* L.

Sauergräser, Cyperaceae. **Merkmale:** ✳ V–VII; 30–100 cm. Stengel stumpf 3kantig. Blütenstand (»Spirre«) von den Tragblättern nicht oder nur wenig überragt, weit ausgebreitet, mit zahlreichen Ährchen. Blüten zwittrig; Ährchen meist zu 2–5 (7) gebüschelt; Spelzen gekielt, mit Stachelspitze. Borsten so lang wie die Frucht. **Standort:** Auenwälder, Sumpfwiesen, nährstoffreiche Sümpfe. **Verbreitung:** Eurasiatisch, zirkumpolar; fast ganz Europa; selten im Mittelmeerraum.
Die Wald-Flechtsimse ist ein typischer Nässezeiger und wird sowohl als Flechtmaterial als auch als Streupflanze verwendet.

Gewöhnliche Teichbinse *Scirpus lacustris* L.

Sauergräser, Cyperaceae. **Merkmale:** ✳ V–VII; (30) 100–400 cm. Stengel dunkel-grasgrün, bis 1,5 cm stark, stielrund, blattlos. Blätter linealisch, an der Stengelbasis flutend. Ährchen rotbraun, 5–10 mm lang, in scheinbar seitenständiger, kopfiger Rispe. Narben 3; Blüten zwittrig; Spelzen mit stachelförmigen roten Warzen. **Standort:** Röhrichte stehender oder langsam fließender Gewässer; Gräben. **Verbreitung:** Nahezu ganz Europa mit Ausnahme weniger Inseln; in Asien bis Sibirien; in temperierten Zonen auch in anderen Kontinenten.
Die Gewöhnliche Teichbinse oder -simse trägt aufgrund ihrer vegetativen Vermehrung als Pionierpflanze erheblich zur Verlandung von Gewässern bei. Ferner kann die Pflanze als Flechtmaterial genutzt werden.

Gewöhnliche Strandsimse *Scirpus maritimus* L.

Sauergräser, Cyperaceae. **Merkmale:** ✳ VI–VIII; 30–120 cm. Stengel scharf 3kantig, rauh. Blätter linealisch, 3–5 mm breit. Spirre (Blütenstand) mehr oder weniger gedrängt, von den Tragblättern weit überragt; kopfig oder aus gestielten Köpfen zusammengesetzt, manchmal auch 1ährig. Ährchen 1–2 (–4) cm lang, (rot)braun; Blüten zwittrig. **Standort:** Röhrichte und Gräben im Salz- oder Brackwasser, Seen nahe der Meeresküsten. **Verbreitung:** Ganz Europa; große Teile Asiens und Australiens; tropisches Afrika, Ostamerika. Im wesentlichen auf die Küsten beschränkt.
Auch diese Art kann als Flechtmaterial verwendet werden.

Gewöhnliche Sumpfbinse *Eleocharis palustris* (L.) R. et Sch.

Sauergräser, Cyperaceae. **Merkmale:** ✳ V–VIII; 5–100 cm. Stengel steif, fest, mattgrün, 1–4 mm dick, blattlos, stielrund; oberste Blattscheide ohne Spreite. Unterirdische Ausläufer vorhanden. Halme mit nur 1 endständigen, 20–30blütigen Ährchen; dieses ist 5–20 mm lang und wird nie von einem Tragblatt überragt. Blüten zwittrig; Spelzen bis zur Reife bleibend. **Standort:** Verlandungszonen, Naßwiesen, Gräben, nährstoffreiche Röhrichte, Großseggensümpfe, Ufer. **Verbreitung:** Zirkumpolar, jedoch auch außerhalb der nördlichen Hemisphäre vorkommend; ganz Europa.

Breitblättriges Wollgras *Eriophorum latifolium* Hoppe 3

Sauergräser, Cyperaceae. **Merkmale:** ✳ IV–VI; 20–60 cm. Pflanze dichtrasig, ohne Ausläufer. Blüten zu 4–12 in zur Reifezeit überhängenden Ährchen; Ährchenstiele rauh. Blüten im Vergleich zu anderen Cyperaceae noch zwittrig. Perigonblätter zu Borsten reduziert und stark vermehrt; Borsten bis etwa 25 mm lang, wesentlich für die Fruchtverbreitung (»Haarflieger«). Deckblätter 1nervig; Laubblätter 3–8 mm breit, meist flach, höchstens an der Spitze 3kantig. Blütenschaft stumpf-3kantig. **Standort:** Flachmoore, Sumpfwiesen; auf nährstoffarmen Torfböden; bis in Höhenlagen von 1900 m. **Verbreitung:** Nordisch-eurasiatisch, zirkumpolar: Asien bis Sibirien, Nordamerika; fast ganz Europa, jedoch im Süden nur in Gebirgslagen.
Die Art zählt zu den wichtigsten Torfbildnern.

Scheidiges Wollgras *Eriophorum vaginatum* L.

Sauergräser, Cyperaceae. **Merkmale:** ✳ III–IV; 15–60 (70) cm. Pflanze dichtrasig, ohne Ausläufer. Stengelblätter am Rande rauh, mit aufgeblasener Scheide (insbesondere die obersten!), oberwärts 3kantig. Stengel mit nur 1 endständigen Ährchen, oben stumpf 3kantig. Ährchen oval bis länglich, zur Blütezeit etwa 2 cm lang. Blüten zwittrig, Perigon haarig. **Standort:** Bulten oligotropher Moore, meist mit Torfmoosen (Gattung *Sphagnum*) vergesellschaftet; schon verfestigte Hochmoore, Birken- und Kiefernmoore; bis in Höhenlagen von 2600 m. **Verbreitung:** Nordisch-arktisch, zirkumpolar; Mittel-, Nord- und Nordosteuropa; im Süden bis Spanien, Norditalien und Mazedonien (vor allem in Gebirgen!).
Diese Wollgras-Art gehört zu den wichtigsten Torfbildnern.

Torf-Segge *Carex davalliana* Sm. 3

Sauergräser, Cyperaceae. **Merkmale:** ✳ IV–VI; 10–40 cm. 1ährige Segge! Pflanze dichtrasig, horstbildend, ohne Ausläufer. Stengel oberwärts ebenso wie die Blattränder meist rauh. Ährchen 1–2 cm lang, meist lockerfrüchtig. Schläuche zuletzt etwas abwärts gerichtet; Frucht lang geschnäbelt. **Standort:** Flach- und Quellmoore, Riedwiesen, oft auf stau- und sickernassen Böden. **Verbreitung:** Das Areal erstreckt sich von Nordfrankreich bis Estland, im Süden bis Zentralspanien, Mittelitalien und Mazedonien.
Die Verbreitung der Torf- oder Davall-Segge erfolgt hauptsächlich durch Vögel (Klettverbreitung!).

Schlank-Segge *Carex acuta* L.

Sauergräser, Cyperaceae. **Merkmale:** ✳ V–VI; 20–120(150) cm. Stengel hohlseitig, 3kantig, fast bis zum Grund rauh, beim Biegen knickend. Blätter oberseits grün, glänzend, unterseits graugrün, matt, scharf gekielt; doppelt gefaltet, früh überhängend, 5–10 mm breit. Untere Blattscheiden braun. Blütenstand meist nickend, vom untersten, laubigen Hüllblatt überragt. 1–3 männliche und 2–4(5) meist nickende, weibliche Ährchen. Fruchtschläuche beiderseits nervig. **Standort:** Nasse, nährstoffreiche Großseggenrieder; oft in der Nähe von Fließgewässern; bis in Höhenlagen von 1000 m. **Verbreitung:** Nordisch-eurasiatisch, zirkumpolar; in Europa nur im äußersten Süden sehr selten; bis Sibirien.

Schnabel-Segge *Carex rostrata* Stokes

Sauergräser, Cyperaceae. **Merkmale:** ✳ V–VI; 30–80 cm. Verschiedenährige Segge. Stengel stumpf 3kantig, glatt; Blätter 2–5 mm breit, graugrün, oft eingerollt. Männliche Ähren zu 2–3, weibliche zu 2–5 (2–8 cm lang); Schläuche fast waagrecht abstehend, kugelig-eiförmig, 3–5 mm lang, plötzlich in den Schnabel verschmälert. Anmerkung: Die nah verwandte Blasen-Segge *(Carex vesicaria)* besitzt scharf 3kantige Stengel, 4–8 mm breite, grasgrüne Blätter und schief aufrecht stehende, allmählich in den Schnabel verschmälerte Fruchtschläuche! **Standort:** Großseggenrieder, auf meso- und oligotrophen Schlammböden; Seen, (Moor-)Gräben, Ufer; bis in Höhenlagen von 2000 m. **Verbreitung:** Nordisch-arktisch, zirkumpolar; große Teile Europas, jedoch im Südosten und Südwesten selten.
Die Schnabel-Segge gehört zu den wichtigen Verlandungspflanzen; sie kann als Streu verwendet werden. Bemerkenswert sind die Schwimmfrüchte.

Behaarte Segge *Carex hirta* L.

Sauergräser, Cyperaceae. **Merkmale:** ✳ IV–VI; 10–80 cm. Verschiedenährige Segge. Stengel bis oben beblättert; Grundblattscheiden schwach netzfaserig, bräunlich bis purpurn. Blattspreiten der Stengelblätter 2–7 mm breit, flach, wie die Scheiden behaart (Name!). Tragblätter lang scheidig. Weibliche Ährchen zu 2–4, entfernt stehend, lang gestielt; männliche Ährchen 2–3. Schläuche 5–7 mm lang, gelbgrün, gleichmäßig dicht behaart. **Standort:** Wegränder, Böschungen, Ufer, Gräben; trockene Wiesen und Weiden. **Verbreitung:** Europa mit Ausnahme des äußersten Südens und Nordens.
Neben Klebverbreitung kommt bei dieser Art auch Wasserverbreitung vor.

Zittergras-Segge *Carex brizoides* L.

Sauergräser, Cyperaceae. **Merkmale:** ✳ V–VI; 30–70 cm. Gleichährige Segge. Stengel höchstens so lang wie die Grundblätter, oft liegend, zur Fruchtzeit deutlich bogig. Blätter 2–2,5 mm breit, schlaff, oft bogig überhängend. Blütenstand locker, 2–3 cm lang, nur die 2–3 obersten Ähren mehr oder weniger stark genähert. Ähren 5–8, blaßgelb, deutlich abwärts gebogen, schmal-lanzettlich; unten männlich, oben weiblich! Fruchtschläuche 2–2,5 mm lang, gelbgrün, schmal geflügelt. **Standort:** Feuchte Wälder, Waldverlichtungen, -schläge und -ränder. **Verbreitung:** Die nördliche Arealgrenze verläuft von Lettland nach Nordfrankreich, die südliche von den Pyrenäen über Zentraljugoslawien bis zur Ukraine.
Die Zittergras-Segge war früher eine der wichtigsten Streupflanzen; man verwendete sie als »Waldhaar« oder »Seegras« zum Polstern.

grünlich

bräunlich

Flatter-Binse *Juncus effusus* L.

Binsengewächse, Juncaceae. **Merkmale:** ✻VI–VIII; 30–150 cm. Stengel glänzend, glatt, gelblichgrün, im frischen Zustand ungerieft, nur gestreift, trocken mit 30–60 feinen Riefen; leicht zerreißbar; Stengelmark nicht unterbrochen. Tragblatt der Spirre den Halm unmittelbar fortsetzend, mit nicht oder kaum erweiterter Scheide, 15–30 cm lang. Spirre (Blütenstand) 4–10 cm lang, locker; Perigonblätter bräunlichgrün, breit hautrandig, alle spitz. Kapselfrüchte. **Standort:** Nasse Wegränder, Waldschläge, beweidete Naßwiesen, Quellmoore. **Verbreitung:** Zirkumpolar, vor allem in kalt-temperierten Zonen; fast überall in Europa mit Ausnahme der arktischen Bereiche.
Binsen haben im Prinzip den gleichen Blütenaufbau wie die Liliengewächse, im Zusammenhang mit der Windblütigkeit entfällt jedoch die Anlockungsfunktion der Blütenkrone und diese erhält ein unscheinbares Aussehen. Die Blüten sind protogyn. Neben der Windverbreitung existiert durch verschleimende Klebsamen (Samenschale verschleimt; Myxotesta) eine wirksame Klettverbreitung am Gefieder von Wasservögeln.

Glieder-Binse *Juncus articulatus* L. em. Richter

Binsengewächse, Juncaceae. **Merkmale:** ✻ VII–IX(X); 10–60 cm. Spirre reichästig, Äste mehr oder weniger abspreizend. Alle Perigonblätter spitz, gleich lang, die inneren mit breitem, farblosem Rand. Blätter deutlich quer gefächert; die Querwände sind als Knoten spürbar (Name!). **Standort:** Flach- und Wiesenmoore, Sümpfe, feuchte Äcker, Gräben, Wege, Strandwiesen. **Verbreitung:** Ganz Europa; große Teile Asiens und inzwischen auch auf dem amerikanischen Kontinent.
Die vorliegende Art zählt zu den Pionierpflanzen in gestörten Mooren oder findet sich in Anfangsgesellschaften sumpfiger Böden.

Kröten-Binse *Juncus bufonius* L.

Binsengewächse, Juncaceae. **Merkmale:** ✻ V–IX; 5–25(40) cm. Blätter mit fadenförmiger Spreite, untere Blattscheiden meist gelbbraun. Blüten einzeln an geraden Ästen, entfernt stehend. Perigonblätter länger als die Fruchtkapsel; äußere lang zugespitzt, innere kurz bespitzt, sogar viel länger als die Kapsel, der länglichen Frucht anliegend. **Standort:** Feuchte Äcker, Gräben, Ufer, (Wald-)Wege. **Verbreitung:** Nordisch-eurasiatisch, zirkumpolar; auch in ozeanisch-temperierten Zonen der Südhalbkugel; ganz Europa.
Die Kröten-Binse ist Zeigerpflanze für Bodenverdichtung und Vernässung. Die Klettverbreitung begünstigt die Ausbreitung der Art.

Schmalblättrige Hainsimse *Luzula luzuloides* (Lamk.) Dandy et Wilm.

Binsengewächse, Juncaceae. **Merkmale:** ✻ VI–VII; 30–70 cm. Unterstes Tragblatt des Blütenstandes so lang oder länger als dieser. Blütenstand Spirre mit je 2–6(8) Blüten in einem Büschel. Perigonblätter 2–4 mm lang, gelblichweiß (vgl. synonyme Artbezeichnung *albida*), seltener kupferrot. Blätter 3–6 mm breit, stark anliegend gewimpert. Kurze Ausläufer. **Standort:** Lichte, trockene Wälder und Gebüsche der Mittelgebirgslagen; Magerwiesen. Bis etwa 1850 m. **Verbreitung:** Die nördliche Arealgrenze verläuft von den Niederlanden nach Polen, die südliche erstreckt sich von den Pyrenäen über den Nordapennin bis Mazedonien. In Nordeuropa vielfach eingebürgert.

Haselwurz *Asarum europaeum* L.

Osterluzeigewächse, Aristolochiaceae. **Merkmale:** ✻ III–V; 5–10 cm. Grundachse kriechend, mit 2–3 bräunlichgrünen Niederblättern; Stengel kurz. Laubblätter 2, immergrün, rundlich-nierenförmig, glänzend, lang gestielt. Blüten einzeln, unmittelbar am Boden, kurz gestielt, braunrot, mit 3 Zipfeln, intensiv nach Pfeffer riechend; Staubblätter 12. **Standort:** Laubwälder und Gebüsche, Auen- und Schluchtwälder, Nadelmischwälder; vor allem auf feuchten Böden. **Verbreitung:** Eurasiatisch mit kontinentaler Tendenz; bis Sibirien. In Europa von Südskandinavien bis Südfrankreich, Mittelitalien und Griechenland.

Die Haselwurz ist seit dem Altertum als Arzneipflanze bekannt und wurde bereits von Plinius erwähnt. Blätter und Wurzeln schmecken nach Pfeffer (giftiges ätherisches Öl), das Rhizom enthält kampferartige, ätherische Substanzen, die schleimhautreizend wirken und innere Blutungen auslösen können (Gastroenteritis u. a.). Die protogynen Blüten bestäuben sich in der Regel selbst, die Samen tragen Elaiosomen und werden von Ameisen verbreitet (Myrmekochorie).

Gelbe Sommerwurz *Orobanche lutea* Baumg. 3

Sommerwurzgewächse, Orobanchaceae. **Merkmale:** ✻ V–VI; 30–50 cm. Pflanze fast ohne Chlorophyll; Blätter schuppenförmig, wechselständig, an der Basis dichtstehend. Krone 2lippig, gelb, rotbraun überlaufen, mit deutlich ausgerandeter Oberlippe. Rücken der Blüte gerade, jedoch in Höhe der Oberlippe nahezu rechtwinklig anbebogen. **Standort:** Gebüschsäume, Äkker, Luzernefelder, Halbtrockenrasen. **Verbreitung:** Eurasiatisch; in Europa nördlich bis Holland und Nordpolen; im Mittelmeerraum selten.

Die Gattung *Orobanche* ist durch streng wirtsspezifische Vollschmarotzer (Holoparasiten) gekennzeichnet. Die Samen keimen erst bei Berührung mit den Wurzeln der Wirtspflanze (bei der vorliegenden Art treten die Schmetterlingsblütler-Gattungen *Trifolium, Medicago* und *Melilotus* als Wirte auf). Der Parasit bildet eine Wurzelknolle aus, die durch Haustorien mit der Wirtswurzel verbunden ist und aus der lediglich die Blütensprosse austreiben und über der Erdoberfläche erscheinen. Die Bestäubung der Blüten erfolgt durch Insekten; die sehr leichten Samen werden durch den Wind verbreitet (leichte »Körnchenflieger«).

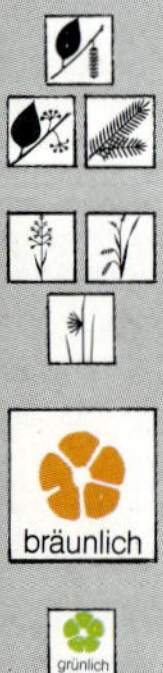

Knotige Braunwurz *Scrophularia nodosa* L.

Braunwurzgewächse, Scrophulariaceae. **Merkmale:** ✻ VI–IX; 50–100 cm. Stengel und Blütenstiele scharf 4kantig, jedoch ungeflügelt! Blätter eiförmig bis länglich, doppelt gesägt. Krone schmutzigbraun, an der Basis grünlich, 5–6 mm lang; Ober- und Unterlippe nur schwach abgesetzt; 1 rudimentäres Staubblatt (Staminodium). Kelchzipfel schmalhäutig berandet. **Standort:** Laub- und Nadelmischwälder, Gebüsche, Säume, Waldschläge; bis in Höhenlagen von 1700 m. **Verbreitung:** Fast ganz Europa; teilweise im asiatischen Raum.

Neben Insektenbestäubung durch Wespen kommt auch Selbstbestäubung trotz Protogynie (Vorweiblichkeit) der Blüten vor. Früher wurde die Art, die u. a. Saponine enthält, als Heilpflanze bei Augenerkrankungen, Hämorrhoiden und Mastitis verwendet. Die Pflanze ist schwach giftig.

Gewöhnlicher Beifuß *Artemisia vulgaris* L.

Korbblütengewächse, Asteraceae. **Merkmale:** ✳ VII–IX; 50–240 cm. Pflanze unangenehm riechend; ohne Ausläufer. Stengel reich verzweigt; Köpfchen 3–4 mm lang, eiförmig, in großer, breitästiger, rispenartiger Infloreszenz angeordnet. Äußere Hüllblätter eiförmig, filzig. Stengelblätter gefiedert; Fiedern der oberen Blätter tief gesägt, am Rande etwas gerollt. **Standort:** Typische Ruderalpflanze an Wegrändern, Schutt- und Müllplätzen, Ufern und Gebüschsäumen. **Verbreitung:** Eurasiatisch; weit verschleppt; fast überall in Europa, nur im äußersten Norden und Süden selten.

Der Gewöhnliche Beifuß gehört zu den alten Kulturbegleitern und wurde früher als Heil- und Gewürzpflanze gesammelt. Die Pflanze enthält Bitterstoffe und ätherische Öle, wirkt verdauungsfördernd und appetitanregend und kann zur Regulierung der Monatsperiode, ferner sogar als Wurmmittel verabreicht werden. Die Art ist (sekundär) windblütig; neben der Windverbreitung kommt Klebverbreitung durch verschleimende Samen vor.

Wald-Ruhrkraut *Omalotheca sylvatica* (L.) Schultz & Schultz

Korbblütengewächse, Asteraceae. **Merkmale:** ✳ VII–IX; 10–70 cm. Pflanze zur Blütezeit mit zahlreichen nichtblühenden Rosetten. Grundblätter 2–6 cm lang, 2–5 mm breit, kurz gestielt; Stengelblätter 2–5 mm breit, nach oben hin allmählich kleiner werdend. Blätter und Stengel filzig. Blütenähre endständig, verlängert, mindestens ⅓ so lang wie der Stengel, mit 2–8 köpfchenartigen Knäueln, unten lockerer stehend. Hüllblätter mit hellem Hautrand. **Standort:** Waldlichtungen und -schläge, Waldwege, Magerrasen; im Gebirge bis 2000 m. **Verbreitung:** Fast ganz Europa mit Ausnahme vieler Inseln; weite Teile Asiens und Ostamerikas (zirkumpolar!).

Die Art gilt als Nitrifizierungszeigerpflanze.

Breitblättriger Rohrkolben *Typha latifolia* L.

Rohrkolbengewächse, Typhaceae. **Merkmale:** ✳ VI–VIII; 100–200 cm. Pflanze 1häusig; Blüten in äußerst dichten, endständigen Kolben. Unterer Kolbenteil weiblich, schwarzbraun, oberer männlich, ebenso lang wie der weibliche Abschnitt. Beide Kolbenabschnitte berühren sich meist. Nußfrüchte. Blätter 10–20 mm breit, blaugrün, beiderseits flach. **Standort:** Röhrichte stehender oder langsam fließender Gewässer mit hohem Nährstoffgehalt (eutroph); bis etwa 2 m Wassertiefe. **Verbreitung:** Zirkumpolar; fast ganz Europa; Afrika; in gemäßigten Zonen weltweit.

Der Breitblättrige Rohrkolben gehört zu den Torfbildnern, die mit kriechenden Rhizomen zur Verlandung beitragen. Die vormännlichen Blüten sind windblütig; auch die Fruchtverbreitung erfolgt mit Hilfe des Windes.

Nestwurz *Neottia nidus-avis* (L.) Rich.

Knabenkrautgewächse, Orchidaceae. **Merkmale:** ✳ V–VII; 15–45 cm. Ganze Pflanze gelbbraun, ohne grüne Laubblätter, Stengel nur mit scheidenartigen Schuppenblättern. Rhizom mit eng verflochtenen, fleischigen Wurzeln, einen nestartigen Eindruck erweckend (Name!). Blüten in 10–30blütiger, lokkerer Traube, hellbraun; äußere Blütenhüllblätter helmartig zusammenneigend, stumpf, bis 12 mm lang; Lippe an der Spitze 2lappig, an der Basis verbreitert und eine Vertiefung aufweisend. **Standort:** Buchen(misch)wälder, auch Eichenmisch- oder Nadelwälder; bis 1400 m; vorzugsweise auf kalkhaltigen Lehmböden. **Verbreitung:** Fast ganz Europa; z. T. Asien.
Die Nestwurz oder Vogelnestorchis lebt in Symbiose mit Pilzen (Mykorrhiza), die bereits stark in Richtung »Parasitismus« tendiert, da die Orchidee im wesentlichen vom Pilz profitiert.

Fliegen-Ragwurz *Ophrys insectifera* L. 3

Knabenkrautgewächse, Orchidaceae. **Merkmale:** ✳ IV–VI; 15–40 cm. Blüten zu 2–10 in lockerem Blütenstand, in Gestalt und Farbe fliegenartigen Insekten oft täuschend ähnlich. Blüten etwa 2 cm lang; äußere Blütenhüllblätter 3, grünlich, 5–8 mm lang; Lippe viel länger, samtig braunpurpurn, mit kahlem, blaugrauem, 4eckigem Fleck in der Mitte! Mittellappen der Lippe ausgerandet oder tief 2spaltig; Seitenlappen lanzettlich (demzufolge Lippe 3–4lappig erscheinend). Innere Blütenhüllblätter sehr kurz, fadenförmig dünn, den Eindruck von Insektenfühlern erweckend. **Standort:** Kalk-Magerrasen; lichte, trockene (insbesondere Kiefern-)Wälder; sonnige Hänge; kalkreiche, lehmige Böden. **Verbreitung:** Weite Bereiche Europas, jedoch im Norden und im äußersten Süden selten, im Südosten fehlend.
Ragwurz-Blüten sind Sexual-Täuschblumen, die nur von männlichen Insekten bestäubt werden. Die Blüten, die in Form und Farbe weibliche Artgenossen vortäuschen, produzieren zur Fernanlockung der Männchen Duftstoffe, die den Sexuallockstoffen außerordentlich ähnlich sind. Im Nahbereich orientieren sich die herbeigelockten Männchen an optischen Signalen: Auslöser für die Landung sind die dunkle Lippenfärbung und das hell schillernde zentrale Farbmal. Die Behaarungsmuster der Blüte und Berührungsreize lösen beim männlichen Insekt Kopulationsverhalten aus, bei dem die Pollinien übernommen und später auf Blüten anderer Pflanzen übertragen werden. Bestäuber dieser »Attrappenblüten« (kein Nektarangebot!) sind Grabwespen-Arten.

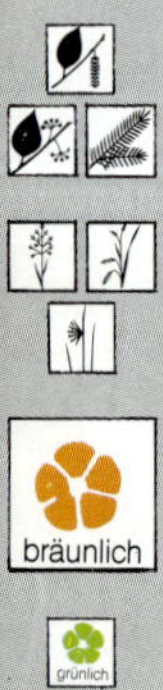

Hummel-Ragwurz *Ophrys fuciflora* (Crantz) Sw. 2

Knabenkrautgewächse, Orchidaceae. **Merkmale:** ✳ V–VI; 15–35 cm. Blütenschaft mit 3–6 Laubblättern. Blüten 2–10, groß, im Aussehen an eine Hummel erinnernd. Äußere Blütenhüllblätter 3, weiß oder rosa gefärbt, mit grünem Mittelnerv, 10–15 mm lang; innere Perigonblätter 3eckig, behaart, viel kürzer. Lippe samtig, rot- bis dunkelpurpurbraun, ungeteilt, etwa so lang wie breit, am Grund mit gelblichen Zeichnungen; grüngelbes, kahles, aufwärts gebogenes Anhängsel. **Standort:** Kalkmager- und Halbtrockenrasen, Waldverlichtungen, trockene Gebüsche und ihre Säume; auf kalkreichen Lehm- und Lößböden. **Verbreitung:** Mittel-, West- und Südeuropa.
Bestäubung der »Attrappenblüten« durch Langhornbienen.

Schwarzes Kohlröschen *Nigritella nigra* (L.) Rchb. fil. 3

Knabenkrautgewächse, Orchidaceae. **Merkmale:** ✳ V–VIII (IX); 8–20 cm.

 Fortsetzung auf S. 258

Stinkende Nieswurz *Helleborus foetidus* L.

Hahnenfußgewächse, Ranunculaceae. **Merkmale:** ✳ II–V; 30–80 cm. Stengel von unten an beblättert. Blätter wintergrün; Stengelblätter handförmig, 3–9teilig, mit gezähnten Abschnitten, über eiförmige Hochblätter allmählich in glockig-zusammenneigende Blütenhüllblätter übergehend. Blütenstand reich verzweigt; Blüten 5zählig, etwa 2 cm groß, grüngelb, am Rand rötlich, sehr unangenehm riechend. Balgfrüchte mit hakigem Schnabel. **Standort:** Trockene, steinige Abhänge, buschige Hügel, Waldsäume, Schlehengebüsche; vorzugsweise auf Kalkböden. **Verbreitung:** Verbreitungsschwerpunkt in Südwesteuropa; nördlich bis England und Norddeutschland.
Die vorweiblichen Blüten dieser giftigen Pflanze werden hauptsächlich von Bienen bestäubt, die Samen durch Ameisen verbreitet.

Große Brennessel *Urtica dioica* L.

Brennesselgewächse, Urticaceae. **Merkmale:** ✳ VI–X; 30–125 cm. Pflanze 2häusig; Stengel aufrecht, kantig, mit Borsten- und Brennhaaren. Blätter gegenständig, lang zugespitzt, grob gesägt, dunkelgrün; Nebenblätter frei. Blütenrispen länger als die Blattstiele. **Standort:** Typische Ruderalpflanze; in Siedlungsnähe an Wegen, auf Schutt; Waldränder, Auenwälder; vorzugsweise auf stickstoffhaltigen, feuchten Böden; bis in Höhenlagen von 2400 m. **Verbreitung:** Ursprünglich in Nord- und Mittel-Eurasien; inzwischen weltweit.
Die Brennhaare dringen bei Berührung wie eine Einstechkanüle in die Haut ein und sondern eine aus Natriumformiat, Acetylcholin und Histamin zusammengesetzte Flüssigkeit ab, die mit brennendem Schmerz verbundene Entzündungen hervorruft. Bemerkenswert ist die Bestäubung: Die unter Spannung stehenden Staubblätter schnellen beim Aufblühen zurück und schleudern den Pollen aus.

Gewöhnlicher Hopfen *Humulus lupulus* L.

Hanfgewächse, Cannabaceae. **Merkmale:** ✳ VII–VIII; 2–6 m. Eine der wenigen Lianen Mitteleuropas; Stengel rechtswindend (S-Winder), mit Klimmhaaren. Blätter gegenständig, aus herzförmigem Grund tief 3–5lappig; Nebenblätter verwachsen. Pflanze 2häusig: weibliche Blütenstände ährig, zur Fruchtzeit als gelbgrüne Fruchtzapfen (»Hopfendolde«) ausgebildet; männliche Blütenstände als Rispen vorliegend. Nußfrucht, von Trag- und Vorblatt umhüllt. **Standort:** Auenwälder, Waldränder, Gebüsche; Schleiergesellschaften. **Verbreitung:** Eurasiatisch-zirkumpolar; im größten Teil Europas.
Die weibliche Hopfenpflanze dient seit dem 8. Jh. als Bierwürze-Pflanze. Junge Sprosse werden als Hopfenspargelgemüse gegessen; die beruhigende, schmerzstillende Heilwirkung der Pflanze beruht auf Inhaltsstoffen wie Cholin, Asparagin und Lupulin, die aromatischen Würzstoffe werden in harz- und bitterstoffreichen Drüsen produziert.

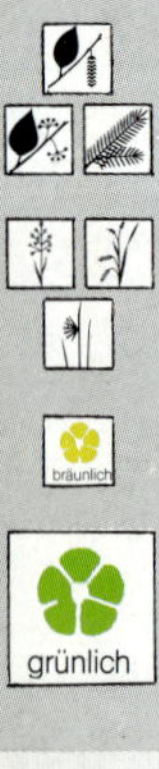

Fortsetzung des Textes von S. 256

Blütenstand 1–2,5 cm lange, dichte, kugelige Ähre; Blüten schwarzpurpurn, selten hellrosa bis weiß, intensiv nach Vanille duftend! Lippe hohlrinnig, nach oben gerichtet, 3eckig. Unpaares äußeres Perigonblatt doppelt so breit wie die paarigen inneren. **Standort:** Kalkhaltige alpine Magerrasen (1600–2700 m). **Verbreitung:** Norwegen und Schweden sowie europäische Gebirge bis Nordspanien, in den Zentralapennin und bis Südgriechenland.

Tannenwedel *Hippuris vulgaris* L.

Tannenwedelgewächse, Hippuridaceae. **Merkmale:** ✳ V–VIII; 10–80 cm. Stengel röhrig; Blätter zu 6–12 quirlig, ganzrandig, linealisch; untergetauchte (submerse) Blätter schlaff. Blüten unscheinbar, in den Blattachseln, grünlich, zwittrig; ohne Krone, mit buchtigem Kelchsaum. **Standort:** In Wasserpflanzengesellschaften meso- bis eutropher, stehender oder langsam fließender Gewässer. **Verbreitung:** Arktisch-zirkumpolar; fast ganz Europa, weite Teile Asiens sowie südliches Südamerika.
Die protogynen Blüten des Tannenwedels sind windblütig; neben der Verdauungsverbreitung durch Wasservögel kommt Wasserverbreitung vor.

Ähriges Tausendblatt *Myriophyllum spicatum* L.

Seebeerengewächse, Haloragaceae. **Merkmale:** ✳ VI–VIII(IX); 20–200 cm. Pflanze untergetaucht oder flutend; Blätter in 4blättrigen Quirlen, kammförmig geteilt, mit 13–35 borstlichen Fiederblättchen (diese mehr oder weniger gegenständig). Blüten unscheinbar, in vielblütigen, aufrechten Ähren, rosa bis rötlich, 1geschlechtig oder zwittrig. **Standort:** Stehende oder langsam fließende, kalkarme, nährstoffreiche Gewässer (eutroph bis mesotroph) von 1–5 m Tiefe; in der Regel im Laichkrautgürtel. **Verbreitung:** Fast ganz Europa; große Teile Asiens, subtropisches Afrika.
Windbestäubung; Wasserverbreitung.

Wald-Bingelkraut *Mercurialis perennis* L.

Wolfsmilchgewächse, Euphorbiaceae. **Merkmale:** ✳ IV–V; 15–30 cm. Pflanze ohne (!) Milchsaft, 2häusig. Stengel einfach, stielrund, im oberen Abschnitt beblättert, im unteren nur mit Schuppenblättern. Laubblätter deutlich gestielt, elliptisch bis länglich-eiförmig, etwa 3mal so lang wie breit. Blüten klein, in Rispen oder Knäueln, mit 3blättrigem Perianth. **Standort:** Krautschicht schattiger Laubwälder und Gebüsche; Schluchtwälder; auch Nadelmischwälder und deren Säume. **Verbreitung:** Zentraleuropäische Art; fast ganz Europa; nördlich bis etwa zum Polarkreis.
Die Pflanze ist giftig, wird aufgrund ihrer Inhaltsstoffe jedoch gegen Rheumatismus und Magenerkrankungen als Arzneipflanze verwendet.

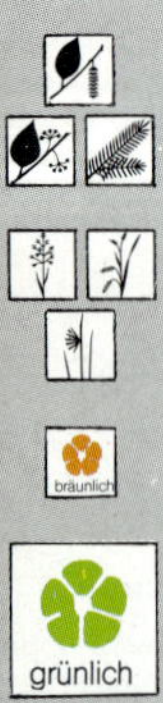

Heidelbeere *Vaccinium myrtillus* L.

Heidekrautgewächse, Ericaceae. **Merkmale:** ✳ IV–VIII; 15–60 cm. Zwergstrauch mit scharfkantigen Ästen (grün!) und sommergrünen, weder glänzenden noch umgerollten Blättern; diese sind eiförmig, spitz, fein gesägt, hellgrün, 2–3 cm lang. Blütenkrone kugelig, 4–5 mm groß, grün, rötlich überlaufen. Fruchtknoten unterständig; Frucht: blauschwarze Beere mit rotem Saft, 5–8 mm im Durchmesser. **Standort:** Nadelwälder und bodensaure Laubwälder, Gebüsche, (Moor-)Heiden; kalkmeidend. **Verbreitung:** Arktisch-zirkumpolar; die Art gehört zum borealen Element des Nadelwaldgürtels mit eurosibirischer Verbreitung. In Südeuropa nur in Gebirgen.
Die eßbaren Beeren der Heidel- oder Blaubeere haben einen hohen Nährwert und werden als Kompott, Konfitüre oder Sirup verwendet. Früchte und Blätter stellen wegen ihrer Inhaltsstoffe ein wichtiges Heilmittel (stärkend, antiseptisch, antidiarrhöisch, adstringierend) dar. Die Beeren werden durch Vögel verbreitet (Verdauungsverbreitung), die Blüten durch Bienen und Hummeln bestäubt. Die Pflanzen erreichen ein Alter von 30 Jahren!

Weißer Gänsefuß *Chenopodium album* L.

Gänsefußgewächse, Chenopodiaceae. **Merkmale:** ✻ VII–X; 20–150 cm. Niederliegende oder aufrechte Pflanze, fast immer weißmehlig (insbesondere der Blütenstand!). Stengel grün gestreift, oft rötlich überlaufen. Blätter außerordentlich variabel, meist eiförmig-rhombisch bis lanzettlich, spitz; in der Regel deutlich gezähnt. Gesamtinfloreszenz breit pyramidenförmig; Teilblütenstände achsel- oder/und endständig, knäuelig. Perigon grünlichweiß, mehlig bestäubt. **Standort:** Ruderalstellen (Wegränder, Schuttplätze, Äkker, Gärten); Ufer. **Verbreitung:** Nordisch-eurasiatisch, zirkumpolar; ganz Europa; in gemäßigten Zonen weltweit.
Der Weiße Gänsefuß gehört seit der jüngeren Steinzeit zu den Kulturbegleitern; vielfach tritt er als Erstbesiedler offener Standorte in Siedlungsnähe auf. Der Mensch trägt neben dem Wind zur Verbreitung bei. Die Bestäubung der protogynen Blüten erfolgt ebenfalls durch den Wind. Früher wurde die Art in manchen Gegenden als Gemüsepflanze genutzt.

Gewöhnliche Melde *Atriplex patula* L.

Gänsefußgewächse, Chenopodiaceae. **Merkmale:** ✻ VII–X; 30–80 cm. Pflanze sehr variabel. Wenigstens die unteren Äste weit abstehend oder liegend. Untere Blätter länglich-rhombisch, mit keilförmigem Grund, obere länglich-lanzettlich; ziemlich dunkel grün, überwiegend wechselständig. Blüten 1geschlechtig, in meist aufrechten Scheinähren. Weibliche Blüten ohne Blütenhülle, männliche 5zählig. Vorblätter der weiblichen Blüten mit spießförmigen Seitenecken, 2–6 mm lang. **Standort:** Unkrautfluren auf Äckern, in Gärten; frische Ruderalstellen (Dorfanger, Plätze, Schuttstellen); Strände. **Verbreitung:** Eurasiatisch-zirkumpolar; ganz Europa mit Ausnahme der nördlichsten Randgebiete; in Asien bis Sibirien; Nordamerika.

Gewöhnlicher Queller *Salicornia europaea* L.

Gänsefußgewächse, Chenopodiaceae. **Merkmale:** ✻ VII–X; 5–40 cm. 1jährige Pflanze. Stengel meist stark verzweigt, armleuchterartig, dickfleischig, blattlos erscheinend, gegliedert, grün bis graugrün, oft rötlich angelaufen (Verfärbung im Herbst!). Blüten zwittrig, unscheinbar. **Standort:** Wattenmeer, Salzschlickböden. **Verbreitung:** Küsten Eurasiens und Ostamerikas.
Der Queller gehört zu den Erstbesiedlern des stark salzhaltigen Wattbodens, bildet dichte, bis zur Grenze des mittleren Hochwassers reichende Bestände und fördert damit die Schlickeinlagerung. Als stammsukkulenter Halophyt ist er den extremen osmotischen Bedingungen gut angepaßt. Die Pflanze ist reich an Mineralstoffen, enthält diuretisch wirkende und blutreinigende Substanzen und kann als Gemüse oder Salat gegessen werden.

Knäuelblütiger Ampfer *Rumex conglomeratus* Murray

Knöterichgewächse, Polygonaceae. **Merkmale:** ✻ VII–IX; 30–80 (100) cm. Blütenstand fast bis zur Spitze beblättert. Blüten in Knäueln. Blütenhüllblätter alle mit Schwielen. Grundblätter mit länglich-eiförmiger, am Grunde herzförmiger, an der Spitze stumpflicher Spreite, Stengelblätter herzförmig-lanzettlich, zugespitzt. Äste weit abstehend. Stengel und Blattadern bisweilen purpurfarben überlaufen. **Standort:** Unkrautbestände an Wegen; Gräben, Sümpfe; an Ufern stehender oder langsam fließender Gewässer. Stets auf feuchten, nährstoffreichen Böden. **Verbreitung:** In gemäßigten Gebieten Europas und Westasiens.
Der Knäuelblütige Ampfer gehört zu den Pionierpflanzen auf offenen Standorten, zudem gilt er als Zeigerpflanze für Stickstoff.

Großer Ampfer *Rumex acetosa* L.

Knöterichgewächse, Polygonaceae. **Merkmale:** ✻ V–VI; 30–100 cm. Pflanze mehrjährig, aufrecht, eingeschlechtig. Grundblätter eiförmig-länglich, 2–3 cm breit, lang gestielt; Stengelblätter spieß- oder pfeilförmig. Ochrea (für Knöterichgewächse charakteristische stengelumfassende, häutige Scheide; durch Verwachsung der Nebenblätter entstanden) gezähnt oder zerschlitzt. Blütenstand locker, unterbrochen, blattlos, blaßrot. Äußere Blütenhüllblätter zurückgeschlagen; innere am Grund mit roter oder grüner Schwiele, nicht gezähnt. **Standort:** Wiesen, Grasplätze, Raine, lichte Waldstellen; bis in Höhenlagen von 1600 m. **Verbreitung:** Zirkumpolar mit Schwerpunkt in Mittel- und Nordeurasien.
Der Große oder Wiesen-Sauerampfer bildet im Mai/Juni einen der charakteristischen Wiesenaspekte. Er gehört zu den Stickstoffzeigerpflanzen, besitzt einen geringen Futterwert und fungiert als Salat- (Blätter) und Heilpflanze (Frühjahrskuren, Hauterkrankungen). Der Verzehr größerer Mengen ist allerdings gesundheitsschädlich.

Moschuskraut *Adoxa moschatellina* L.

Moschuskrautgewächse, Adoxaceae. **Merkmale:** ✻ III–V; 5–20 cm. Grundblätter doppelt 3zählig; Stengelblätter 2, gegenständig, über der Stengelmitte inserierend, einfach 3zählig. Blüten radiärsymmetrisch, grünlichweiß, in endständigem, wenigblütigem, fast würfelförmigem Kopf. Gipfelblüte 4zählig, mit 2teiligem Kelch; Seitenblüten 5zählig, mit dreiteiligem Kelch. Steinfrucht. **Standort:** Feuchte Laubwälder und Gebüsche, Auenwälder; bis in Höhenlagen von 1800 m. **Verbreitung:** Eurasiatisch mit kontinentaler Tendenz, zirkumpolar; großer Teil Europas; südlich bis Südfrankreich, Süditalien und Bulgarien (im Süden jedoch nur in Gebirgen).
Die Pflanze duftet im welken Zustand schwach nach Moschus, gilt als Nährstoffzeiger und wird von Fliegen oder auf dem Wege der Autogamie bestäubt. Schnecken und Vögel tragen zur Verbreitung der Früchte bei (Verdauungsverbreitung!).

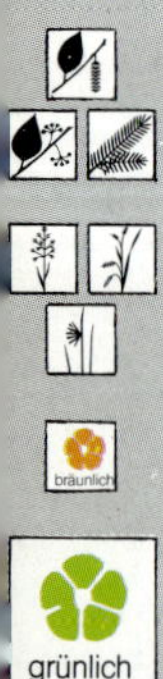

Schwimmendes Laichkraut *Potamogeton natans* L.

Laichkrautgewächse, Potamogetonaceae. **Merkmale:** ✳ V–IX; 50–150 cm. Schwimmblätter rundlich bis lanzettlich, bis 12 cm lang, an der Basis verschmälert oder schwach herzförmig. Blattstiel an der Spitze mit andersfarbigem, biegsamem Gelenk. Untergetauchte Blätter ohne Spreite, auf den schmal-linealischen Blattstiel reduziert. Blütenstand ährenförmig, aus dem Wasser herausragend; Stiel bis 10 cm, Ähre bis 8 cm lang. Blüten 4zählig. Schwimmfrüchte 4–5 mm lang. **Standort:** Schwimmblattgürtel stehender oder sehr langsam fließender Gewässer (Weiher, Tümpel, Altwasser; meso- oder oligotroph, mäßig tief). **Verbreitung:** Zirkumpolar; fast ganz Europa mit Ausnahme weniger Inseln.
Windblütigkeit und Wasserverbreitung sind für diese Art bezeichnend.

Strand-Dreizack *Triglochin maritimum* L.

Dreizackgewächse, Juncaginaceae. **Merkmale:** ✳ V–VIII; 10–75 cm. Blätter grundständig, schmal-linealisch, 2zeilig stehend. Blüten in dichter, tragblattloser Traube, meist zwittrig, ohne Blütenhülle. Staubblätter und Narben je 6. Frucht eiförmig, in 6 Teilfrüchte zerfallend. **Standort:** Strand- und Salzwiesen der Küsten; im Binnenland selten (nur in der Umgebung von Salinen). **Verbreitung:** Eurasiatisch-zirkumpolar; Australien und subtropisches Amerika; Küstengebiete. In Europa südlich bis Portugal, Norditalien und Bulgarien. Der Strand-Dreizack ist einer der Halophyten der Andelwiesen.

Einbeere *Paris quadrifolia* L.

Einbeerengewächse, Trilliaceae. **Merkmale:** ✳ V–VI; 10–35 cm. Blätter 4 (manchmal 5), quirlständig am Ende des Stengels, eiförmig, kurz bespitzt, bis 12 cm lang. Netznervatur (eine der wenigen Ausnahmen bei den Einkeimblättrigen!). Blüten einzeln, lang gestielt, im Zentrum des Blattquirls stehend und den Blütenschaft abschließend. Blütenhüllblätter 6–12, untereinander nicht verwachsen, 20–35 mm lang; äußere grün, innere gelblich, etwas kürzer. Staubblätter 6–10; Griffel ebenfalls nicht verwachsen. Frucht eine blauschwarze Beere (Name!). **Standort:** Krautreiche Buchen- und Eichenwälder, Auenwälder; Nadelmischwälder; vorzugsweise auf feucht-humosen, nährstoffreichen Lehmböden; bis in Höhenlagen von 1900 m. **Verbreitung:** Nordisch-eurasiatisch; Europa mit Ausnahme der westlichsten und südlichsten Gebiete; Asien bis Sibirien und Kleinasien.
Die Einbeere gilt als Zeigerpflanze für Grund- und Sickerwasser in feucht-schattigen Wäldern. Als seltene Ausnahme im Pflanzenreich besitzt die Art monopodial wachsende Rhizome: Die Hauptachse wächst horizontal im Boden, während die Blütentriebe jedes Jahr als Seitenknospen angelegt werden! Wahrscheinlich liegt eine Symbiose mit Pilzen vor (Mykorrhiza). Die Beeren werden von Vögeln verbreitet. Früher wurde die Einbeere als Heilpflanze verwendet, aus den giftigen Früchten gewann man ein Desinfektionsmittel.

bräunlich

grünlich

Breitblättrige Sumpfwurz, Breitblättrige Sitter
Epipactis helleborine (L.) Crantz

Knabenkrautgewächse, Orchidaceae. **Merkmale:** ✻ VI–IX; 30–100 cm. Blüten zu 15–30, in einseitswendiger Traube (bis 30 cm lang!), nickend, etwa 1,5 cm groß. Blütenhüllblätter oval-lanzettlich, grün, meist trübrot überlaufen, gelegentlich purpurn. Lippe deutlich kürzer, ihr vorderes Glied als herzförmige Platte (breiter als lang) ausgebildet, purpurrot, rosa oder grünlichweiß; an der Basis 2, selten 3 glatte Höcker. Blätter spiralig angeordnet, untere bis 8 cm breit, rundlich; obere lanzettlich, schließlich in die linealischen Tragblätter übergehend. Mittlere Stengelblätter länger als die entsprechenden Stengelabschnitte. Verzweigte Rhizome. **Standort:** Eichen-, Buchen- und Nadelmischwälder, Gebüsche; auf nährstoffreichen, lehmigen Böden; bis 1400 m. **Verbreitung:** Ganz Europa; gemäßigte Breiten Asiens; Nordafrika.
Die Bestäubung der wenig auffälligen Blüten erfolgt vor allem durch Wespen.

Großes Zweiblatt *Listera ovata* (L.) R. Br.

Knabenkrautgewächse, Orchidaceae. **Merkmale:** ✻ V–VII; 20–60 cm. Stengel (nahe der Erdoberfläche) zur Blütezeit mit 2 ungestielten, gegenständigen, breitovalen Blättern (5–18 cm lang!), deren Nervatur deutlich hervortritt. Infloreszenz lang-traubig, mit zahlreichen grünlichgelben Blüten. Äußere Blütenhüllblätter grün, zusammenneigend; Lippe bandförmig bis linealisch, gelblich, 10–15 mm lang, an der Spitze tief 2spaltig, jedoch ohne basale Seitenlappen. Blüten ungespornt. Kriechende Rhizome. **Standort:** Laubmischwälder, Waldränder und -wiesen, Gebüsche, Auenwälder; auf nährstoffreichen, kalkhaltigen Lehmböden; bis 1800 m. **Verbreitung:** Ganz Europa mit Ausnahme von Portugal; Westasien.

Riemenzunge *Himantoglossum hircinum* (L.) Spr. 2

Knabenkrautgewächse, Orchidaceae. **Merkmale:** ✻ V–VII; 20–90 cm. Blüten in bis zu 30 cm langer Ähre, mit unangenehmem Bocksgeruch (»Bocks-Orchis«), grünlich bis weißlich. Äußere Perigonblätter einen bleichgrünen Helm bildend, ihre Innenseiten purpurn und grün gezeichnet; Lippe 3teilig, mit 2 seitlichen, linealischen, wellig gekräuselten Lappen und dem riemenförmig-bandartigen Mittellappen (Name!). Letzterer bis zu 60 mm lang, anfangs uhrfederartig eingerollt, später gestreckt und meist etwas gedreht. Lippe weißlichgrün mit rötlicher Punktierung. Sporn kurz, kegelförmig. Laubblätter länglich-lanzettlich. **Standort:** Magerrasen, sonnige, grasige Hänge und Böschungen, lichtes Gebüsch; auf kalkreichen Lehm- oder Lößböden. **Verbreitung:** West-, Mittel- und Südeuropa; Kleinasien und Nordafrika.
Die submediterrane Art ist frostempfindlich und sehr wärmeliebend.

Grüne Hohlzunge *Coeloglossum viride* (L.) Hartman 3

Knabenkrautgewächse, Orchidaceae. **Merkmale:** ✻ V–VII; 5–25 cm. Blüten in lockerer Ähre, bräunlichgrün oder grün. Lippe nach unten gerichtet, viel länger als die übrigen Perigonblätter; seitliche Zipfel der Lippe deutlich länger als der mittlere. Fruchtknoten gedreht; Sporn kurz, sackförmig. **Standort:** Kalkarme, saure Magerrasen, vorwiegend in Gebirgen (bis in Höhen von 2700 m). **Verbreitung:** Zirkumpolar; Europa südlich bis Zentralspanien, zum Südapennin und bis Bulgarien (in Südeuropa ausschließlich in Gebirgen!).
Die Grüne Hohlzunge ist ein typischer Magerkeits- und Versauerungszeiger; ihre Blüten werden durch Nachtfalter bestäubt.

bräunlich

grünlich

Kleine Wasserlinse, Entengrütze *Lemna minor* L.

Wasserlinsengewächse, Lemnaceae. **Merkmale:** ✳ IV–VI; 0,3 cm. Glieder schwimmend, zu wenigen zusammenhängend, rundlich, ungestielt, beiderseits flach. Jedes Glied mit nur einer Wurzel. Blüten selten zu beobachten; unscheinbar, aus einer winzigen, unscheinbaren Spatha (besonderes Hochblatt) und nur noch 1 weiblichen und 1–2 männlichen, stark reduzierten Blüten bestehend. **Standort:** Schwimmpflanzengürtel meso- bis eutropher, stehender oder langsam fließender Gewässer (Teiche, Seen, Weiher, windgeschützte Gräben). **Verbreitung:** Kosmopolit in kalt- und warmtemperierten Zonen; fast ganz Europa.
Die vormännlichen (proterandrischen) Blüten dieser Art werden von Wasserläufern und Spinnen bestäubt; neben der Wasserverbreitung ist die »Klettverbreitung« durch Wasservögel dominierend.

Vielwurzelige Teichlinse *Spirodela polyrhiza* (L.) Schleiden

Wasserlinsengewächse, Lemnaceae. **Merkmale:** ✳ V–VI; 3–10 mm. Glieder schwimmend, nur zu wenigen zusammenhängend, rundlich bis verkehrt-eiförmig, beiderseits flach, unterseits meist rot gefärbt. Jedes Glied mit einem Wurzelbüschel (Name!). Blüten unscheinbar. **Standort:** Nährstoffreiche (eu- bis mesotrophe), windgeschützte Seen, Teiche, Weiher, Tümpel, Altwasserbuchten. **Verbreitung:** Eurasiatisch-zirkumpolar; Europa mit Ausnahme des äußersten Nordens und Südens; Australien.

Einfacher Igelkolben *Sparganium emersum* Rehmann

Igelkolbengewächse, Sparganiaceae. **Merkmale:** ✳ VI–VII; 20–60 cm. Stengel und Blätter steif aufrecht; Blätter 3–8 mm breit, deutlich gekielt, am Grund 3kantig; flutende Wasserblätter im oberen Teil wenigstens auf der Rückseite mit vorspringendem Mittelnerv. Blüten in kugeligen Teilblütenständen: bis zu 8 männliche und 2–5 weibliche Köpfe. Perianth 6- oder 3teilig. Frucht geschnäbelt. **Standort:** Röhricht an langsam fließenden oder stehenden Gewässern; gelegentlich auch flutend in Gräben, Kanälen und Flüssen. **Verbreitung:** Zirkumpolar; Europa, jedoch auf vielen Inseln und in weiten Gebieten des Mittelmeerraumes fehlend; bis Ostasien.

Ästiger Igelkolben *Sparganium erectum* L.

Igelkolbengewächse, Sparganiaceae. **Merkmale:** ✳ VI–IX; 30–50 cm. Blütenstand nie flutend! Stengel ästig (Name!); Blätter 3–15 mm breit, derb, aufrecht, gekielt, unten 3kantig. Blütenköpfe in Rispen, weibliche Köpfe jeweils unter den männlichen Blütenköpfen stehend. **Standort:** Uferröhricht nährstoffreicher, stehender oder langsam fließender Gewässer; Schlammböden. **Verbreitung:** Ganz Europa mit Ausnahme einiger Inseln; in Asien bis Sibirien.
Die vorliegende Art ist sehr formenreich.

Erläuterungen der Fachtermini

Bau der Pflanze

1. Blütenstände (Infloreszenzen)

Racemöse Blütenstände

Blütenstände mit durchgehend entwickelter Hauptachse, die das Wachstum fortsetzt und seitlich eine Vielzahl von Blüten entwickelt (monopodiale Verzweigung)

Traube – an der gestreckten Hauptachse sitzen gestielte Blüten

Rispe – zusammengesetzte Traube; die Nebenachsen bilden ebenfalls Trauben

Ähre – an der gestreckten Hauptachse sitzen ungestielte Blüten

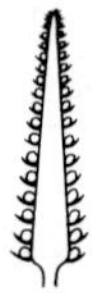

Kolben – gestreckte, verdickte (z.T. auch fleischige) Hauptachse mit ungestielten Blüten

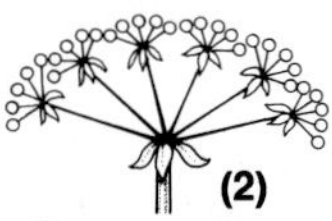

(2)

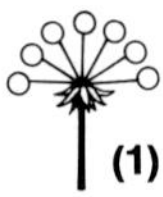

(1)

Dolde – Hauptachse verkürzt, Einzelblüten ungefähr gleich lang gestielt, etwa von einem Punkt ausgehend (1)
Zusammengesetzte Dolde: anstelle der Einzelblüten kleine Döldchen (2)

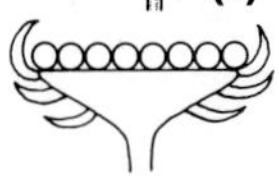

Köpfchen – Hauptachse verkürzt mit ± sitzenden Einzelblüten

Cymöse Blütenstände

Übergeordnete Achse schließt nach jeder Verzweigung mit einer Blüte ab und wird von untergeordneten Seitenachsen, die ihrerseits wieder mit Blüten abschließen, übergipfelt

Pleiochasium – Hauptachse schließt mit Blüte ab; mehrere, fast quirlig angeordnete Seitenzweige setzen Wachstum fort

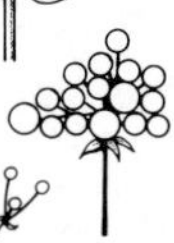

Knäuel – kugeliger Blütenstand cymöser Art

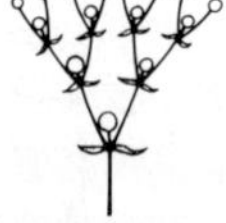

Dichasium – Hauptachse stellt Wachstum mit Blütenbildung ein; 2 (meist) gegenständige Seitenzweige setzen das Wachstum fort

Monochasium Hauptachse schließt mit Blüte ab, nur 1 Seitenzweig setzt Wachstum fort

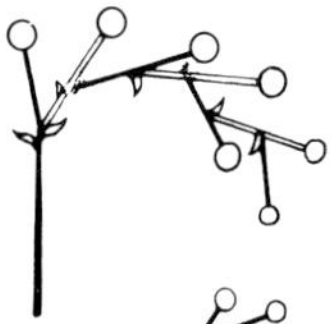

Wickel: Monochasium, bei dem die aufeinanderfolgenden »Sproßgenerationen« in verschiedenen Ebenen liegen und abwechselnd nur der linke oder rechte Seitenzweig (vgl. Dichasium!) zur Ausbildung gelangt

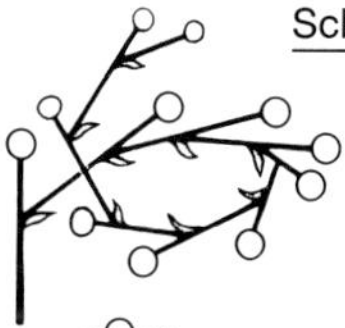

Schraubel: Monochasium, bei dem die aufeinanderfolgenden »Sproßgenerationen« in verschiedenen Ebenen liegen; hier entwickelt sich immer nur der rechte oder immer nur der linke Seitenzweig

Spirre Endblüte der Hauptachse wird von tiefer stehenden Seitenachsen übergipfelt

Thyrsus komplexe Infloreszenz mit monopodial verzweigter Hauptachse; die Teilblütenstände sind wie Di- oder Monochasien aufgebaut

---

Ährchen (=Teilblütenstand von Gräsern)

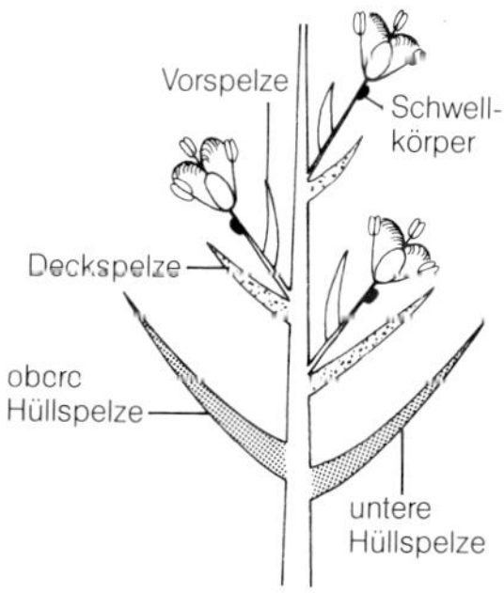

Schema

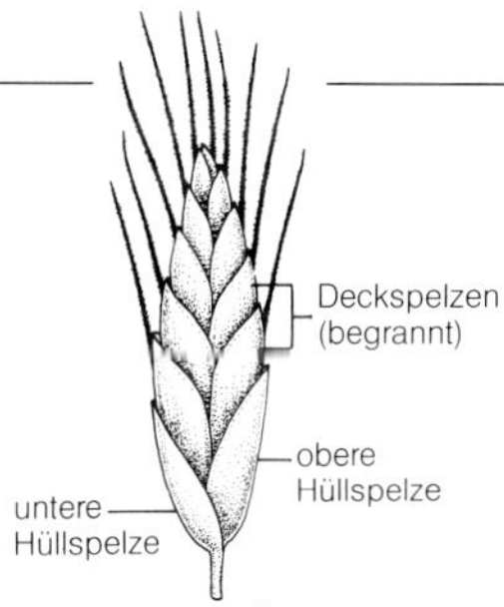

10blütiges Ährchen
geschlossen

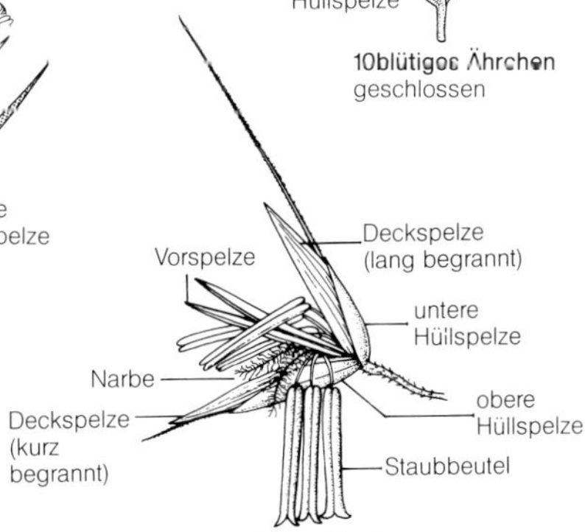

2blütiges Ährchen
geöffnet

2. Verteilung der Geschlechter bei (bedecktsamigen) Blütenpflanzen (Haupttypen)

zwittrig
(= bisexuell)

alle Blüten mit Staub- und Fruchtblättern (bzw. Fruchtknoten)

eingeschlechtig – einhäusig
(monözisch)

auf einer Pflanze sowohl Blüten nur mit Staubblättern als auch Blüten nur mit Fruchtblättern (bzw. Fruchtknoten)

eingeschlechtig – zweihäusig
(diözisch)

Blüten mit Staubblättern auf anderen Individuen als die Blüten mit Fruchtblättern (bzw. Fruchtknoten)

3. Aufbau der Blüte

a) *Längsschnitt durch eine radiärsymmetrische Blüte*

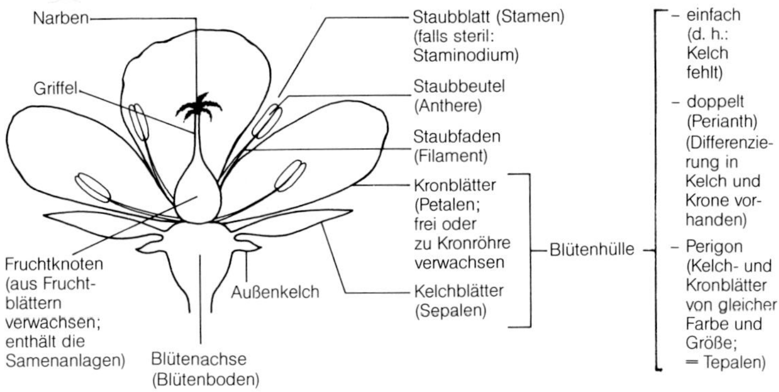

b) *Weitere Blütentypen*

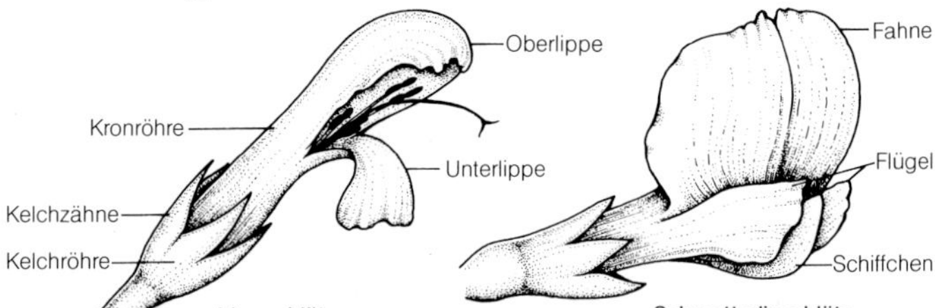

Lippenblüte
(monosymmetrisch)

Schmetterlingsblüte
(monosymmetrisch)

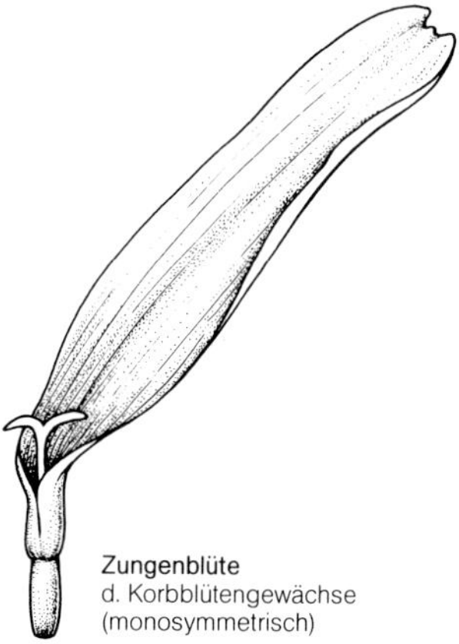

Zungenblüte
d. Korbblütengewächse
(monosymmetrisch)

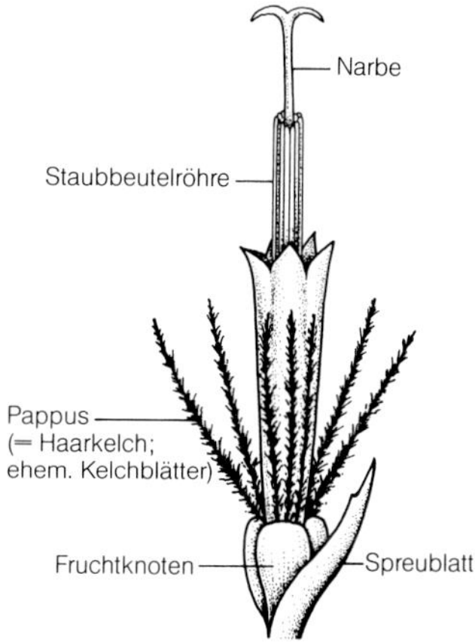

Röhrenblüte
d. Korbblütengewächse
(radiärsymmetrisch)

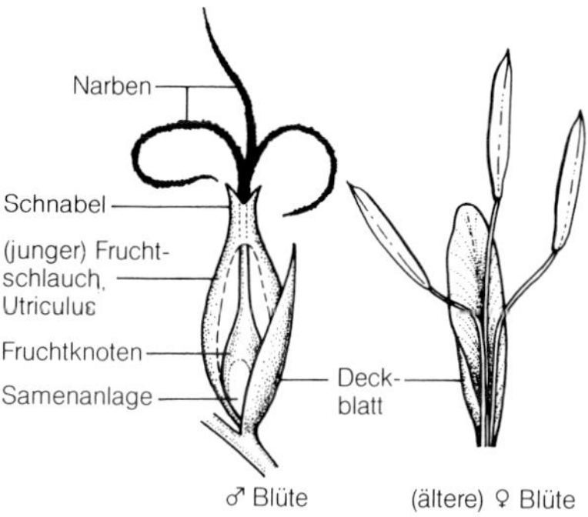

Seggenblüten

Binsenblüte
(radiärsymmetrisch)

c) *Stellung des Fruchtknotens bzgl. der Blütenachse*

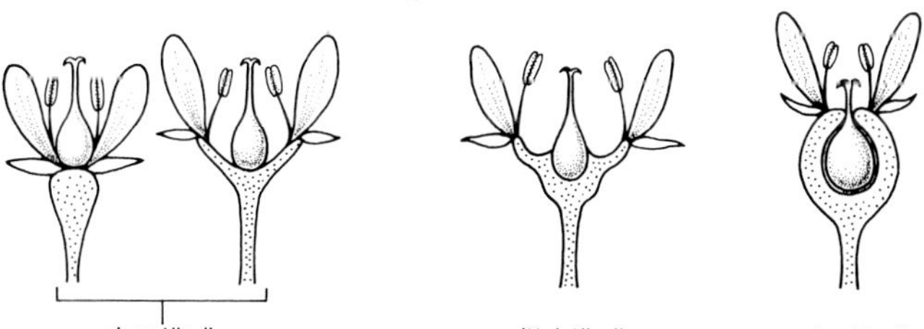

oberständig

Fruchtknoten steht oberhalb der Ansatzstelle der Blütenhüll- und Staubblätter oder »frei« auf der scheibenförmig verbreiterten Achse

mittelständig

Fruchtknoten steht in einem becherförmig eingesenkten Blütenboden unterhalb der Ansatzstelle von Blütenhüll- und Staubblättern, ist jedoch nicht mit der Blütenachse verwachsen

unterständig

Fruchtknoten unterhalb der Ansatzstelle von Blütenhüll- und Staubblättern stehend, mit der Blütenachse verwachsen

4. Fruchttypen

a) *Einzelfrüchte:* nur 1 Fruchtblatt vorhanden oder Fruchtblätter verwachsen

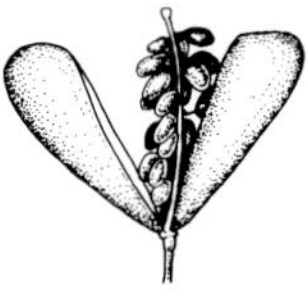

<u>Streufrüchte</u>	Fruchthülle (Perikarp) zur Reife trockenhäutig, sich öffnend
Balgfrucht	aus 1 Fruchtblatt entstanden. öffnet sich nur an der Bauchnaht
Hülse	aus 1 Fruchtblatt entstanden, öffnet sich an Bauch- und Rückennaht
Schote	aus 2 Fruchtblättern, zwischen denen meist eine »falsche Scheidewand« ausgebildet ist, von der sich die Fruchtblätter bei der Reife ablösen; die Samen verbleiben am Rahmen um die falsche Scheidewand Frucht mehr als 3mal so lange wie breit
Schötchen	wie Schote, jedoch weniger als 3mal so lang wie breit
Kapsel	aus 2 oder mehreren Fruchtblättern; je nach Öffnungsweise unterscheidet man

Spaltkapsel

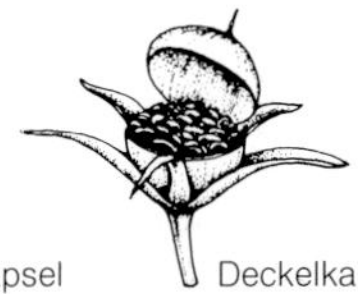

Deckelkapsel

Porenkapsel

<u>Schließfrüchte</u>	öffnen sich bei der Reife nicht
Steinfrucht	äußerer Teil der Fruchtwand (Exokarp) fleischig oder faserig, innerer Teil bildet 1 oder merere Steinkerne
Beere	die gesamte Fruchtwand (Perikarp) wird fleischig
Nußfrucht	Trockenfrucht mit meist nur 1 Samen; das Perikarp wird in der Regel zu einer harten Schale. Sonderfälle sind: Karyopse (bei Gräsern (2)): aus oberständigem Fruchtknoten hervorgegangen; Samen- und Fruchtschale verwachsen Achäne (bei Korbblütengewächsen (1)): aus unterständigem Fruchtknoten entstanden; Frucht- und Samenschale verwachsen

(1)

(2)

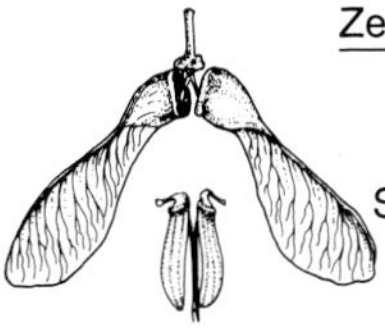

Zerfallfrüchte — anfangs als Schließfrüchte anzusehen, jedoch später zerfallend

Spaltfrüchte — zerfallen entsprechend der Fruchtblattgrenzen

Bruchfrüchte — zerfallen nicht entlang der Fruchtblattgrenzen

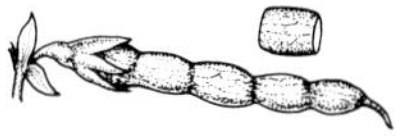

Gliederhülse: aus 1 Fruchtblatt

Gliederschote: aus 2 Fruchtblättern

b) *Sammelfrüchte*

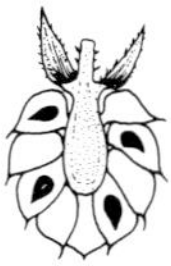

Sammelnußfrüchte — zahlreiche Fruchtknoten entwickeln sich zu Nüßchen (z. B. Erdbeere, Rose)

Sammelsteinfrüchte — zahlreiche Fruchtknoten entwickeln sich zu Steinfrüchtchen (z. B. Himbeere, Brombeere)

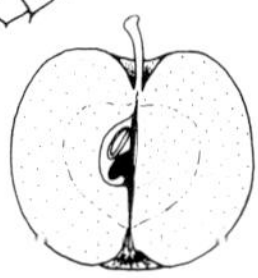

Apfelfrucht — Fruchtblätter und Blütenachse miteinander verwachsen, Fruchtblätter bei der Reife pergamentartig oder nußartig werdend

5. Aufbau des Blattes

a) *Grundbegriffe*

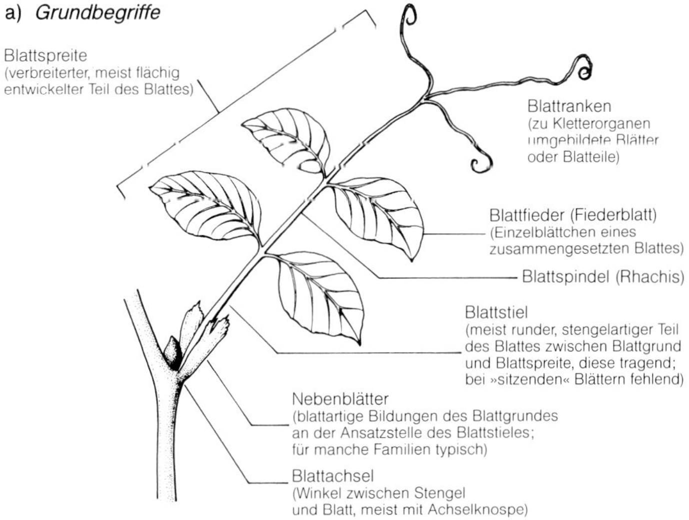

b) *Sonderfall Gräser*

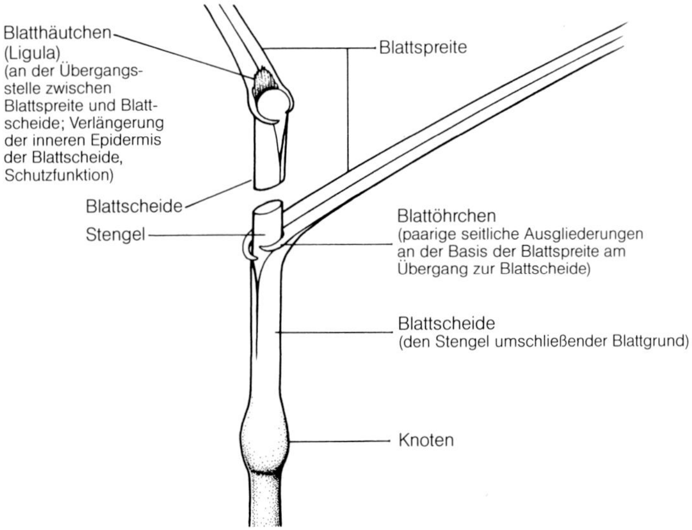

c) *Gestalt einfacher Blätter*

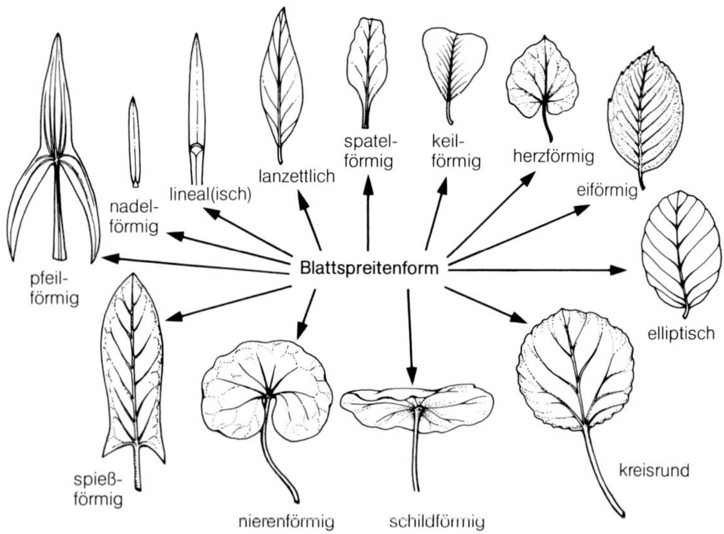

d) *Gestalt zusammengesetzter Blätter*

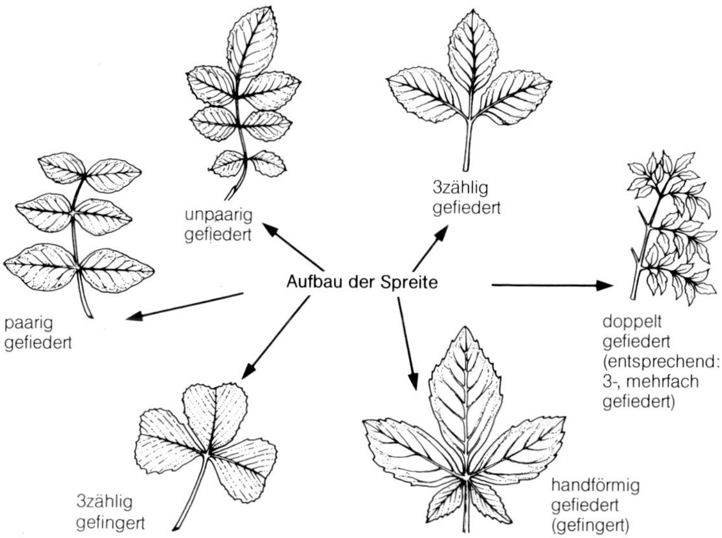

e) *Blattrand*

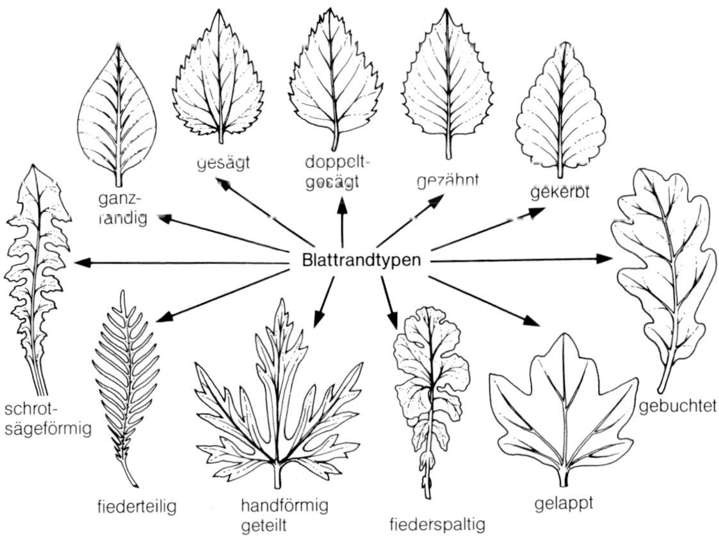

Glossar

Actinomyceten »Strahlenpilze«; eigentlich keine Pilze, sondern eine Ordnung von Bakterien mit stäbchenförmigen, unbeweglichen Zellen, verzweigte Fäden bildend.

Adventivknospen Knospen, die nicht – wie normal – an der Sproßspitze oder in den Blattachseln entstehen, sondern spontan oder nach Verletzung an anderen Stellen der Sproßachse, an Blättern oder Wurzeln. Adventive Bildungen werden nicht an ihrem »normalen« Entstehungsort gebildet.

Anemochorie Windverbreitung

Archaeophyten Pflanzen, die seit weit zurückliegender, meist prähistorischer Zeit nach Mitteleuropa kamen und hier eingebürgert sind.

Areal Verbreitungsgebiet einer Art.

arid Bezeichnung für Trockengebiete, in denen die Verdunstung größer ist als der Niederschlag.

Arillus Samenmantel; Gewebe, das nach der Befruchtung am Samen entsteht.

Aspektfolge das mit der Jahreszeit wechselnde Aussehen einer Pflanzengemeinschaft.

Autogamie Selbstbefruchtung; Bestäubung einer Blüte durch ihren eigenen Pollen.

autotroph Bezeichnung für Pflanzen, welche in der Lage sind, mit Hilfe von Lichtenergie (»photoautotroph«) oder Energie aus Oxidationsprozessen (»chemoautotroph«, nur Bakterien) organische Verbindungen aus anorganischen aufzubauen.

Blattsukkulente, Blattsukkulenz Pflanzen mit fleischig verdickten Blättern, die als Organe der Wasserspeicherung ausgebildet sind.

Charakterart Art, die fast immer oder sogar ausschließlich an einen bestimmten Biotop oder an eine bestimmte Pflanzengesellschaft gebunden ist; kennzeichnet pflanzensoziologische Gesellschaften.

Chloroplasten Zellorganellen, die Träger der Assimilationspigmente (u.a. Chlorophyll = Blattgrün) sind und in denen die Photosynthese stattfindet.

Deckblatt = Tragblatt, Braktee; Hochblätter im Blütenbereich, meist Blüten tragend.

Dichasium s. Blütenstandtypen (S. 272)

diploid Organismus mit einer Gesamtzahl an Chromosomen, die der doppelten Grundzahl entspricht.

Disjunktion, disjunktes Areal Areal, dessen Teile durch große Verbreitungslücken getrennt sind, die mit den natürlichen Verbreitungsmitteln der Art nicht überbrückt werden können. Bei der arktisch-alpinen Disjunktion findet sich ein Verbreitungsschwerpunkt im arktischen Florengebiet, ein weiterer im alpinen Bereich (von den Pyrenäen bis zu den Karpaten sowie Hochlagen entsprechender Mittelgebirge). Diese Disjunktion läßt sich dadurch erklären, daß sich die arktischen bzw. alpinen Arten während einer für sie klimatisch vorteilhafteren (d.h. kälteren) Periode auch in tieferen Lagen ausbreiten konnten, dann aber infolge erneuter zunehmender Erwärmung wieder auf kältere Standorte ausweichen mußten. Arktische Arten konnten so in den Alpenraum, typisch alpine Arten ins nördliche Europa gelangen.

Diskus ringförmige, wulst- oder polsterartige Anschwellung der Blütenachse, meist Nektar absondernd.

diuretisch harntreibend

Doldenrispe Rispe, bei der die Blüten in einer Ebene stehen.

Doppelwickel Blütenstand z.B. bei Rauhblattgewächsen; vgl. Blütenstandstypen S. 273 (Wickel).

dorsiventral Gebilde mit nur 1 Symmetrieebene in Richtung der Längsachse.

Elaiosom öl-, fett- und eiweißreiches Gewebeanhängsel an bestimmten Stellen von Samen oder Früchten. Funktion: Anlockung der Ameisen, die die Fortpflanzungseinheiten verschleppen und damit zur Verbreitung der Art beitragen.

Endemit Sippe, deren Areal auf ein begrenztes größeres oder kleineres Gebiet beschränkt ist.

Ephemeren kurzlebige Pflanzen.

Epiphyten »Über-« oder »Aufsitzerpflanzen«; Pflanzen, die – um in den nötigen Lichtgenuß zu gelangen – auf anderen Pflanzen (meist ohne Bodenkontakt) wachsen ohne diese direkt zu schädigen (keine Parasiten!).

Epizoochorie Verbreitung von Früchten oder Samen durch Anheften am Fell oder Federkleid von Tieren (oder auch an der Kleidung des Menschen).

eutroph nährstoffreich

Exokarp äußere Schicht der Fruchtwand.

Fahne vgl. Abb. der Schmetterlingsblüte S. 274.

Fiederblätter Teilblättchen von zusammengesetzten Blättern (vgl. S. 277), beiderseits der Mittelrippe (Spindel).

Flügel vgl. Abb. der Schmetterlingsblüte S. 274.

Frühjahrsaspekt vgl. Aspektfolge

genagelt Bezeichnung f. Blütenkronblätter mit stielartig verschmälertem basalen Teil.

Geophyten Pflanzen, bei denen in der kalten Jahreszeit die oberirdischen Organe ganz absterben und unterirdische Teile (Rhizome, Zwiebeln, Knollen), in denen Reservestoffe gespeichert sind, überwintern.

Geotropismus Reaktionsvermögen von Organen festgewachsener Pflanzen auf Schwerkraftreize.

Halophyten »Salzpflanzen»; meist sukkulente Gewächse, die über besondere physiologische Mechanismen verfügen, um auf salzhaltigen Böden existieren zu können.

Hemiparasiten Halbschmarotzer von meist blasser bis gelbgrüner Färbung, die selbst noch Photosynthese betreiben und damit organische Verbindungen aufbauen können, jedoch das Leitgewebesystem der Wirtspflanzen durch Haustorien (Saugorgane) anzapfen und dem Wirt Wasser und Mineralstoffe entziehen.

Heterophyllie Verschiedenblättrigkeit; Phänomen, daß eine Pflanze Blätter unterschiedlicher Gestalt an verschiedenen Sproßabschnitten aufweist (z.B. Wasser-, Schwimm- und Luftblätter). Sind die Blätter nur in ihrer Größe voneinander verschieden, spricht man von Anisophyllie.

Heterostylie Vorkommen von 2 oder 3 unterschiedlichen Griffellängen und Staubblattpositionen auf verschiedenen Individuen derselben Art.

Hochblätter Blätter zwischen Laub- und Blütenblättern, meist einfacher gestaltet und weniger gegliedert als die Laubblätter, jedoch oft durch Übergänge mit diesen verbunden; manchmal mit Anlockungsfunktion, oft an der Bildung der Blütenhülle beteiligt. Zu den Hochblättern gehören Deck- oder Tragblätter, Hülle und Hüllchen.

Hüllchen Hülle der Einzeldöldchen bei zusammengesetzten Dolden.

Hülle Gesamtheit der Tragblätter der Blütenstiele einer Dolde.

humid Klimabezeichnung für Gebiete, in denen die Niederschlagsmenge die Verdunstungsmenge übertrifft.

hygroskopisch wasseranziehend

Infloreszenz Blütenstand

Internodium Stengelglied; zwischen zwei Blattansatzstellen (Knoten) liegender, blattfreier Teil der Sproßachse.

Klausen Zerfallfrüchte, Bruchfrüchte (vgl. S. 277): der zweiblättrige Fruchtknoten zerfällt entlang echter und falscher Scheidewände in 4 einsamige Teilfrüchte (bei Rauhblatt- und Lippenblütengewächsen).

Kleistogamie Blüte öffnet sich nicht (mehr) und bestäubt sich in geschlossenem Zustand selbst.

Köpfchen racemöser Blütenstand (vgl. S. 272) mit verkürzter Hauptachse, an oder auf der die Einzelblüten stehen; von einer Anzahl Hochblätter (Hüllblätter) umgeben, physiognomisch eine Einzelblüte vortäuschend (Pseudanthium).

Kosmopolit Art, deren Areal sehr große Teile der Erde umfaßt (meist in allen Kontinenten vertreten).

Kurztagpflanzen Pflanzen, die einen rhythmischen Wechsel zwischen Licht und Dunkelheit benötigen, um zur Blüte zu kommen; die Dunkelphase darf jedoch nicht zu kurz sein.

Langtagpflanzen Pflanzen, die zur Blütenbildung eine gewisse minimale tägliche Lichtdauer (10-14 Stunden) benötigen. Sie kommen erst dann zur Blüte, wenn eine bestimmte »kritische« Tageslänge überschritten ist.

Ligula Blatthäutchen; hautartiges Gebilde an der Übergangsstelle von Blattscheide zu Blattspreite (Gräser; vgl. Blattaufbau S. 278).

Linkswinder Windepflanzen, bei denen die Winderichtung so festgelegt ist, daß ein in Wachstumsrichtung sich fortbewegender Beobachter ständig Linkswendungen machen müßte (auch »Z-Winder« genannt).

litoral die Uferregion von Gewässern betreffend.

Mediterrangebiet Mittelmeerraum

mesotroph Bezeichnung für Gewässer mit mittlerem Nährstoffgehalt (zwischen eutroph und oligotroph).

monosymmetrisch Blüte mit einer Symmetrieebene (= dorsiventral, zygomorph).

Mykorrhiza Symbiose zwischen Pilzen und chlorophyllfreiem Gewebe autotropher Pflanzen; das Pilzmycel (= -gewebe) umspinnt vielfach die kurz und dick bleibenden Saugwurzeln und übernimmt quasi die Funktion der Wurzelhaare (Wasser- und Mineralstoffaufnahme).
Ektotrophe Mykorrhiza: Pilze dringen in die Zellzwischenräume der Wurzelrinde ein (bei vielen Waldbäumen).
Endotrophe Mykorrhiza: Pilze dringen bis ins Innere der Rindenzellen ein (Orchideen).

Myrmekochorie Frucht- und Samenverbreitung durch Ameisen.

Nebenblätter (=Stipeln); blattartige Bildungen des Blattgrundes an der Ansatzstelle des Blattstieles (fast nur bei Zweikeimblättrigen).

Neophyt Pflanzen, die erst in neuerer Zeit eingeschleppt wurden (»Neubürger«); bei ihnen ist der Zeitpunkt des ersten Auftretens und die zeitliche Abfolge der Ausbreitung meist genau bekannt.

Niederblätter vereinfachte Blattorgane; farblose oder grüne Schuppen, die oft als Knospenschuppen der Bildung von Laubblättern vorausgehen oder farblose, hinfällige Schuppen als einzige Blätter der Rhizome.

Nitrifizierungszeiger Zeigerpflanzen (vgl. S. 283) für stickstoffhaltige Böden; viele Ruderalpflanzen entsprechender Standorte vermögen in ihren Blättern beträchtliche Mengen von unverarbeitetem Nitrat zu speichern.

Ochrea durch Verwachsung der beiden Nebenblätter entstandene häutige Tute oder Röhre; schließt in der Knospe den gesamten jungen Sproßgipfel ein, von dem sie erst bei der Blattentfaltung durchbrochen wird (Knöterichgewächse).

oligotroph nährstoffarm

Osmose, osmotisch begrenzter Stoffaustausch zwischen zwei unterschiedlich konzentrierten Lösungen durch eine halbdurchlässige (semipermeable) Membran; diese läßt gelöste Substanzen nicht in gleicher Weise durchtreten wie das Lösungsmittel, etwa Wasser.

Pappus Haarkelch; haarförmig entwickelter Kelch bei Korbblüten- und Baldriangewächse, zur Fruchtzeit meist als Flugorgan dienend.

Perianth Blütenhülle (doppelt), aus Kelch- und Kronblättern bestehend.

Perigon einheitliche Blütenhülle; Blütenhüllblätter (Kron- und Kelchblätter) in Gestalt und Färbung alle gleichartig.

Perikarp Fruchtwand

Phänologie Wissenschaft vom jahreszeitlichen Ablauf der Lebenserscheinungen; auffällige Phasen (Laubentwicklung, Blühbeginn, Fruchtreife usw.) bei weit verbreiteten Arten liefern wichtige Daten z. B. für die Landwirtschaft.

polyploid Art mit vervielfachtem Chromosomensatz.

Prot(er)andrie Vormännlichkeit; die Staubblätter reifen vor den Narben.

Prot(er)ogynie Vorweiblichkeit; die weiblichen Sexualorgane einer zwittrigen Blüte reifen vor den männlichen.

Pseudanthium Blütenstand, der durch die gedrängte Anordnung seiner oft umgestalteten Blüten physiognomisch eine Einzelblüte vortäuscht.

Quetschschleuder-Mechanismus Frucht- bzw. Samenverbreitungsmechanismus bei Arten der Gattung *Viola* (Veilchen): durch komplizierte Entquellungsvorgänge in den Fruchtklappen werden die Samen etwa wie ein zwischen Daumen und Zeigefinger eingeklemmter Kirschkern fortgeschnellt.

radiärsymmetrisch Blüten mit mehr als 2 Symmetrieebenen (= polysymmetrisch, aktinomorph).

Relikt Pflanzenart, die in einem bestimmten Gebiet nur ein räumlich beschränktes Areal einnimmt, das wahrscheinlich den Rest eines früher größeren Areals darstellt.

Rhizom Wurzelstock oder verzweigter Erdsproß mit meist schuppenförmigen Niederblättern.

Rispe s. Blütenstände (S. 272)

Röhrenblüten radiärsymmetrische, 5zipfelige Blüten bei den Korbblütengewächsen (s. S. 275).

Ruderalpflanzen, Ruderalstandorte Pflanzen auf vom Menschen offen gehaltenen Flächen (Schutt- und Müllplätze, Wege und Wegränder, Bahndämme, Kiesgruben usw.)

Scheibenblüten =Röhrenblüten

Schiffchen vgl. Abb. der Schmetterlingsblüte S. 274.

Schleiergesellschaft Pflanzengesellschaft an Rändern von Biotopen, oft nur schmale Bänder bildend; mit charakteristischer Artenkonstellation. Z. B. an Flußufern, Hecken, Gebüschen.

Spatha Hochblatt; oft lebhaft gefärbt (Anlockungsfunktion), meist in Verbindung mit einem kolbenartigen Blütenstand (Spadix); vor allem bei Aronstabgewächsen.

Stammsukkulenz, Stammsukkulente Pflanzen mit verdickten, fleischigen Stämmen, die besonders an aride Gebiete angepaßt sind und in ihren Stämmen Wasser speichern können. Meist übernehmen die Stämme auch die Funktion der reduzierten Blätter (Photosynthese).

Steinfrucht Schließfrucht mit fleischigem (saftigem) Exokarp und verholztem Endokarp.

Stieltellerblüte Blüte mit langer, enger Röhre und flach ausgebreitetem Saum.

subalpine Stufe Höhenstufe, die im wesentlichen die Krummholzvegetation umfaßt.

submers untergetaucht lebend

Sukzession Entwicklungsreihen von Pflanzengesellschaften oder ganzen Ökosystemen am gleichen Ort im Laufe längerer Zeiträume (verursacht z. B. durch geologische, klimatische oder anthropogene Einflüsse).

Symbiose Zusammenleben artverschiedener Organismen unter gegenseitigem Nutzen (mit gleitenden Übergängen zum einseitigen Vorteil → Parasitismus).

sympodial vgl. Sympodium (s. u.)

Sympodium Sproßsystem mit sympodialer Verzweigung: Die Hauptachse stellt nach gewisser Zeit ihr Wachstum ein und wird von den jeweils obersten Seitentrieben übergipfelt, die das Verzweigungssystem fortsetzen (oft ist nur ein Seitensproß entwickelt; vgl. cymöse Blütenstände!).

Tentakel besondere Fang- und Verdauungs»haare« an den Blättern insektenfressender Pflanzen, die Sekrete zur Anlockung von Insekten und Verdauungsenzyme absondern.

Thermonastie Nastien sind Bewegungsvorgänge, bei denen die Richtung des auslösenden Reizes (hier des Temperaturreizes) keine Rolle spielt.
Blüten, die auf eine Änderung der Temperatur mit Öffnungs- oder Schließbewegungen antworten, reagieren thermonastisch. Bringt man z. B. eine Krokus-Blüte aus dem Freien in ein um 10 °C wärmeres Zimmer, so setzen schon nach wenigen Minuten Öffnungsbewegungen ein, beim Absinken der Temperatur schließen sich die Blüten. Temperaturerhöhung bewirkt ein stärkeres Wachstum der Oberseite, Temperaturerniedrigung verstärkt das Wachstum der Unterseite der Perigonblätter.

Therophyten Lebensformtyp der Annuellen d. h. 1jährigen Pflanzen, die die vegetationsfeindliche Periode (Trockenheit, Kälte) im embryonalen Ruhestadium im Samen überdauern. Der Vegetationskörper wird nur in der Vegetationsperiode entwickelt; in dieser kurzen Zeitspanne müssen sowohl Blüten- als auch Fruchtbildung erfolgen. Viele »Unkräuter« sind Therophyten.

Tragblätter = Deckblätter oder Brakteen; folgen am Stengel auf die Laubblätter und bilden den Übergang zur Blütenhülle; aus ihren Achseln gehen Blüten oder Seitenzweige hervor.

transversal-zygomorph »schräg-monosymmetrisch«; die Symmetrieebene fällt mit der Transversalebene zusammen (Ebene, die durch den Seitentrieb geht und senkrecht zur Medianebene steht).

Traube racemöser Blütenstand mit gestielten Blüten an gestreckter Achse (vgl. Blütenstände S. 272).

Triften meist beweidete, trockene und steinige, kurzrasige Wiesen, Hänge usw.

vorweiblich s. Proterogynie

Xeromorphie, xeromorph strukturelle Anpassungen an Trockenheit.

xerotherm trockenwarme Verhältnisse

Zeigerpflanzen Pflanzensippen und -gesellschaften sind an bestimmte Standorte gebunden und können als Indikatoren für das Vorhandensein und das Ausmaß bestimmter Faktoren dienen (z. B. Stickstoffzeiger, Nässezeiger).

zirkumpolar boreale Gebiete im nördlichen Eurasien und in Nordamerika (im engeren Sinn: Tundrengebiete).

Zungenblüten zygomorphe Blüten der Korbblütengewächse mit 1seitig zungenförmig verlängertem Saum (vgl. Blütenaufbau S. 275).

zygomorph = monosymmetrisch, dorsiventral; durch die Blüte läßt sich nur 1 Symmetrieebene legen.

Weiterführende Bestimmungsliteratur

Garcke, A.: Illustrierte Flora. 23. Aufl. 1972, Verlag Paul Parey, Berlin und Hamburg.

Hegi, G.: Illustrierte Flora von Mitteleuropa. 3. Aufl. 1979–1995, Verlag Paul Parey, Berlin und Hamburg.

Oberdorfer, E.: Pflanzensoziologische Exkursionsflora für Süddeutschland und die angrenzenden Gebiete. 7. Auflage 1995, Verlag Eugen Ulmer, Stuttgart.

Polunin, O.: Pflanzen Europas. 3. Aufl. 1977, BLV Verlagsgesellschaft, München.

Rothmaler, W.: Exkursionsflora von Deutschland (in vier Bänden) 1994, Gustav Fischer Verlag, Jena, Stuttgart.

Schauer, T. und Caspari, C.: Der große BLV Pflanzenführer. 6. Aufl. 1993, BLV Verlagsgesellschaft, München.

Schmeil-Fitschen: Flora von Deutschland und seinen angrenzenden Gebieten. 89. Aufl. 1993, Quelle & Meyer, Heidelberg.

Tutin, T. G., Heywood, V. H.: Flora Europaea. Cambridge 1964–1980.

Register

Bei Namen mit * handelt es sich um Synonyme

Wissenschaftliche Pflanzennamen

Deutsche Pflanzennamen